D1154641

DU MÊME AUTEUR

Crimes plus que parfaits, parfaits et imparfaits, Libre Expression, Montréal, 1978.

Petite histoire des grands maîtres de la fraude, Libre Expression, Montréal, 1979.

La Corriveau, Libre Expression, Montréal, 1981 (livre de poche: VLB éditeur, Montréal, 1990).

Pierre Bourgault: le plaisir de la liberté, Nouvelle Optique, Montréal, 1983 (livre de poche: VLB éditeur, collection Second Souffle, Montréal, 1987).

Burnout amoureux, Libre Expression, Montréal, 1991.

André LeBel

Gaz Métropolitain
La force du destin

Données de catalogage avant publication (Canada)

LeBel, Andrée, 1948-
    Gaz Métropolitain : la force du destin
    ISBN 2-89111-527-9

    1. Gaz Métropolitain inc. — Histoire. 2. Gaz, Sociétés de — Québec (Province) — Histoire. 3. Gaz — Distribution — Québec (Province) — Histoire. I. Titre.
HD9581.C34G39 1992   363.6'3'09714   C92-097255-1

Recherche
PACO LEBEL
Révision
LOUISE CHABALIER
MONIQUE PROVENCHER

Photographie de la couverture
RAYMOND MARTINOT
Maquette de la couverture
FRANCE LAFOND
Photocomposition et mise en pages
SYLVAIN BOUCHER

Tous droits de traduction et d'adaptation réservés ;
toute reproduction d'un extrait quelconque de ce livre
par quelque procédé que ce soit, et notamment par photocopie
ou microfilm, strictement interdite sans l'autorisation
écrite de l'éditeur.

© Éditions Libre Expression
2016, rue Saint-Hubert
Montréal, Qc H2L 3Z5

Dépôt légal:
2ᵉ trimestre 1993

ISBN 2-89111-527-9

TABLE DES MATIÈRES

PARTIE V
Un nouvel essor

Les mains dans le dos, le colonel Maurice Forget arpente son bureau en répétant à haute voix le discours qu'il prononcera dans une douzaine d'heures.

Président de la Corporation de gaz naturel du Québec, le colonel Forget élève la voix lorsqu'il attaque le passage «nous vivons un moment historique qui marque le début d'une ère nouvelle».

— Attention, prévient Mᵉ Albert Langevin, administrateur de la Corporation et ami du colonel, qui assiste à cette répétition. Vous avez déjà parlé d'une ère nouvelle lors de la création de la Corporation il y a moins d'un an et au début de la construction du réseau il y a six mois. Selon moi, il serait peut-être souhaitable d'insister davantage sur la fiabilité et la sécurité du gaz naturel qui va remplacer le gaz manufacturé.

Le colonel s'appuie sur le coin de son bureau et le regarde fixement tout en réfléchissant.

— Vous avez peut-être raison, mais il faut aussi répéter que c'est le début d'un temps nouveau. Ce sont des mots que le peuple comprend, des mots qui s'adressent au cœur, qui attisent la fierté.

Mᵉ Langevin tire une bouffée de sa pipe et expire lentement la fumée pendant que le colonel attend une réplique. En sortant sa blague à tabac, il reprend calmement :

— Ce n'est pas la fierté qui nous permettra de recruter de nouveaux clients. Il faut plutôt rassurer les gens. Fiabilité et sécurité, voilà les mots clés qui feront de la Corporation une entreprise prospère.

À peine a-t-il terminé sa phrase que c'est le noir complet. Il est 17 h 19 et c'est le 6 janvier 1958. Seul le foyer de sa pipe éclaire la pièce. L'édifice Power qui abrite les bureaux d'Hydro-Québec et de la direction de la Corporation de gaz naturel du Québec, rue Craig, est sans électricité et les génératrices d'urgence tardent à démarrer.

Les deux hommes se dirigent instinctivement vers la fenêtre qui offre une vue panoramique de la ville. À travers les vitraux de l'église Notre-Dame, située en face, on ne perçoit plus que la faible lueur des cierges allumés pour la messe de la fête des Rois dont on vient de commencer la célébration. Du côté du mont Royal, la croix demeure illuminée. Tout autour, c'est l'obscurité complète. La ville entière est plongée dans le noir. Même la rive sud est touchée par la panne.

Avant que les deux hommes aient eu le temps d'évaluer les conséquences de cette panne d'électricité, la sonnerie du téléphone retentit comme une alarme dans la pénombre. Me Langevin craque une allumette pour permettre au colonel de se diriger plus rapidement vers son bureau.

— Colonel, il faut aviser la population de ne pas utiliser le gaz, prévient Thomas E. Cross, vice-président du génie et de l'exploitation.

— Pourquoi dites-vous cela? demande le colonel, incrédule.

— Aucun doute possible. Les compresseurs qui servent à distribuer le gaz fonctionnent à l'électricité et le chef de l'exploitation dit que la pression baisse. Les clients doivent fermer leurs appareils pour que nous puissions réalimenter le réseau.

— Tiens, l'électricité revient.

— Ce sont les génératrices d'urgence, colonel.

— Alors, il faut prévenir la population. Lancez un avertissement général sur les ondes de la radio. Et faites vite. Ce serait la fin de la Corporation s'il y avait un accident le jour même de l'arrivée du gaz naturel à Montréal. Quelle catastrophe!

Quelques minutes plus tard, les animateurs des stations montréalaises de radio répètent inlassablement ce message: «La Corporation de gaz naturel du Québec demande aux usagers de ne pas utiliser le gaz et surtout de bien fermer leurs appareils pour éviter tout danger d'explosion.»

À compter de 18 h 10, à mesure que l'électricité est rétablie dans les différents quartiers de la ville, on entend le même message à la télévision.

L'émoi est à son comble, car plusieurs personnes ont une peur instinctive du gaz. Au théâtre Loew's où l'on présente *Pal Joey* avec Rita Hayworth, la direction rassure l'assistance. Il n'y a aucun danger d'explosion puisque le théâtre est chauffé au mazout.

Les tramways, trolley-bus et trains électriques étant immobilisés, plusieurs usagers sont encore en transit entre le bureau et la maison.

En moins de deux heures, l'électricité est rétablie partout dans l'île de Montréal. Hélas, ce n'est pas le cas pour le gaz.

On continue de diffuser les avertissements à la radio et à la télévision. Les usagers, inquiets, téléphonent à Hydro-Québec, à Bell Canada et à la Corporation de gaz naturel pour avoir des renseignements. Leur anxiété est d'autant plus grande qu'ils doivent patienter longtemps avant d'obtenir la communication. Les circuits sont surchargés.

Plusieurs ne comprennent pas comment une panne d'électricité peut affecter l'utilisation du gaz. Un porte-parole de la compagnie qui s'est rendu au studio de CKAC explique en ondes le procédé d'acheminement du gaz manufacturé dans les conduites. Lorsque les compresseurs qui poussent le gaz dans les canalisations sont privés d'alimentation électrique, la pression tombe et certains appareils à gaz, privés de mécanisme de fermeture automatique de l'alimentations demeurent ouverts, d'où le danger lors du rétablissement de la distribution au retour de l'électricité.

Sur le chemin de la Côte-de-Liesse où travaillent la plupart des employés de la Corporation, les téléphonistes, encore sur place à cause de la panne, sont débordées. Pendant qu'elles répondent aux appels des abonnés inquiets et téléphonent aux autres pour leur demander de fermer les appareils et compteurs à gaz, les techniciens ont beaucoup à faire, car tous les appareils et compteurs doivent être fermés avant de réalimenter le réseau.

Les techniciens se présentent chez les abonnés qu'on ne peut rejoindre au téléphone. Si ceux-ci sont absents, les techniciens griffonnent une petite note pour les prier de communiquer avec la Corporation de gaz naturel avant d'allumer le gaz. À leur retour, ceux qui trouvent un tel avertissement hésitent à rentrer et plusieurs préfèrent attendre chez le voisin la venue du technicien du gaz.

Pendant ce temps, on s'affole au siège social de la Corporation de gaz naturel du Québec. Plusieurs membres du conseil d'administration ont rejoint le colonel Forget et Me Langevin. Doit-on reporter l'inauguration du gaz naturel comme le suggèrent quelques-uns?

— On ne peut reporter un événement historique, tranche le colonel Forget.

Le président du conseil d'administration, l'honorable Édouard Asselin, l'approuve entièrement.

— Mais qu'allez-vous dire aux gens? s'inquiètent les autres.

— Je pense qu'il faut insister sur la sécurité exceptionnelle du gaz naturel comparée à celle du gaz manufacturé utilisé jusqu'à maintenant, dit le colonel.

Vers minuit, après avoir avalé quelques sandwiches et reçu l'assurance du chef de l'exploitation que le gaz naturel arriverait comme prévu au petit matin, le colonel Forget se rend rue Cadillac, à l'intersection de la rue

Hochelaga. C'est là que prend fin le réseau de distribution de gaz naturel nouvellement construit par la Corporation et où on a érigé le point de purge.

En compagnie des administrateurs Me Albert Langevin, Leonard Milano et Me Marcel Piché ainsi que du vice-président et directeur général, Kenneth B. Lucas, le colonel Forget attend impatiemment les dignitaires et les journalistes. À mesure que le temps s'écoule, la tension baisse graduellement. Même si aucun d'entre eux n'avait avoué ouvertement ses craintes, tous avaient redouté qu'une tragédie provoquée par la panne d'électricité, si improbable soit-elle, vienne assombrir les célébrations.

Malgré l'heure matinale, on attend plusieurs invités. Aucun ne voudra manquer l'événement. Bien sûr, certains ont d'abord cru à une erreur en voyant l'heure de la cérémonie — 4 h du matin — mais l'explication fournie est simple: éviter autant que possible les inconvénients aux usagers qui, le matin même, seront desservis par le nouveau gaz. Il ne faut pas oublier que ces cérémonies marquent aussi le début de l'opération «conversion» qui permettra aux usagers de passer du gaz manufacturé au gaz naturel.

À 4 h précises, après s'être assuré de la présence de tous les photographes attendus, l'abbé Roger Fortin, de la paroisse Notre-Dame-des-Victoires, allume le flambeau symbolique, un bec gigantesque qui illumine instantanément le quartier.

La flamme jaunâtre devient violacée à mesure que le gaz naturel repousse le gaz manufacturé dans les conduites. Enfin, un peu avant 5 h, la flamme bleue du gaz naturel apparaît au grand soulagement de tous les membres de la Corporation. Euphorique, le colonel Forget déclare: «Cette flamme, brûlant maintenant pour la première fois dans la région métropolitaine, est le symbole d'une source d'énergie nouvelle. Elle marque le début d'une ère nouvelle. La région de Montréal connaîtra désormais, et en tout temps, l'approvisionnement de gaz naturel le plus volumineux du Canada.»

Et se rappelant tout à coup la recommandation de Me Langevin, le colonel Forget entreprend l'énumération des avantages du gaz naturel. «Il n'y aura plus de panne possible car les compresseurs eux-mêmes, à l'orifice des puits producteurs, sont actionnés par le gaz naturel qu'ils sont chargés de pousser à des centaines ou des milliers de kilomètres plus loin. Même une grève ne saurait affecter le service. Si les employés quittent leur travail, à un moment ou à un autre, la population n'en continuera pas moins de jouir du même service, sans la moindre interruption. »

Le colonel Forget se tourne vers Me Langevin qui approuve d'un petit sourire en coin. Les mots clés n'ont pas été utilisés mais l'idée est transmise. Le colonel a été rassurant et les journalistes semblent avoir pris bonne note de la fiabilité du gaz naturel.

Déjà, dans les conduites d'un vaste secteur de l'est de la ville, le gaz manufacturé a été totalement remplacé par le gaz naturel extrait des champs pétrolifères du Tennessee aux États-Unis, et qui transite par l'Ontario. Il faudra attendre encore quelques mois pour que la construction du gazoduc de la TransCanada PipeLines soit complétée et que le gaz naturel provienne de l'Alberta.

Néanmoins, l'enthousiasme pour le gaz naturel est déjà perceptible. Le vice-président et directeur général de la Corporation, Kenneth B. Lucas, profite de la présence des représentants des médias pour annoncer que le gaz naturel délogera rapidement tous les autres combustibles pour le chauffage. Se fiant sur le fait que la majorité des immeubles des grandes villes américaines sont chauffés au gaz, Kenneth Lucas déborde d'optimisme:

— Dans cinq ans, au moins 100 000 foyers utiliseront notre gaz pour se chauffer. C'est notre objectif et nous sommes persuadés de pouvoir l'atteindre.

Les administrateurs présents froncent un peu les sourcils, car c'est la première fois qu'ils entendent parler d'un tel objectif. Au même moment, à Montréal, il n'y a que

2 500 édifices chauffés au gaz. L'écart paraît difficile à combler.

— Quels sont les véritables avantages du gaz naturel ? demande le journaliste de *La Presse* qui jusque-là avait écouté d'une oreille plutôt distraite les discours pompeux des dignitaires.

— Économie et propreté, rétorque le vice-président.

Me Langevin aimerait bien ajouter «fiabilité et sécurité», mais la question ne s'adresse pas à lui.

UNE NOUVELLE SOCIÉTÉ

CHAPITRE 1

Depuis que la Corporation de gaz naturel du Québec a été créée, le 15 juin 1955, ses administrateurs préparent la transaction d'achat du réseau gazier d'Hydro-Québec, une transaction qui marque en quelque sorte une nouvelle privatisation du gaz au Québec.

Après des négociations ardues et de nombreuses tractations politiques, les dirigeants de la Corporation prennent possession du réseau gazier d'Hydro-Québec le 25 avril 1957. Les installations sont dans un piètre état mais ils ne réaliseront que plus tard l'importance des travaux de restauration qui s'imposent.

L'actif de la Corporation comprend, outre le réseau de distribution formé de réservoirs à gaz et de tuyaux souterrains se ramifiant dans tout le territoire desservi, la

Montreal Coke & Manufacturing Company. Cette société, dont Hydro-Québec détenait 49 p. cent des actions, produit le gaz manufacturé à partir du charbon. De plus, elle possède une filiale, Keystone Transport Limited, dont les neuf bateaux assurent l'acheminement du charbon, des Grands Lacs à l'usine de LaSalle.

La Corporation de gaz naturel du Québec crée aussitôt une filiale, La Vérendrye Line Limited, qui achète les actifs de Keystone Transport.

Les employés du réseau gazier d'Hydro-Québec, la plupart sans consultation préalable, deviennent automatiquement employés de la Corporation de gaz naturel du Québec. Secrétaires, ingénieurs, soudeurs, releveurs de compteurs, commis et autres préposés à la clientèle acceptent cette mutation de bonne grâce. Ils sont fiers d'œuvrer au sein de la compagnie de «l'ère nouvelle». Un fort esprit d'équipe les unit déjà pour faire face aux nombreux défis à affronter.

Les avantages sociaux garantis aux employés d'Hydro-Québec sont maintenus par la Corporation de gaz naturel du Québec. «Les droits des employés quant à la caisse de retraite, l'assurance-vie-groupe et autres formes d'assurances, de même que l'ancienneté sont protégés dans l'exécution des plans actuels», déclare solennellement le colonel Maurice Forget lors de l'inauguration de la Corporation de gaz naturel du Québec, qu'il définit comme une «entreprise vouée au service de la population du Grand Montréal».

Même si, dans un premier temps, la priorité est d'assurer le service, la venue prochaine du gaz naturel permet aux dirigeants de caresser de plus grandes ambitions. On prévoit que le gaz naturel en provenance de l'Alberta sera disponible vers la fin de 1958. Ce délai permet à la Corporation de gaz naturel du Québec de mettre en œuvre un vaste projet de construction et d'amélioration du réseau.

e 23 juillet 1957, la levée de la première pelletée de terre marque le début des travaux de construction du réseau de canalisation de 55 kilomètres qui traversera l'île de Montréal dans toute sa longueur. La conduite maîtresse part de Senneville — à l'extrémité ouest de l'île, là où se fait le raccordement avec la source d'approvisionnement de TransCanada PipeLines — pour se rendre jusqu'à la rue Saint-Jean-Baptiste, dans l'est de la ville, en suivant l'autoroute Métropolitaine.

En acier soudé, la conduite à haute pression est revêtue d'un enduit de goudron et enveloppée de plusieurs couches de fibre de verre et d'un papier Kraft spécial, pour protéger le métal et prévenir les fuites.

Cette conduite fournit l'occasion d'agrandir et d'améliorer le service de distribution du gaz à Montréal. Le territoire attribué à la Corporation englobe l'île de Montréal et les municipalités situées dans un rayon de 24 kilomètres. Il s'étend de Valleyfield à Contrecœur, le long du fleuve Saint-Laurent, et de Saint-Jean jusqu'à Saint-Jérôme.

Les conduites de gaz sont d'abord prolongées jusqu'aux municipalités de l'île de Montréal non desservies, et ensuite jusqu'aux nouveaux centres domiciliaires et industriels de la région. On peut aussi entrevoir de nouvelles utilisations du gaz jusque-là réservé à la cuisson et au chauffage, et, rarement, à la réfrigération des aliments.

Les travaux s'effectuent dans l'enthousiasme car ils apportent une ère de prospérité dans la région montréalaise. De nombreux travailleurs en quête emploi y trouvent un travail bien rémunéré.

Terminée en décembre 1957, cette conduite a nécessité plus de 5 000 tonnes d'acier, 353 tonnes d'enduit protecteur et près d'un million de mètres de matériaux d'enveloppement.

On passe aussitôt à la planification de la deuxième étape du plan de construction, laquelle consiste à prolonger la conduite principale vers la rive sud qui est en plein essor.

Dès le printemps 1959, une conduite en acier longe l'avenue De Lorimier, de l'autoroute Métropolitaine jusqu'au fleuve Saint-Laurent, et emprunte le pont Jacques-Cartier pour traverser sur l'autre rive et atteindre Longueuil où elle se divise en deux tronçons. Un premier s'achemine vers le sud-ouest pour desservir les clients résidentiels et commerciaux de Saint-Lambert, La Prairie et Candiac. Un deuxième se dirigera éventuellement vers le nord-est, jusqu'à Contrecœur, Tracy et Sorel afin de répondre aux besoins de grandes industries, telles Stelco et Atlas Steel.

Ce prolongement du réseau s'effectue dans le plus grand optimisme. Bien sûr, dans l'euphorie qui règne, certains des dirigeants de la Corporation manquent parfois de prévoyance. C'est ainsi qu'ils commettent une erreur en refusant de payer les 20 000 $ exigés par l'entrepreneur pour laisser sous le pont Jacques-Cartier la passerelle qui a servi à la construction de la conduite. Ils n'en voient pas l'utilité... jusqu'au moment de l'inspection, l'année suivante. En raison des mesures de sécurité extraordinaires exigées pour cette inspection qui devra se faire annuellement, on doit débourser 70 000 $, c'est-à-dire plus de trois fois le prix de la passerelle démantelée par l'entrepreneur.

Après un an d'exploitation, les revenus de la Corporation provenant de la distribution du gaz se chiffrent à 10 862 607 $. Hélas, ce n'est pas suffisant puisque l'exercice financier se solde par un déficit de 1 051 219 $.

Outre les quelques ingénieurs venus d'Hydro-Québec — plus versés dans l'entretien du réseau de gaz manufacturé que dans la construction d'un réseau de gaz naturel —, il n'y a pas de spécialistes du gaz au Québec. Aucune institution d'enseignement n'offre de formation technique en ce domaine. Il faut tout apprendre de ses expériences. La plupart des administrateurs et même les employés de la Corporation ne connaissent strictement rien au gaz naturel qui, contrairement au gaz manufacturé, n'est pas toxique, ne dégage pas d'odeur et est beaucoup plus propre.

Il faut tout de même embaucher du personnel pour assurer la bonne marche de la nouvelle société. Et le besoin est pressant. En même temps, il faut penser à loger ces employés. Les locaux du service du gaz d'Hydro-Québec, rue Craig, qui servent de siège social à la Corporation, ne sont pas suffisants.

On loue une immense bâtisse donnant sur la route Montréal-Dorval, à plus de deux kilomètres du rond-point Décarie. Pressés par l'arrivée prochaine du gaz naturel, les employés déménagent dès le 2 septembre 1957 dans un édifice dont l'aménagement n'est pas encore terminée. Le déménagement au 6025 du chemin de la Côte-de-Liesse tient de l'épopée. L'hiver venu, la neige entrera par les ouvertures qui attendent encore des fenêtres et les secrétaires doivent travailler avec des gants.

Le Bulletin de Nouvelles — le journal interne de l'entreprise — du 23 septembre 1957 témoigne de ces conditions de travail difficiles en publiant une lettre de la direction: «Votre patience dans les circonstances est remarquable et très appréciée. Le martelage, le sciage et le cognage sur le métal ne sont pas des accompagnements des plus mélodieux au travail, mais au moins ils ont une résonance de progrès. Un jour, peut-être, lorsque les travaux seront complétés, que les pièces et les entrepôts seront bien éclairés, que le système de climatisation de l'air fonctionnera, que la salle à manger et autres commodités seront disponibles, nous oublierons les inconvénients de ces jours bruyants [...].»

Mais il ne suffit pas de pouvoir travailler dans un environnement aussi bruyant, encore faut-il s'y rendre. Les transports publics s'arrêtent au rond-point Décarie. Bien sûr, les releveurs de compteurs y cueillent les employés pour les amener, dans des minibus Volkswagen, jusqu'à leur lieu de travail. Mais il ne faut pas être en retard ni faire des heures supplémentaires. Dans de tels cas, il faut assurer son transport; on prend les moyens à sa disposition. Il faudra attendre deux ans avant que l'autobus no 100 se rende jusqu'au chemin de la Côte-de-Liesse.

Il va sans dire que cette situation n'aide pas le recrutement. Les candidats qui sont prêts à faire le trajet tous les jours obtiennent donc un emploi sur-le-champ. La capacité de se rendre au travail prime souvent sur la compétence. Évidemment, ceux qui se présentent avec une lettre de leur député ou ministre ont de bonnes chances d'être privilégiés.

Dans les centres de main-d'œuvre, on recommande à tous ceux qui sont en quête d'un travail de s'adresser à la Corporation de gaz naturel du Québec. Les salaires payés par la Corporation — plus de cinq millions de dollars annuellement — représentent un pouvoir d'achat considérable et favorisent d'une façon appréciable l'activité économique de la région métropolitaine.

Pendant la première année, la Corporation doit aussi apprendre aux pompiers et aux policiers comment intervenir en cas de fuite ou d'explosion, et organiser ses bureaux généraux et ses services techniques. Elle réussit à former un personnel diligent et lui donne des instruments de travail perfectionnés: services IBM de comptabilité et de facturation, services téléphoniques internes et externes, équipes mobiles contrôlées par radio, etc. Tout ce matériel est fort utile lors de l'arrivée du gaz naturel à Montréal alors qu'il faut s'attaquer à une tâche colossale: la conversion des appareils à gaz.

Dès 7 h, le 7 janvier 1958, les équipes de conversion sont à l'œuvre. Des techniciens frappent aux portes des clients pour effectuer les transformations nécessaires sur leurs appareils à gaz. En général, ces appareils s'adaptent au type de gaz utilisé : manufacturé, propane ou naturel. Mais puisque seul le gaz manufacturé était disponible à Montréal, tous les appareils étaient ajustés en conséquence et il faut donc les modifier. Au cours des semaines précédentes, un inventaire détaillé des installations a permis d'établir qu'environ 1 300 000 appareils, répartis entre quelque 240 000 usagers, nécessitent l'intervention des techniciens de la Corporation. Si peu d'abonnés utilisent le gaz pour le chauffage, en revanche nombreux sont ceux qui possèdent des cuisinières et des chauffe-eau au gaz.

Les ingénieurs ont mis au point un plan progressif de conversion au gaz naturel en divisant la ville en 38 secteurs d'environ 6 000 résidences chacun. Les techniciens ont reçu une formation spéciale pour compléter rapidement ce travail de précision.

Les équipes de conversion comprennent 400 hommes. Outre les techniciens qui visitent les abonnés, d'autres employés ont pour mission de vidanger les conduites auxiliaires en brûlant le gaz manufacturé pendant la nuit. Au petit matin, ils sont ainsi assurés que le gaz naturel est présent partout dans le secteur.

Cette opération est la plus grande conversion jamais entreprise au Canada. Le programme rigoureux établi par les ingénieurs prévoit qu'il faudra 20 semaines pour compléter le travail et qu'il en coûtera au moins sept millions de dollars à la Corporation de gaz naturel qui assume tous les frais de l'opération afin que ses clients n'aient rien à débourser.

Commencée le 7 janvier, la conversion se termine à la fin de mai 1958, comme prévu. Les techniciens ont été si efficaces que le coût global est en deçà du devis le plus bas et la Corporation réalise une économie de 1,5 million de dollars sur le budget alloué à la conversion.

Les employés qui ont participé à cette vaste opération en gardent une vive satisfaction. L'esprit d'équipe et la fierté d'appartenir à un organisme efficace les soutiennent quelque temps, jusqu'à ce qu'ils soient confrontés à un autre défi.

Si on peut vanter la sécurité du réseau d'acier nouvellement construit, il en est autrement du réseau de fonte acquis d'Hydro-Québec. Peu de temps après l'arrivée du gaz naturel, les fuites et les explosions se multiplient. Cela s'explique. Le gaz manufacturé contient de l'eau en suspension qui maintient l'humidité dans les joints, empêchant ainsi les fuites. Par contre, le gaz naturel, beaucoup plus sec, prive les canalisations de fonte d'humidité et en assèche les joints.

La Corporation fait preuve de vigilance et les employés affectés à la détection des fuites redoublent d'ardeur de sorte qu'on ne déplore aucun incident majeur. Mais quelques explosions mineures à répétition entretiennent la méfiance envers le gaz et rendent difficile le recrutement de nouveaux clients.

Pour améliorer la sécurité du gaz naturel, inodore, on lui adjoint un produit chimique dont l'odeur rappelle un peu celle des œufs pourris. L'odeur, assez forte, est perceptible dès que le volume de gaz dans l'air ambiant atteint une infime proportion. L'utilisateur est ainsi à même de repérer toutes traces de gaz bien avant qu'il y ait le moindre risque d'explosion. Obligatoire par la loi, l'odorisation permet de plus aux compagnies de distribution de gaz naturel de localiser facilement les pertes de gaz dans le réseau et d'obturer sans délai les trous ou les fissures qui le laissent s'échapper.

Malgré cela, le mauvais état des canalisations suscite le doute chez les employés et les actionnaires. Les rumeurs de faillite de la Corporation de gaz naturel du Québec se succèdent au rythme des fuites et le moral est au plus bas. On accuse Hydro-Québec d'avoir vendu à fort prix un réseau «plein de trous» qu'on appelle désormais le réseau *picolo*.

Il est impensable de remplacer d'un seul coup toutes les conduites de fonte et, pendant plusieurs années, la mauvaise réputation du gaz affecte les profits de la Corporation.

Même si le réseau gazier d'Hydro-Québec a été construit selon les normes en vigueur à l'époque, les 1 500 kilomètres de conduites de fonte sont très sensibles aux mouvements du sol pendant le dégel du printemps. L'enlèvement de la neige dans les rues est cause de gel, les mouvements de terrains pouvant ainsi provoquer des fêlures dans les conduites de fontes.

Dès 1959, la Corporation entreprend un vaste programme de réfection du réseau d'Hydro-Québec et installe des brides anti-fuites sur les canalisations de fonte. On recouvre systématiquement les joints des conduites d'une garniture souple afin de les rendre parfaitement étanches. Mais pendant que l'on répare, le développement du réseau doit attendre.

L e gaz naturel étant abondant, la Corporation doit présenter au public les appareils à gaz modernes mis au point depuis la Deuxième Guerre mondiale. Ces appareils ont déjà pris une part importante du marché aux États-Unis et en Europe.

Du 21 au 23 novembre 1958, la Corporation tient des journées «portes ouvertes» pour célébrer l'arrivée du gaz naturel et l'inauguration de ses nouvelles installations. En même temps, elle invite le public à voir une exposition d'appareils à gaz, la première du genre à Montréal. Cette opération s'avère un succès retentissant. Plus de 35 000 personnes visitent l'édifice et parcourent l'exposition, alors que des milliers d'autres s'impatientent, coincées dans un embouteillage de près de trois kilomètres de long sur le chemin de la Côte-de-Liesse.

Les visiteurs admirent les nouveaux appareils qu'ils découvrent: systèmes de chauffage, chauffe-eau, réfrigérateurs et cuisinières. Pour profiter au maximum de l'engouement général, une campagne de publicité intensive est mise sur pied.

L'arrivée du gaz naturel donne lieu à l'établissement d'un programme de ventes dynamique. Le volume restreint du gaz manufacturé n'avait pas permis ce type de marketing car il obligeait à plusieurs restrictions qui ont provoqué une stagnation complète dans la vente des nouveaux appareils à gaz. L'impossibilité d'augmenter la production du gaz manufacturé pour répondre à la demande avait aussi freiné la croissance des marchés industriels et du chauffage. L'industrie ne représente que 8 p. cent de la clientèle totale et, maintenant que le gaz est disponible en abondance, il faut augmenter rapidement ce pourcentage pour atteindre la rentabilité souhaitée.

Le service de l'entretien travaille en étroite collaboration avec le service des ventes et répond sans frais, la nuit comme le jour, aux appels des usagers dont le nombre dépasse 240 000.

Bénéficiant d'un système de communication radio, les techniciens se déplacent aux quatre coins de la ville dans leurs coccinelles Volkswagen. Ils répondent avec empressement aux appels des clients et leurs petites voitures, nerveuses et rapides, se faufilent dans la circulation la plus dense.

Dès le début de l'année 1958, la Corporation choisit ses porte-parole parmi les vedettes du sport, de la radio et de la télévision pour faire connaître le gaz naturel. Janette Bertrand, Jean Lajeunesse, Marjolaine Hébert et Maurice Richard participent à des campagnes publicitaires de grande envergure. Le «Rocket» va même plus loin. Après avoir converti son système de chauffage au gaz naturel, il devient propriétaire d'un magasin d'appareils à gaz qui porte son nom.

Tous les grands chefs cuisiniers vantent les mérites de la cuisson au gaz. Mais encore faut-il être en mesure de tirer parti de sa cuisinière. Le Service des sciences ménagères de la Corporation de gaz naturel du Québec, que dirige Gisèle Fortier, invite donc des spécialistes de l'alimentation et de la gastronomie à donner des cours de cuisine. C'est ainsi que, petit à petit, le gaz gagne le cœur des Québécois par le palais.

Depuis l'arrivée du gaz naturel albertain, en novembre 1958, on mise surtout sur le chauffage pour accroître les ventes. On offre quatre options: l'unité combinée cuisine-chauffage, la fournaise d'appartement, la fournaise de plancher et la fournaise murale. Ainsi, chacun peut trouver le système qui convient à ses besoins avec le «confort-chauffage» au gaz naturel.

Hélas, sur le marché montréalais les prix de l'huile baissent de façon dramatique et atteignent leur niveau le plus bas depuis plusieurs années. L'expansion du marché du gaz est donc entravée, car les frais de conversion de l'équipement ne peuvent se justifier par l'économie proposée. Dans le domaine industriel, la concurrence est encore plus rude. Les prix de l'huile lourde utilisée comme combustible par plusieurs usines sont de 35 à 40 p. cent moins élevés que trois ans auparavant.

Malgré tout, la popularité du gaz naturel s'accroît dans les domaines des services résidentiel et commercial, même si ce progrès est moins rapide que prévu. Le personnel des ventes est maintenant expérimenté et ne ménage pas ses efforts. En 1960, près de 36 p. cent des revenus des ventes résidentielles proviennent du chauffage.

La tactique mise de l'avant pour contrer l'huile est de faire des ventes à tout prix. C'est une période d'or pour les plombiers de la région métropolitaine qui reçoivent une prime chaque fois qu'ils installent un chauffe-eau au gaz. Cette politique donne lieu à de nombreux abus, car le personnel administratif de la Corporation manque d'expérience. Quand deux ou trois plombiers réclament une prime pour un chauffe-eau installé à la même adresse, il n'est pas toujours facile de déterminer lequel a effectivement installé l'appareil.

Le colonel Maurice Forget, qui est toujours président de la Corporation, songe à resserrer les cordons de la bourse et à réviser les politiques administratives. Comme plusieurs autres membres de la direction, il apprécie de moins en moins les services des experts de Commonwealth Services, une firme de New York qui a agi comme conseiller lors de l'achat du réseau et qui détient un contrat de service avec la Corporation de gaz naturel du Québec. En plus de contester leur style de gestion, on s'offusque de leur attitude envers les employés francophones. Heureusement, le contrat arrivera bientôt à échéance.

Le 4 novembre 1880, le journal *L'Opinion publique* publie une gravure illustrant les puits de gaz naturel découvert à Louiseville. (*Clio de 9 à 5*)

R. D. Handyside, l'un des fondateurs de la Montreal Gas Light Company. (*Archives de Gaz Métropolitain*)

WILLIAM W. GOODWIN & CO.,

Nos. 1012, 1014, and 1016 Filbert Street, Phila.,

AND

No. 142 Chambers Street, New York.

MANUFACTURERS OF

GAS METERS AND FINE APPARATUS.

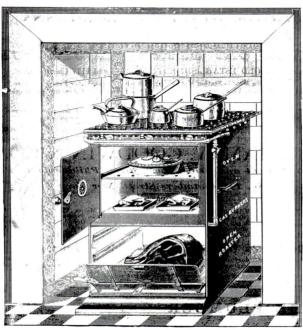

IMPROVED FAMILY GAS COOKING STOVE, No. 8.—Tin Lined.

The following can be cooked by Stove No. 8, which consumes about **40 feet of gas**, costing from **8 to 12 cents**: A roast weighing **10 or 12 pounds**, a large family pie, a couple of ducks, two sorts of vegetables, fish and soup. Size, **36 in. high and 18 in. wide**. Hot plate, **22 in. deep**, with **3 burners** for boiling. For roasting, broiling, baking, boiling, and toasting. Is capable of cooking a dinner for five to ten persons. With a movable copper reflector for radiating the heat into the room.

TWENTY DIFFERENT SIZES. PRICES FROM $1 TO $150.

W. W. GOODWIN & CO., Manufacturers,

1012, 1014, 1016 Filbert Street, Phila., and 142 Chambers Street, N. Y.

En 1879, la William W. Goodwin & Company offrait aux usagers du gaz des cuisinières en vingt différents modèles dont les prix variaient entre 1 $ et 150 $. (*Archives de Gaz Métropolitain*)

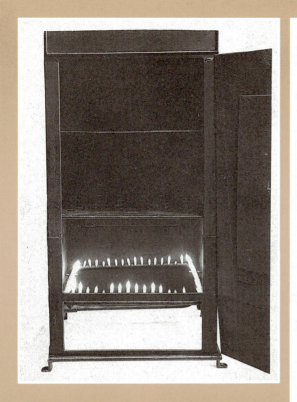

Un four à pâtisserie alimenté au gaz dont l'invention remonte à 1836. Il a été en usage jusqu'en 1911.
(*Archives de Gaz Métropolitain*)

Au début du siècle, les compagnies de gaz foisonnent; chaque rue conquise permet d'augmenter leur clientèle. (*Archives de Gaz Métropolitain*)

Gazomètre en brique érigé vers 1870 rue Ottawa, à Montréal. (*Archives de Gaz Métropolitain*)
Millard Studio

L'édifice Power, sur Craig — aujourd'hui rue
Saint-Antoine — abritait le siège social de
la Montreal Light, Heat & Power Consolidated
qui assurait la distribution de l'électricité
et du gaz jusqu'à sa nationalisation en 1944.
(*Archives de Gaz Métropolitain*)

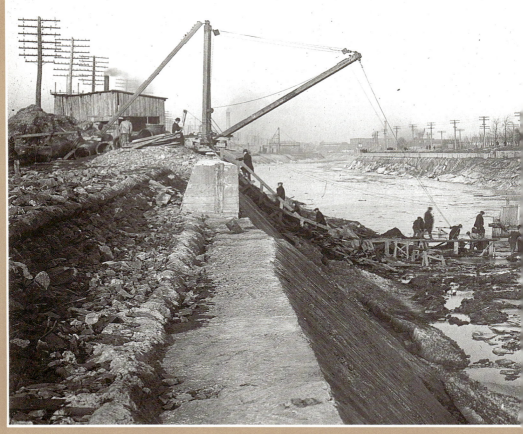

Des ouvriers s'affairent, en avril 1914, à la construction d'une conduite de gaz traversant le canal Lachine. (*Archives de Gaz Métropolitain*)

Des employés du service du gaz en 1926: au centre, Aldéma Lalonde en compagnie de John Magario, contremaître, à gauche, et de Paul Gauthier. (*Archives de la famille Lalonde*)

Le gaz manufacturé étant toxique, l'employé chargé de colmater une fuite devait porter un masque «à gaz». (*Archives de Gaz Métropolitain*)

Des panneaux incitant à l'achat des
obligations de la victoire — qui finançaient
les opérations militaires des alliés en Europe
— ornaient les camions du service du gaz
pendant la Seconde Guerre mondiale.
(*Archives d'Hydro-Québec*)

Aldéma Lalonde, en 1942, cette
fois en compagnie d'Henri Bourgeois.
(*Archives de la famille Lalonde*)

Des anciens de la Montreal Coke & Manufacturing Company en 1930: de gauche à droite, au premier rang, Gus Page, Frank Pigeon et Ray Rohrer; au second rang, Bill Morley, Bob Snedden et Cal Calhoun. (*Archives de Gaz Métropolitain*)

Les risques d'accident liés au gaz manufacturé imposaient une surveillance constante pour la détection des fuites. (*Archives de Gaz Métropolitain*)

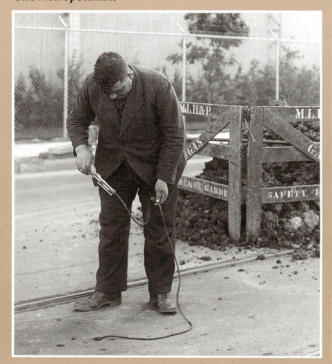

Les terrains de la rue du Havre ont été partiellement remblayés dans les années 1930. (*Archives de Gaz Métropolitain*)
E. Bruce McLarent & Co.

La pose d'une conduite sous la place
d'Armes exigea des mesures de
sécurité exceptionnelles afin de
protéger les monuments environnants.
(*Archives de Gaz Métropolitain*)

Les installations de Montreal Coke &
Manufacturing Company, le long
du canal Lachine, à LaSalle. (*Archives de
Gaz Métropolitain*)

Les travaux de construction du gazomètre
de la rue du Havre ont débuté en 1930,
peu de temps après le parachèvement du
pont Jacques-Cartier. À l'époque,
ce réservoir était le plus important au
Canada. (*Archives de Gaz Métropolitain*)
E. Bruce McLaren & Co.

Du haut du gazomètre de la rue du Havre,
le majestueux Saint-Laurent que
sillonnent encore les grands paquebots
des années folles. (*Archives de Gaz
Métropolitain*)

Au pied du gazomètre,
un quartier de l'est de la ville...
encore en friche. (*Archives de
Gaz Métropolitain*)

**Banquet soulignant le quinzième anniversaire
de Montreal Coke & Manufacturing
Company à l'hôtel Windsor, le 15 juin 1943.**
(*Archives de Gaz Métropolitain*)
Associated Screen News Ltd

Fifteenth Anniversary Dinner
Montreal Coke & Manufacturing Company
Windsor Hotel, June 15th, 1943

**Le tout dernier modèle de la
flotte de véhicules de la
Montreal Light, Heat and Power
Consolidated... en 1922.**
(*Archives de Gaz Métropolitain*)

LA FLAMME DIVINE

CHAPITRE 2

S i le gaz naturel existe depuis des millions d'années, ce n'est que depuis deux siècles à peine qu'il est reconnu comme une ressource naturelle. L'utilisation du gaz pour l'éclairage, la cuisson et le chauffage a plutôt commencé avec le gaz manufacturé.

Aussi appelé gaz artificiel, gaz d'éclairage et gaz industriel, le gaz manufacturé provient du charbon. Un médecin flamand, Jan Baptist Van Helmont, en fit la découverte dans son cabinet de Bruxelles en s'adonnant à des expériences chimiques pendant ses heures de loisirs. Un jour, alors qu'il chauffait du charbon en vase clos, il remarqua des émanations. Mais comment les nommer ? Le mot flamand *geist*, qui signifie « esprit » et « fantôme », lui sembla approprié en raison de la nature vaporeuse et mystérieuse du produit obtenu.

En 1609, Van Helmont présenta un premier traité consacré au mystère de la combustion et plus particulièrement à la propriété qu'a ce fantôme de s'enflammer à l'air libre. Avec le temps et les déformations de la prononciation, le *geist* devint *ghost* et finalement «gaz», un mot adopté dans le monde entier.

Le docteur Van Helmont était loin de se douter de l'importance de sa découverte. Il faudra attendre quelques siècles avant qu'on ne lui trouve une quelconque utilité. Au début des années 1800, on se rendit compte tout à coup que le gaz produisait une jolie flamme qui éclairait mieux que la vieille bougie de suif ou de cire, mieux encore que la lampe à l'huile. La population des métropoles européennes ne cessant de croître et l'obscurité nocturne se prêtant à de multiples attentats, l'éclairage au gaz pouvait augmenter la sécurité dans les rues. C'est ainsi que l'on commença à produire du gaz artificiel destiné à l'éclairage.

Une première usine de gaz manufacturé fut ouverte en 1812 à Londres, en Angleterre. Peu après, les Américains commencèrent eux aussi à chauffer le charbon et, en 1816, les rues de Baltimore étaient éclairées au gaz.

D'abord réservé à l'éclairage, le gaz manufacturé — que l'on obtient en chauffant de la houille dans des fours hermétiques, à des températures élevées — servit ensuite à la cuisson et au chauffage de l'eau. Avec la révolution industrielle et l'évolution technique, la production du gaz artificiel s'est raffinée et on a trouvé de nouvelles utilisations pour les sous-produits du charbon.

L'industrie du gaz manufacturé multiplia ses usines jusqu'en 1880 alors qu'elle dut composer avec un nouveau concurrent de taille: l'électricité. Cette nouvelle source d'énergie allait sonner le glas de l'éclairage au gaz.

À mesure que la lampe incandescente remplaçait le bec de gaz, on prit conscience de l'existence d'une ressource jusqu'alors négligée: le gaz naturel. Il ne s'agit pas en fait d'une découverte mais bien d'une redécouverte, puisque l'on connaissait déjà cette « flamme divine ».

Les Chinois utilisaient le gaz naturel depuis plusieurs siècles. Ils furent les premiers à le canaliser dans des tubes de bambou vers les marais salants afin de faire bouillir l'eau pour en extraire le sel.

Plusieurs peuples de l'Antiquité bâtissaient des temples sur des fissures par lesquelles le gaz naturel s'échappait du sol. À Bakou, au bord de la mer Caspienne, des foules venues de l'Inde et de la Perse accouraient pour vénérer la flamme qui jaillissait entre les rochers. Perses et Chaldéens se prosternaient devant ce qu'ils croyaient être le feu divin. La flamme du temple d'Apollon à Delphes attirait des pèlerins de toute la Grèce. L'oracle en profitait pour faire des prédictions selon les cris que la flamme divine inspirait à la pythie. En retour, les visiteurs laissaient de généreuses oboles. La légende veut que le fabuliste Ésope ait été mis à mort pour avoir déclaré que cette flamme était davantage naturelle que surnaturelle.

Les hommes, quelle que soit leur origine, voyaient dans la flamme du gaz une manifestation de la puissance des dieux. Les Amérindiens étaient fascinés par les sources de feu de la Virginie occidentale, là même où on exploitera plus tard les mines de charbon les plus riches d'Amérique du Nord. Phénomène mystérieux pour les uns et objet d'effroi pour d'autres, le gaz sortait des entrailles de la terre tout naturellement. Plus pratiques, les Romains utilisaient déjà le gaz pour éclairer leurs salles de festin.

a formation du gaz naturel aurait débuté il y a environ un milliard d'années, sous l'effet combiné de la chaleur et des pressions géologiques. Les transformations chimiques de la matière organique en décomposition auraient conduit à la formation de gaz, tandis que les mouvements du sol au cours de la période préhistorique créaient d'énormes réservoirs dans la croûte terrestre.

Selon la température et l'importance des pressions subies, les débris végétaux se transforment en gaz ou en pétrole. Ces deux hydrocarbures sont presque toujours associés dans la nature, mais à des profondeurs différentes. Habituellement, la poche de gaz est au-dessus de la roche imprégnée de pétrole. On ne peut établir de frontière précise entre pétrole et gaz, et l'exploitation de l'un ou de l'autre dépend surtout des conditions locales. Souvent, on exploite les deux, mais en prenant soin de bien les séparer. Un pétrole brut trop chargé de gaz est instable, alors qu'un gaz trop lourd en produits liquides pose des problèmes de traitement.

Les gisements riches en méthane sont les plus favorables à l'exploitation du gaz. Le méthane est un gaz léger dont la molécule se compose d'un atome de carbone lié à quatre atomes d'hydrogène: CH_4. Dans les gisements, il est associé à des gaz plus lourds: l'éthane (C_2H_6), le propane (C_3H_8) et le butane (C_4H_{10}). Toutefois, le méthane est toujours dominant car il représente entre 70 et 95 p. cent du volume de gaz des gisements, d'où son appellation de gaz naturel.

L'histoire du gaz naturel est étroitement liée à celle du gaz manufacturé, le second ouvrant la voie au premier.

En 1821, à Fredonia, dans l'État de New York, des habitants remarquèrent des émanations de gaz qui fusaient du sol. Dès 1858, la société Fredonia Gas, nouvellement constituée, devint la première au monde à utiliser le gaz naturel. Une décennie plus tard, un premier gazoduc construit en pin blanc d'origine canadienne transportait le gaz de Livingston à Rochester dans le même État.

En Europe, comme dans toutes les grandes villes occidentales, l'industrie gazière se développait à partir de la transformation de la houille. Mais à mesure que la technique fit des progrès et permit de découvrir de nouveaux puits, le gaz naturel remplaça le gaz artificiel. Ses grandes propriétés calorifiques et son très faible indice de pollution devaient condamner presque complètement la production du gaz manufacturé.

Au Canada, le gaz naturel entra dans l'histoire vers le milieu du XVIIIe siècle. Des colons qui campaient aux abords des chutes du Niagara utilisaient des fuites de gaz naturel pour faire bouillir l'eau servant à préparer le thé. Un siècle plus tard, la ville de Moncton, au Nouveau-Brunswick, éclairait ses rues grâce au gaz provenant d'un puits foré sur place. Au Québec, le gaz naturel affleurait en quelques endroits, notamment autour du lac Saint-Pierre, à Louiseville et à Pointe-du-Lac où la Three River Gas Company s'approvisionnait pour éclairer les rues de Trois-Rivières.

Vers 1880, un gisement de gaz naturel fut découvert à Essex, en Ontario. Il commença à produire le 23 janvier 1889. On construisit alors une canalisation reliant Essex à la ville de Windsor et, en 1898, on la prolongea pour alimenter en gaz la ville de Toledo, dans l'État de l'Ohio. Ce fut le premier gazoduc international de gaz naturel en Amérique du Nord.

Vers la même époque, sachant que le riche bassin souterrain du Texas s'étendait jusqu'au cœur de l'Alberta, plusieurs sociétés à la recherche de pétrole y entreprirent des forages. Pendant ces travaux, les géologues purent observer d'importantes émanations de gaz.

Mais c'est en cherchant des points d'eau pour alimenter les locomotives à vapeur que des employés de la société

Canadien Pacifique découvrirent en 1887 les premiers gisements de gaz naturel de la région de Leduc, en Alberta. Il faudra cependant attendre jusqu'en 1912 avant d'entreprendre l'exploitation commerciale de ce riche gisement, le plus important jamais découvert au Canada. Peu après, un gazoduc fut construit sur une longueur de près de 280 kilomètres, pour atteindre Calgary. Les résidents des provinces de l'Ouest bénéficièrent donc les premiers des énormes gisements de gaz naturel des Prairies.

Des recherches intensives permirent de localiser plus de 100 gisements de pétrole et de gaz. Les sociétés de distribution privées se multiplièrent et le gouvernement canadien prit bientôt conscience de l'abondance de cette ressource naturelle. Se posa alors le problème de l'utilisation de ce gaz dont les réserves dépassaient largement les besoins locaux. La construction d'un gazoduc s'imposa pour jeter un pont entre les provinces productrices de l'Ouest et les grands centres urbains de l'Est.

La découverte et l'exploitation de grands gisements survinrent plus tardivement en Europe, en Union soviétique et en Afrique du Nord. Ce n'est que depuis les années 1960 que ces régions sont au nombre des grands producteurs. On dit que les ressources de l'ex-URSS sont aussi, sinon plus, importantes que celles des États-Unis.

Avant la crise du pétrole des années 1970, les experts croyaient que le gaz était tout juste bon à être brûlé en torchère au sommet des tours des raffineries ou sur les puits de pétrole au Moyen-Orient. Au Canada même, de grandes quantités de gaz furent flambées en Alberta parce que le marché n'était pas assez considérable pour en assurer l'écoulement. Ce comportement méprisant à l'égard de cette ressource naturelle allait bientôt changer. Le gaz naturel a maintenant acquis une place importante sur l'échiquier international des énergies primaires.

À sa sortie du puits, le gaz naturel est amené à l'usine de traitement qui doit, par désulfuration, en éliminer l'hydrogène sulfureux et le CO_2, puis séparer par dégazolinage le méthane et les hydrocarbures condensables. Parmi ces derniers, le butane et le propane sont comprimés et stockés dans des bonbonnes ou utilisés dans des produits chimiques. L'hydrogène sulfureux est à son tour employé dans d'autres produits de synthèse ou, dans certains cas, traité pour en extraire le souffre. En bout de ligne, le gaz épuré est presque uniquement composé de méthane.

D'une grande pureté, d'emploi commode et peu polluant à cause de sa combustibilité presque parfaite, le gaz naturel possède une valeur calorifique deux fois supérieure à celle du gaz manufacturé. Il est aussi l'une des sources d'énergie parmi les plus sûres qui soient, car il est explosif que s'il est mélangé à l'air dans des proportions variant de 4,5 à 14,5 p. cent. Et il faut encore une source de chaleur suffisante — la température de l'étincelle doit atteindre au moins 593 °C — pour qu'il prenne feu.

Autre avantage appréciable, contrairement au gaz manufacturé, le gaz naturel n'est pas toxique. Il peut être respiré sans danger sauf, bien sûr, si la quantité de gaz est tellement importante dans une pièce que l'air en est chassé. Même après sa combustion, le gaz naturel demeure inoffensif. Les produits de la combustion sont les mêmes que ceux de la respiration humaine : vapeur d'eau et gaz carbonique.

Cette forme d'énergie compte parmi les plus « propres ». Elle ne laisse aucun résidu, cendre, fumée ou suie. À cela s'ajoute pour l'usager le bénéfice de ne pas être obligé d'en avoir des réserves chez lui comme pour le mazout.

Le transport du gaz naturel de l'usine aux secteurs de consommation peut se faire de deux façons : sous forme gazeuse, dans un gazoduc et par fardier, ou liquéfiée, par navires et camions citernes calorifugés.

former une compagnie pour éclairer au gaz les squares et les rues de la métropole canadienne. Il convainc le recteur de l'université McGill, O. F. Holmes, le brasseur William Dow, R. D. Handyside et quelques autres notables montréalais de se joindre à lui pour créer cette compagnie. C'est ainsi que la Montreal Gas Light Company voit le jour en 1836, année où le mandat de Viger à la mairie de Montréal prenait fin.

Louis-Joseph Papineau, cousin de Jacques Viger, n'approuve pas le nom anglais choisi pour la compagnie, pas plus d'ailleurs qu'il ne comprend pourquoi son cousin refuse de l'appuyer dans l'organisation de la rébellion des Patriotes. Jacques Viger a bien d'autres idées en tête.

Après avoir obtenu du gouvernement du Bas-Canada, en 1837, le droit de distribuer du gaz manufacturé par canalisations souterraines, la Montreal Gas Light Company construit une première usine de gaz sur un terrain vacant à l'est de la prison au Pied-du-Courant, là où sont aujourd'hui situés les bureaux administratifs de la Société des alcools du Québec.

Autre hasard de l'histoire, c'est le 23 novembre 1837, le jour de la bataille de Saint-Denis, qu'est inauguré l'éclairage au gaz à Montréal, au moment même où les Patriotes affrontent victorieusement l'armée du colonel Gore. Prévoyant une défaite, le Dr Nelson s'était exilé aux Bermudes et Papineau avait fui vers les États-Unis. Le calme à peine revenu, la cathédrale Notre-Dame devient le premier édifice de Montréal dont la façade est éclairée par un réverbère au gaz.

La même année, la Ville de Montréal accorde un contrat à la Montreal Gas Light Company pour l'éclairage des rues. Il s'agit d'un contrat annuel de 245 nuits seulement. Pour les 120 autres, on compte sur la lune, éclairage encore plus économique.

La réussite est immédiate pour la compagnie, mais l'échec de la rébellion a été fatal pour douze Patriotes qui

40

sont pendus devant la prison au Pied-du-Courant, à proximité de l'usine de gaz.

La compagnie prend rapidement de l'expansion et d'autres usines d'alimentation sont construites : une première, rue Parthenais, et une autre, à l'angle des rues de La Gauchetière et Beaudry.

S uccès foudroyant... mais de courte durée. Bientôt, les plaintes affluent. L'éclairage n'est pas aussi satisfaisant qu'on l'avait d'abord espéré. Certes, le bec de gaz éclaire mieux que la mèche à l'huile, mais c'est toujours une lueur vacillante qu'un coup de vent éteint facilement. La lune de miel entre la compagnie et les citoyens est terminée.

En 1842, dans un long rapport, le Comité municipal de l'éclairage dénonce la Montreal Gas Light parce que les vitres des lanternes ne sont pas bien nettoyées et que la flamme n'atteint pas toujours la largeur et la hauteur prescrites. On se plaint aussi des lampistes, rémunérés 7,50 $ par mois, qui tardent parfois à allumer les lanternes ou en oublient certaines, lors de leurs deux circuits quotidiens du soir et du matin pour les allumer et les éteindre.

En dépit de ces problèmes, la Montreal Gas Light connaît un grand succès financier. Profitant de son monopole, elle fixe les prix à son gré, ce qui ne manque pas de provoquer de vives réactions.

Au début, la Montreal Gas Light exige un montant fixe par brûleur à gaz pour les six premiers jours de la semaine. Le dimanche, ce montant est haussé de 15 p. cent. L'installation des compteurs suivra peu après. En 1842, 35 compteurs sont installés dans des endroits publics et des églises.

C'est ce monopole qui incite un groupe d'hommes d'affaires anglophones ayant à leur tête Thomas Molson à mettre sur pied, en 1849, la New City Gas Company of Montreal. Ils promettent de couper les prix de moitié. Après de vaines protestations, la Montreal Gas Light Company décide de faire face à la concurrence et construit une autre usine de production, à l'angle des rues Smith et Murray. En même temps, elle signe avec la Ville de Montréal un contrat de cinq ans pour l'éclairage des rues.

Fortement désavantagée par ce contrat qui lui coupe l'herbe sous le pied, la New City Gas Company of Montreal semble vouée à la faillite. Pour l'éviter, elle accepte une fusion avec la Montreal Gas Light Company. La nouvelle compagnie prend le nom de New City Gas Company of Montreal.

L'exposition universelle de Paris, en 1878, révèle au monde un nouveau mode d'éclairage: l'électricité. En peu de temps, Paris, Londres et plusieurs villes européennes adoptent la lampe à arc pour l'éclairage des rues alors qu'aux États-Unis on tente de mettre au point d'autres modèles de ce type d'éclairage.

À Montréal, comme dans bien d'autres villes du monde, c'est le début d'une lutte qui dure encore. Certains affirment la suprématie du gaz pour l'éclairage, tandis que d'autres ne jurent que par l'électricité. Les compagnies de gaz mettent beaucoup de temps à réagir et commencent d'abord par essayer de discréditer l'électricité. Elles affirment que le coût de cet éclairage est beaucoup trop élevé, qu'on l'utilise pour le prestige sans tenir compte de ses inconvénients: éclairage trop brillant qui fatigue la vue, ou trop blafard qui ne rend pas justice au teint des femmes.

La popularité de l'électricité entraîne cependant une baisse de la valeur des titres en bourse de la New City Gas Company of Montreal. Pour pallier cette dangereuse tendance, l'entreprise demande, dès 1879, l'autorisation de produire et de distribuer de l'électricité et adopte le nom de Montreal Gas Company.

La même année, la Commission du Port de Montréal s'intéresse à l'éclairage électrique et, 12 mois plus tard, des lampes électriques se dressent le long des quais. L'éclairage du port soulève évidemment l'opposition de la Montreal Gas Company tandis que la ville s'enorgueillit du fait que son port possède les premières lampes électriques du Canada.

Les Américains s'intéressent au marché canadien et l'American Electric and Illuminating Company s'établit à Montréal. Au printemps 1884, deux employés de cette société se portent acquéreurs de son actif et incitent un groupe d'hommes d'affaires montréalais à fonder la Royal Electric Company.

Partout dans le monde, l'éclairage électrique des rues est de plus en plus en vogue. Mais Montréal hésite toujours, même si ses administrés souhaitent vivement que les becs à gaz soient remplacés.

La Montreal Gas Company exerce son monopole en toute quiétude. Véritable fief anglo-saxon, elle ne compte qu'un seul actionnaire canadien-français. Le président Jesse Joseph ne néglige rien pour augmenter les bénéfices. La compagnie est si prospère qu'elle consent régulièrement aux banques des prêts à court terme et verse à ses actionnaires un dividende annuel de 12 p. cent. Toutefois, elle a mauvaise presse; on l'accuse d'être un monopole, d'imposer des tarifs élevés et de produire un gaz de qualité inférieure.

Même si la Montreal Gas Company est autorisée à produire et à vendre de l'électricité depuis 1879, le président Joseph n'est pas disposé à se lancer dans une telle aventure, car à Montréal le gaz est une industrie prospère qui assure des profits substantiels. Il continue donc d'affirmer que l'éclairage à l'électricité est condamné à l'échec.

Mais la concurrence se fait de plus en plus vive. Malgré un contrat avec la Ville de Montréal, en vigueur jusqu'en

1885, la Montreal Gas Company doit réduire ses tarifs. Elle offre même des conditions très avantageuses à certains clients importants, notamment aux grands hôtels, à condition qu'ils s'engagent à ne pas augmenter le nombre de lampes électriques déjà installées.

En 1885, l'entente avec la Ville de Montréal est renouvelée pour une autre période de 10 ans et de nouvelles diminutions de tarifs sont accordées. Entre-temps, la Royal Electric Company poursuit sans relâche sa campagne de publicité et diffuse dans le public des dépliants décrivant les avantages de l'éclairage à l'électricité. Le 13 janvier 1886, reprenant les mêmes arguments, la Société des marchands détaillants de Montréal demande aux autorités municipales de remplacer le plus rapidement possible l'éclairage au gaz par la lumière électrique dans les principales rues commerciales.

Le Comité municipal de l'éclairage approuve un projet d'entente avec la Royal Electric et, le 1er juin 1886, un contrat de cinq ans est signé. L'éclairage des rues à l'électricité est finalement inauguré le 17 juillet suivant. Tout fonctionne bien, mais les Montréalais ne sont pas entièrement satisfaits. Selon eux, les lampes sont trop éloignées les unes des autres et l'éclairage est insuffisant.

C'est l'anarchie. D'un côté, la Montreal Gas Company proteste parce que son contrat avec la Ville n'est pas respecté, et de l'autre, le *Montreal Star* laisse entendre que des pots-de-vin ont facilité l'octroi du contrat à la Royal Electric Company. Pendant deux semaines, la Montreal Gas Company continue d'allumer ses becs de gaz avec l'intention manifeste de se faire payer le coût de son éclairage. Mais elle ne reçoit pas l'appui de la population. Elle décide donc de mettre fin au service. À partir du 1er août 1886, les rues de Montréal sont éclairées seulement à l'électricité.

Le contrat d'éclairage des rues marque le début d'une période de prospérité pour la Royal Electric Company. Le nombre de ses abonnés s'accroît rapidement. En 1889,

Montréal compte 3 000 lampes à incandescence; ce chiffre atteint 39 000 à la fin de 1893 et dépasse 79 000 en 1899.

Même si l'électricité s'impose de plus en plus, la Montreal Gas Company continue de verser à ses actionnaires un dividende de 12 p. cent par année, ce qui suscite l'envie des hommes d'affaires et la critique des consommateurs.

Les protestations qui fusent de toutes parts contre les tarifs de la Montreal Gas Company amènent John Coates à fonder la Consumers Gas Company of Montreal qui obtient l'autorisation de produire du gaz et de l'électricité partout dans l'île. Il signe un contrat avec la gare Bonaventure et offre aux familles du secteur ouest le gaz à un prix beaucoup plus bas. Ce geste conduit à une nouvelle réduction des tarifs de la Montreal Gas Company.

La direction de la société craint les effets de cette concurrence. Son président déclare même que c'est par ignorance que la Consumers Gas Company of Montreal offre des tarifs aussi bas, que cette politique provoquera la faillite de la jeune entreprise. Les actionnaires jugent le président Jesse Joseph trop modéré et ils en élisent un plus dynamique: sir Herbert Samuel Holt, qui est déjà administrateur de la Royal Electric Company.

Aussitôt élu président de la Montreal Gas Company, sir Herbert Samuel Holt entame des procédures contre la Ville de Montréal qui laisse la Consumers Gas Company of Montreal vendre du combustible sur son territoire, malgré le contrat qui accorde ce privilège jusqu'en mai 1895 à la Montreal Gas Company.

Mais c'était sans compter sur la détermination à toute épreuve de John Coates. À la réception de l'injonction de la cour ordonnant l'arrêt de la distribution de son gaz à

Montréal, il fait fermer le tuyau d'entrée chez les abonnés et leur fait remettre une circulaire dans laquelle il révèle le contenu du jugement obtenu par la Montreal Gas Company. Pour garder leur clientèle, il propose, s'ils doivent s'approvisionner à «la vieille compagnie», de payer leurs factures de la Montreal Gas Company. Il les autorise aussi à utiliser le compteur de sa compagnie.

La Montreal Gas Company encaisse mal le coup et le président Holt décide qu'il vaut mieux acheter les concurrents plutôt que dépenser de l'énergie à lutter contre eux. La Montreal Gas Company acquiert donc l'actif de la Consumers Gas Company. En juillet 1895, la nouvelle société signe un contrat de 10 ans avec la Ville, plus cinq autres années si Montréal ne s'est pas encore porté acquéreur de ses installations gazières.

Comme partout en Amérique à la fin de XIXᵉ siècle, la population de Montréal dénonce les bénéfices considérables et les tarifs abusifs des sociétés de gaz et d'électricité.

Les affaires de la Royal Electric Company sont prospères et, dès 1900, la compagnie entreprend des pourparlers avec certains administrateurs de la Montreal Gas Company en vue d'une fusion qui permettrait l'élimination de la concurrence. Alors que l'électricité remplace le gaz pour l'éclairage, celui-ci trouve d'autres débouchés.

Le 25 avril 1901, la Montreal Light, Heat and Power Company voit le jour. La société alimente la ville en gaz et en électricité, répondant ainsi à tous les besoins de la vie domestique, commerciale et industrielle. Sir Herbert Samuel Holt est élu président de la nouvelle entreprise qui regroupe la Royal Electric, la Montreal and St. Lawrence Light and Power Company et la Montreal Gas Company.

Cette fusion est vivement critiquée, car la société nouvellement créée n'abaisse que très peu ses tarifs malgré la hausse effrénée de ses profits. À compter de 1904, les critiques deviennent plus acerbes et les accusations liées au monopole de la compagnie s'intensifient. Les journaux ne manquent pas de pointer du doigt les administrateurs qui contrôlent à la fois la distribution de l'électricité et celle du gaz. Pour faire taire les mécontents, l'administration municipale demande à ses ingénieurs de préparer un projet d'usine à gaz et de réseau de distribution. Elle fait aussi appel aux services d'un spécialiste américain, E. W. Bennis, dont le rapport démontre que les tarifs du gaz sont trop élevés.

Malgré cela, à l'automne 1906 deux échevins proposent d'accorder, à compter de 1910, un nouveau contrat de 30 ans à la Montreal Light, Heat and Power Company, tant pour l'éclairage des rues que pour la distribution du gaz. Cette intervention soulève l'indignation, et les protestations viennent de tous les côtés pendant que la société érige l'édifice Power à l'angle des rues Craig (aujourd'hui Côte-Saint-Antoine) et Saint-Urbain.

La Ville de Montréal entreprend alors la municipalisation de l'éclairage des rues et la distribution de l'électricité et du gaz. Pour contrer l'indignation des citoyens qui s'insurgent contre l'utilisation des poteaux des rues, le gouvernement provincial crée en 1909 la Commission de l'électricité de Montréal qui favorisera l'enfouissement des fils. À la même époque, Holt devient le maître quasi absolu de la Montreal Light, Heat and Power Company, et les actionnaires canadiens-français deviendront minoritaires.

Une nouvelle compagnie au capital autorisé de 75 millions de dollars, la Civic Investment and Industrial Company, remplacera au printemps de 1916 la Montreal Light, Heat and Power Company. La création de cette société ne sert qu'à masquer une opération financière qui permet de multiplier par trois le nombre des actions, sans provoquer d'opposition. Aussi, en février 1919, revient-on à l'ancien nom avec la différence que le mot *Company* est remplacé par *Consolidated*. Les profits augmentent régulièrement et, en 10 ans, elle devient une véritable puissance financière.

La population de Montréal dépasse maintenant les 800 000 habitants et la consommation d'électricité augmente de jour en jour. La principale préoccupation de la compagnie demeure la neutralisation de la concurrence. Le tarif du gaz augmente et celui de l'électricité baisse.

Afin de faire face à la demande croissante, on construit une autre usine de gaz manufacturé. En 1928, l'usine LaSalle Coke commence à alimenter la Montreal Light, Heat and Power Consolidated.

Même si la crise des années 1930 provoque une recrudescence de critiques contre la Montreal Light, Heat and Power Consolidated, la société achète plusieurs petits réseaux. Entre autres, elle profite d'une réorganisation complète de la structure financière de la Beauharnois Light, Heat and Power Company pour en prendre le contrôle.

L'idée que la population du Québec est exploitée par le «trust de l'électricité» fait progressivement son chemin. Les journaux francophones soutiennent que les compagnies fixent des tarifs exorbitants et qu'elles obtiennent de nombreuses faveurs des hommes politiques de tous les niveaux.

Au début de 1933, la Confédération des syndicats catholiques réclame du premier ministre Alexandre Taschereau la nationalisation des compagnies d'électricité. Le mouvement prend de l'ampleur et le gouvernement forme la Commission d'enquête de l'électricité pour étudier la question de la nationalisation. Connue sous le nom de commission Lapointe, elle produit un rapport dans lequel les commissaires reconnaissent que le monopole de la distribution est une nécessité économique, mais ils déclarent aussi qu'il y a eu des cas de surcapitalisation, de subdivision du capital-actions et de profits accumulés aux dépens des consommateurs. Ils condamnent le régime de liberté absolue des compagnies qui en abusent. Ils favorisent la distribution de l'énergie par les municipalités, mais ils ne se prononcent pas en faveur de la nationalisation. Ils recommandent plutôt la création d'un organisme de contrôle ayant autorité sur les sociétés. Cet organisme établirait des échelles de tarifs justes et raisonnables, contrôlerait les fusions de compagnies ainsi que l'émission d'actions et d'obligations.

À l'automne 1935, Maurice Duplessis de l'Union nationale et Paul Gouin de l'Action libérale nationale (les deux partis d'opposition) signent un document par lequel ils s'engagent à mettre un frein à l'appétit des compagnies par la création de la Commission des eaux courantes. Pour sa part, le gouvernement Taschereau donne suite à la principale recommandation de la commission Lapointe et fait voter une loi instituant une nouvelle commission de l'électricité qui, l'année suivante, est remplacée par la Régie provinciale de l'électricité. Ce nouvel organisme mettra en vigueur les plus importantes recommandations de la commission Lapointe.

Une enquête entreprise en 1938 par la Régie provinciale de l'électricité démontre que les profits de la Montreal Light, Heat and Power Consolidated sont trop élevés et que la valeur aux livres de la société aurait été indûment gonflée. À la suite de ces révélations, le gouvernement provincial songe sérieusement à la nationalisation de la société.

Mais à peine l'enquête avait-elle commencé que la Montreal Light, Heat and Power Consolidated lance une véritable campagne de désinformation contre le gouvernement. On soutient à fond l'entreprise privée contre la mainmise de l'État, on tente de démontrer que le gouvernement sera incapable de bien gérer ce secteur d'activité. On prétend même que de nouvelles sociétés refuseront de s'installer au Québec.

Dans une annonce de la Montreal Light, Heat and Power Consolidated intitulée «Jacques m'a dit d'où viendra l'argent», on peut lire:

«Le mot étatisation comporte naturellement l'idée d'achat public, où le peuple fournit les fonds nécessaires.

On pourra procéder de diverses manières pour défrayer le coût de la transaction, mais il ne faudra pas oublier qu'en dernier ressort c'est bien le peuple qui paye, ce bon peuple dont la dette va toujours croissante. Et cela s'ajoutera naturellement aux tarifs réguliers de l'électricité. Songeons-y donc sérieusement avant d'abandonner un service public bien administré à des gens qui ont peu ou pas d'expérience dans ce genre d'entreprise et de payer par-dessus le marché pour le faire. »

Dès 1939, le chef du Parti libéral, Adélard Godbout, sensible au sentiment de plus en plus défavorable de la population envers le trust de l'électricité, inscrit au programme de son parti l'acquisition de la Montreal Light, Heat and Power Consolidated et de ses nombreuses filiales. Cette promesse facilite le retour au pouvoir des libéraux.

Au cours de son mandat, Godbout annonce qu'il soumettra un projet de loi autorisant le gouvernement à exploiter le secteur de l'électricité de la Montreal Light, Heat and Power Consolidated. C'est la panique à la compagnie d'électricité qui mène alors une vigoureuse campagne de concert avec les journaux anglophones.

Le *Financial Post* avance que les attaques contre la compagnie sont une manifestation du nationalisme québécois. Il met le premier ministre au défi de démontrer que son gouvernement et ceux qui suivront accompliront plus dans l'intérêt de la communauté que la Montreal Light, Heat and Power Consolidated.

La société commandite même un radio-roman pour vanter ses services économiques et fiables qui, évidemment, n'existeraient plus avec un organisme d'État.

La naissance de la Commission hydroélectrique du Québec est un fait politique. C'est pour contrer la toute-puissance de la Montreal Light, Heat and Power Consolidated qu'elle est créée en mars 1944.

Par un froid samedi matin, le 15 avril 1944, Hydro-Québec prend possession de l'actif de la Montreal Light,

Heat and Power Consolidated. Quelques mois plus tard, les tarifs des consommateurs sont réduits de quelque 10 p. cent. Des francophones font une première percée dans le secteur de l'électricité et du gaz dont ils avaient été constamment tenus à l'écart.

La tâche d'Hydro-Québec est colossale et d'autant plus compliquée que la prise de possession de la plus importante compagnie d'électricité du Canada n'est qu'une première étape. Elle doit maintenant faire ses preuves et la baisse de tarifs consentie aux abonnés, dès juin 1944, ne peut endiguer à elle seule le courant de méfiance engendré par les procédures d'expropriation.

Si, au moment de l'acquisition de la Montreal Light, Heat and Power Consolidated, la part de l'électricité est beaucoup plus importante, celle du gaz n'est pas négligeable pour autant. Tout en rapportant quatre fois moins que l'électricité, le gaz assure un revenu brut de six millions de dollars. Au cours des années qui suivront, l'usage domestique du gaz demeurera stationnaire alors que la consommation d'électricité s'accroîtra de 10 p. cent par année.

UNE MANNE PROVIDENTIELLE

CHAPITRE 4

eu après la fin de la guerre, en 1946, les géologues localisent un nouveau gisement de gaz naturel à Leduc, en Alberta. Cette fois, la réserve est si impressionnante qu'elle pourrait approvisionner non seulement le marché albertain, mais aussi tous les principaux centres de consommation du Canada, dont Toronto et Montréal. Mais encore faudrait-il pouvoir acheminer de façon continue de grandes quantités de gaz vers l'Est du Canada et peut-être même vers les États-Unis.

L'idée d'un gazoduc pancanadien emballe les promoteurs qui se font concurrence pour obtenir le privilège d'exporter du gaz naturel au-delà des frontières de l'Alberta. Les difficultés logistiques aussi bien que financières sont énormes et, en 1951, deux promoteurs seulement demeurent intéressés au projet. Le groupe TransCanada PipeLines Limited, constitué d'intérêts américains, fait concurrence au groupe Western PipeLines composé de plusieurs groupes canadiens, dont Anglo Canadian Oil de Calgary, Hammond & Nanton de Winnipeg, Nesbitt, Thomson Company de Montréal, Wood Gundy Company de Toronto, et quelques autres.

La TransCanada PipeLines Limited, incorporée par une loi fédérale en 1951, projette de construire un gazoduc entièrement canadien, de l'Alberta à Montréal, tandis que Western a un projet plus complexe. Elle propose de transporter le gaz naturel de l'Alberta jusqu'à Winnipeg et, de là, de construire un embranchement jusqu'à la frontière des États-Unis pour vendre le gaz à une compagnie américaine. Elle complétera ensuite le gazoduc jusqu'à Montréal après avoir d'abord approvisionné le marché de l'Est canadien avec du gaz naturel provenant des États-Unis.

En Alberta, on appuie le projet de la Western PipeLines parce qu'il offre un marché plus avantageux à court terme. Par contre, le gouvernement canadien appuie celui de la TransCanada PipeLines Limited, le considérant comme étant d'intérêt national.

À la suggestion du premier ministre de l'Alberta, les deux projets sont réunis en un seul et les compagnies, fusionnées en 1954, adoptent le nom de TransCanada PipeLines Limited.

L'économie du Canada est plutôt mal en point et les capitaux privés sont rares. La TransCanada PipeLines Limited multiplie les rencontres avec les principaux distributeurs des provinces en vue de signer des contrats à long terme pour la vente de gaz naturel.

Pour rentabiliser son gazoduc, la TransCanada PipeLines compte, entre autres, sur le marché québécois et Hydro-Québec est son seul interlocuteur. Son président, L.-Eugène Potvin, est reconnu pour favoriser l'électricité. Heureusement, dès 1952 le groupe Trans-Canada PipeLines a eu l'heureuse initiative de retenir les services de l'honorable Édouard Asselin, du Conseil législatif. Réputé pour son intégrité et son influence auprès des leaders québécois, l'avocat facilitera certainement les négociations avec Hydro-Québec et le gouvernement provincial.

Édouard Asselin s'acquitte de sa tâche avec rigueur et efficacité. Il rencontre la direction d'Hydro-Québec en compagnie des promoteurs et s'entretient à plusieurs reprises avec le premier ministre. Maurice Duplessis, tout en se disant favorable au gaz naturel, refuse de s'engager. « La décision viendra de l'entreprise d'État où l'on étudie la question », dit-il.

Hydro-Québec reconnaît que la conversion au gaz naturel est inévitable. Partout dans le monde, à mesure qu'il devient disponible, le gaz naturel remplace le gaz manufacturé. Sa valeur thermique supérieure et ses nombreux autres avantages en font un choix logique. Hydro-Québec demande d'abord à des experts américains d'évaluer les bénéfices de la conversion de son réseau au gaz naturel. Ensuite, la société d'État forme un « comité du gaz naturel » pour étudier plus spécifiquement « les problèmes que va susciter l'introduction de cette nouvelle source d'énergie dans les districts qu'elle dessert ».

En 1954, tous les ingénieurs et experts concluent à l'unanimité que c'est « l'intérêt général de la population de la région de Montréal, en plus d'être avantageux pour Hydro-Québec, de convertir son réseau de distribution ». Bien sûr, compte tenu de l'investissement important que cela nécessite, il ne faut pas espérer de profits à court terme. Mais dès la cinquième année, on peut prévoir des bénéfices qui augmenteront graduellement par la suite.

La direction d'Hydro-Québec hésite toutefois. Pour accélérer la signature du contrat, la TransCanada PipeLines offre de réduire les taux initialement proposés. Hydro-Québec est donc dans une position fort avantageuse.

Chargé d'évaluer l'ensemble des rapports et de faire des recommandations, l'ingénieur Raymond Latreille propose, en février 1955, des travaux de deux millions de dollars pour améliorer le réseau en vue de l'arrivée du gaz naturel de l'Alberta. À l'unanimité, le conseil d'administration d'Hydro-Québec accepte sa proposition.

L es pourparlers entre TransCanada PipeLines et Hydro-Québec s'éternisent. Au début de décembre 1954, lors d'une discussion informelle, L.-Eugène Potvin fait part tout naturellement à Édouard Asselin « qu'il a décidé de recommander au gouvernement la vente du réseau gazier d'Hydro-Québec à la TransCanada PipeLines ».

Me Asselin n'en croit pas ses oreilles. Dans sa tête, il repasse les étapes des négociations pour essayer de trouver ce qui lui a échappé. C'est la première fois qu'il est question de vente du réseau gazier. Cela lui semble dénué de sens puisque ce réseau a été nationalisé il y a à peine 11 ans par le biais d'une expropriation. Il est impensable qu'on veuille le revendre à l'entreprise privée.

Bien sûr, l'avocat sait que le président d'Hydro-Québec a toujours considéré le réseau gazier comme un réseau d'appoint, voire secondaire. Depuis 1944, aucune amélioration n'a été apportée à l'usine de production malgré la demande croissante. Aussi, faute d'un approvisionnement adéquat, le gaz a vu sa part du marché diminuer.

Au moment de la nationalisation, le territoire desservi par le gaz était sensiblement le même que celui du réseau d'électricité. Mais depuis, il est demeuré semblable alors que celui de l'électricité a été considérablement étendu. Pire encore, Hydro-Québec ne s'est jamais donné la peine d'augmenter les tarifs du gaz, établis en 1934, alors qu'ils ont été augmentés à quatre reprises dans la région de Toronto.

Édouard Asselin en vient à donner raison à ceux qui affirment que le désintérêt d'Hydro-Québec à l'égard de la distribution du gaz explique sa piètre rentabilité. Il est également convaincu que le président ne réussira jamais à faire approuver «sa» décision par le conseil d'administration d'Hydro-Québec. Et encore moins par le premier ministre Maurice Duplessis qui reconnaît sans peine les avantages du gaz naturel.

L'avocat informe tout de même les promoteurs de la TransCanada PipeLines de la proposition de L.-Eugène Potvin. Surpris et déçus, ceux-ci pensent qu'il s'agit peut-être d'une tactique de négociation. Il n'a jamais été question de la vente du réseau lors de leurs précédentes rencontres. Mais, quoi qu'il en soit, ils souhaitent voir le président d'Hydro-Québec le plus tôt possible et Me Asselin organise cette réunion.

Au cours de la rencontre, le président Potvin fait part de sa décision aux représentants de la TransCanada Pipe-Lines. Devant leur hésitation, il ajoute que cette proposition est «à prendre ou à laisser».

La TransCanada PipeLines veut vendre du gaz et non acheter des réseaux de distribution. Étant déjà aux prises avec d'énormes difficultés financières, elle n'a pas les capitaux nécessaires pour faire des acquisitions.

Après plusieurs séances de négociation où sont discutées les conditions de vente, la TransCanada PipeLines demande au président Potvin de fixer un prix et de soumettre une proposition par écrit. Cela ne tarde pas. Le 2 mars 1955, dans une lettre adressée à Me Asselin, le président d'Hydro-Québec réitère sa proposition. Et, pour la première fois, un prix est mentionné: 30 millions de dollars.

Le même jour, il joint une copie de sa proposition à une lettre qu'il adresse au premier ministre Duplessis. Il y expose certains arguments à l'encontre de la distribution du gaz naturel par Hydro-Québec et conclut ainsi :

«Monsieur Savoie et moi-même avons étudié cette situation depuis longtemps, et considérons qu'il serait préférable de vendre tous nos intérêts aux conditions mentionnées et de laisser l'industrie privée se faire concurrence elle-même. De plus, nous croyons que les argents que nous retirerions et les argents que nous serions obligés de dépenser seraient mieux employés à développer nos ressources hydrauliques. Évidemment, cette suggestion ne vaut qu'en autant que le gaz naturel puisse être distribué à Montréal. »

La lettre est signée par L.-E. Potvin et Me J. A. Savoie, respectivement président et vice-président d'Hydro-Québec. Le notaire Savoie est un confrère de classe de Maurice Duplessis. Il n'est pas fait mention de l'opinion des autres commissaires d'Hydro-Québec puisqu'ils n'ont pas été consultés. Plus tard, on apprendra que le premier ministre n'a jamais pris connaissance des rapports des différents comités favorables à la conversion du réseau au gaz naturel pour la bonne raison qu'on ne les lui a jamais présentés.

Pour L.-Eugène Potvin, la vraie mission d'Hydro-Québec est le développement des ressources hydrauliques de la province et l'expansion du réseau d'électricité. Puisque le réseau de gaz n'est pas rentable, autant le céder à un prix avantageux, pense-il.

Dès réception de la lettre du président Potvin, les promoteurs se mettent à l'œuvre pour faire incorporer une filiale, la Corporation de gaz naturel du Québec, qui achètera le réseau gazier d'Hydro-Québec pour assurer la distribution du gaz naturel fourni par la TransCanada PipeLines. Maurice Duplessis offre toute sa collaboration à cette dernière et donne l'assurance aux promoteurs que le gouvernement recommandera l'adoption d'un projet de loi privé accordant à la nouvelle compagnie les droits et prérogatives nécessaires à son fonctionnement.

À titre d'avocat de la TransCanada PipeLines, Me Asselin s'occupe des procédures aux fins d'incorporation et les lettres patentes de la Corporation de gaz naturel du Québec sont émises le 15 juin 1955 en vertu de la *Loi des compagnies du Québec*. Les administrateurs provisoires sont l'honorable Édouard Asselin, son beau-frère, Me Albert Langevin, et sa secrétaire, Pauline Perron.

À toutes fins utiles, la vente du réseau gazier d'Hydro-Québec est conclue par l'offre de vente de son président et son acceptation implicite par les promoteurs du projet de la TransCanada PipeLines. Des négociations subséquentes permettront aux deux parties de s'entendre sur un prix final de 39 millions de dollars.

Un peu plus tard, au cours de la même année, le premier ministre Duplessis annonce la vente du réseau gazier d'Hydro-Québec à la nouvelle société. Mais comme Hydro-Québec n'a pas le pouvoir de vendre ce réseau, et que personne ne se doute que la chose est déjà faite, cette déclaration passe presque inaperçue.

Au début de 1956, Me Asselin prépare un premier projet de loi qui permettra à la Corporation de gaz naturel du Québec d'acquérir «tout système de distribution de gaz, avec toutes les franchises, droits de passage et servitudes s'y rattachant»; il s'agit évidemment du réseau gazier d'Hydro-Québec. La loi est adoptée le 2 février 1956. Ainsi, le gouvernement abandonne à une entreprise privée non québécoise le contrôle qu'il exerçait sur une partie du secteur énergétique. Le débat auquel on aurait pu s'attendre n'a pas lieu. Les journalistes sont fort occupés avec ce qui se passe à Ottawa.

L e gouvernement fédéral que dirige Louis Saint-Laurent est pressé de faire adopter un projet de loi l'autorisant à prêter 80 millions de dollars à la TransCanada Pipe-Lines. Il veut ainsi assurer rapidement des débouchés au gaz naturel de l'Ouest. L'Alberta, le Manitoba et l'Ontario souhaitent aussi que le projet se concrétise dans les plus brefs délais. Or, la TransCanada PipeLines est dans une position précaire, car elle n'a pas réussi à trouver le financement pour la construction du tronçon des Prairies. Ces quelques centaines de kilomètres font partie du gazoduc de 375 millions de dollars qui doit se rendre jusqu'à Montréal. Si la compagnie n'obtient pas le prêt du gouvernement avant le 7 juin, les travaux devront être reportés et ce délai risquerait de compromettre à tout jamais la construction du gazoduc.

L'opposition lutte férocement contre ce projet de loi et prend tous les moyens à sa disposition pour retarder le débat. On accuse le gouvernement de capituler devant les intérêts américains qui contrôlent la TransCanada Pipe-Lines. Le Parti conservateur proclame que ce prêt qui servira à financer environ 90 p. cent du coût de construction d'un premier tronçon est « l'un des plus révoltants abandons des ressources naturelles du Canada ». On dénonce la domination américaine sur les ressources canadiennes et son poids sur l'indépendance politique du Canada.

Le ministre du Commerce, Clarence D. Howe, pilote la résolution du prêt et la défend ardemment. Il assure que le gazoduc sera complètement sous contrôle canadien puisqu'il sera assujetti à la loi canadienne et à tout règlement que le Parlement voudra lui imposer. Le ministre ne rassure cependant personne et on assiste à des débats houleux à la Chambre des communes. Le public suit attentivement les événements qui font la manchette quotidienne des journaux pendant trois semaines. Chaque jour, un nouvel incident vient envenimer le débat : mise en scène grotesque, pitreries des députés, expulsion d'un député de la Chambre des communes et finalement cette fameuse motion de clôture qui reste encore aujourd'hui l'un des incidents marquants de l'histoire parlementaire du Canada.

Le gouvernement se dit forcé d'avoir recours à cette mesure extraordinaire — pour la première fois depuis 1932 — afin de faire face à l'échéance fatidique du 7 juin fixée par la TransCanada PipeLines pour le début des travaux de construction.

La motion de clôture présentée par C. D. Howe impose la fin du débat. L'opposition, qui met le gouvernement au défi de déclencher des élections, crie au scandale et qualifie le gouvernement Saint-Laurent de « dictature » et sa motion de clôture, de « guillotine ».

Le projet de loi est finalement adopté le 6 juin 1956 dans une Chambre des communes survoltée. Le Sénat le ratifie dès le lendemain.

Le Parti libéral de Louis Saint-Laurent ne s'en remettra pas. Aux élections de 1957, il subira une écrasante défaite aux mains du Parti conservateur de John Diefenbaker.

Pendant que les députés se querellent à Ottawa, Me Édouard Asselin fait avancer le dossier de la transaction du réseau gazier d'Hydro-Québec. Même si en principe la vente est déjà conclue, il reste encore plusieurs étapes à franchir avant de la concrétiser. En tant que conseiller législatif, Me Asselin rédige deux projets de lois qu'il propose pour adoption au Conseil législatif, le 21 février 1957. Le premier accorde à TransCanada PipeLines les droits nécessaires pour construire un gazoduc dans la province de Québec, tandis que le deuxième autorise Hydro-Québec à vendre son système de distribution de gaz.

Quelques jours plus tard, le 26 février, Me Asselin met la dernière main aux clauses du contrat de vente et détermine la structure administrative de la Corporation de gaz naturel du Québec. Elle prévoit un conseil d'administration de 12 membres. Les promoteurs de la TransCanada PipeLines ont déjà au moins une dizaine de candidats, mais Me Asselin insiste pour que des Canadiens français soient nommés. Devant sa fermeté, les représentants de la TransCanada PipeLines s'inclinent et acceptent Maurice Forget, Albert Langevin, Marcel Piché et Guy Vanier, tous des «amis» de l'Union nationale dont la candidature est appuyée par Me Asselin.

Les conditions de vente sont fixées par un arrêté ministériel du 7 mars 1957. À ceux qui s'opposent à la transaction on fait miroiter les 39 millions de dollars obtenus pour un réseau qui nécessite des améliorations de plusieurs millions de dollars. Le conseil d'administration d'Hydro-Québec à qui on présente la vente comme un fait accompli n'ose pas s'y opposer. Tous les membres savent que le président Potvin et le vice-président Savoie sont des amis de Maurice Duplessis.

Le premier ministre est convaincant quand il affirme qu'Hydro-Québec doit concentrer ses efforts et ses capitaux dans le secteur de l'électricité où la demande est toujours grandissante.

Thérèse Casgrain, leader du Parti social démocrate, dénonce vigoureusement cette vente, mais elle prêche dans le désert. Elle multiplie les communiqués de presse, obtient quelques entrevues à la radio et à la télévision au cours desquelles elle ne cesse de clamer qu'il est scandaleux de vendre le réseau de gaz du Québec à des spéculateurs alors qu'on a mis tant d'années et d'efforts pour le nationaliser. Le public s'étant vainement indigné du prêt d'Ottawa à la TransCanada PipeLines, cette fois il boude les opposants.

Les libéraux qui n'avaient fait aucune opposition à la formation de la Corporation de gaz naturel en 1955 protestent maintenant, mais sans plus de succès, contre l'adoption de la loi permettant à Hydro-Québec de se départir de son réseau de gaz. *Le Devoir* se prononce contre la transaction, mais surtout à cause d'une absence d'enchères publiques qui auraient pu en déterminer la valeur réelle.

e 11 mars 1957, Maurice Forget est nommé président de la Corporation de gaz naturel du Québec, tandis que Mᵉ Édouard Asselin en préside le conseil d'administration. Par ces nominations, on veut donner la preuve que la Corporation de gaz naturel est une entreprise francophone qui a à cœur les intérêts des Québécois. Les administrateurs canadiens-français de la Corporation n'ont aucun pouvoir réel. Ils n'ont été élus à la direction qu'à titre de représentants de l'élément francophone de la population.

Le capital-actions initial autorisé de la nouvelle société est divisée en 10 000 actions sans valeur nominale et les administrateurs ont le pouvoir d'en fixer le prix d'émission.

La TransCanada PipeLines achète des actions qui lui permettent de conserver un intérêt minoritaire dans l'entreprise mais qui, en fait, lui en assure le contrôle. Le total des actions acquises par les promoteurs s'établit à environ 40 p. cent du capital-actions.

La souscription doit être faite conjointement par des groupes canadien et américain. Mais le groupe canadien ignore les courtiers francophones du Québec pour le financement de cette entreprise de service publique appelée à desservir une population en grande majorité francophone. Avant l'offre publique, Maurice Forget intervient pour revendiquer avec fermeté la participation de quatre firmes canadiennes-françaises pour la distribution publique des actions. Mᵉ Asselin l'appuie et on acquiesce à leur demande. Quatre courtiers francophones viennent s'ajouter aux trois courtiers anglophones.

Cette émission d'actions est si populaire au Québec qu'une partie des actions destinées au marché américain doit être rachetée pour satisfaire la demande. Cette forte demande s'explique facilement. Les actions sont offertes au prix établi de 140 $ alors qu'elles se transigent déjà sur le marché entre 160 $ et 170 $. Mises en vente officiellement le 25 avril, leur prix atteint 180 $ dès la première journée. Il continuera de monter rapidement dans les semaines suivantes pour arriver à 200 $ entre le 6 et le 13 juin 1957.

Les premiers actionnaires réalisent donc d'importants bénéfices. Doit-on laisser passer cette manne sous prétexte qu'on est ministre?

LE SCANDALE DU GAZ NATUREL

CHAPITRE 5

Des puits de l'Alberta jusqu'au cœur du pays, la route du gaz a été parsemée d'incidents mémorables. Scandale à Ottawa où la construction du gazoduc de la TransCanada PipeLines a suscité un débat sans précédent dans l'histoire parlementaire. Scandale en Ontario où des ministres ont été forcés de démissionner pour avoir spéculé sur les titres de la Northern Ontario Natural Gas Company. Et finalement, scandale au Québec. Un scandale qui mobilise toutes les forces de l'opposition, qui mine la santé déjà chancelante du premier ministre Maurice Duplessis et qui se déroule comme un roman-feuilleton.

En mai 1958, *Le Devoir* lance une campagne de souscription pour payer ses dettes et rénover son immeuble. Le quotidien, qui combat le régime de Maurice Duplessis de toutes ses plumes, veut continuer à assumer son rôle de défenseur des libertés. Les souscriptions arrivent lentement. Le directeur, Gérard Filion, se pose des questions sur la mission de son journal. « Sommes-nous assez vigilants ? » ne cesse-t-il de se demander. Certains soirs, il a du mal à trouver le sommeil. Un remords, d'abord discret, finit par le hanter. « Avons-nous vraiment fouillé tous les dessous de la transaction du gaz naturel ? N'avons-nous pas été un peu négligents dans cette affaire ? »

Pour en avoir le cœur net, Gérard Filion demande à un jeune journaliste d'acheter une action de la Corporation de gaz naturel du Québec pour examiner à loisir son actionnariat. C'est ce que fait Pierre Laporte avant d'aller consulter le livre des actionnaires de la Corporation, au bureau de l'agent de transfert, le Montreal Trust.

L e vendredi 13 juin 1958, *Le Devoir* titre à la une : « Scandale à la Corporation de gaz naturel de Québec ». Le journal affirme détenir un dossier qui permettra de porter un coup fatal au régime de Maurice Duplessis. Les articles publiés au cours des jours suivants identifieront les « coupables ». Mais déjà le quotidien est en mesure de porter cinq accusations ainsi formulées :

1. La vente à la Corporation par Hydro-Québec du système de distribution du gaz s'est soldée par un coup de bourse d'au moins 20 millions de dollars. Ce coup de bourse est proprement scandaleux. Il n'a pu être possible qu'en raison de la connivence des politiciens de l'Union nationale avec les promoteurs de la Corporation de gaz naturel du Québec.

2. Les promoteurs de la Corporation de gaz naturel — qui étaient représentés par sept compagnies de placement — ont réalisé un profit capital — donc non taxable — d'au moins neuf millions de dollars.

3. Au moins six ministres de l'Union nationale, dont quelques-uns des plus importants et peut-être le premier ministre lui-même, sont mêlés à ce scandale en ayant été ou étant encore des actionnaires de la Corporation de gaz naturel.

4. Les promoteurs de l'affaire n'ont personnellement risqué que 50 000 $ pour pouvoir entrer en pourparlers avec Hydro-Québec et acheter un actif dont la valeur dépasse 39 millions de dollars. Le public a fait les frais de la différence, mais les promoteurs ont gardé le contrôle de l'affaire. Ils ont obtenu une option sur le service de gaz de Montréal, ont réalisé d'un coup sec un bénéfice de l'ordre de neuf millions en plus de mettre la main sur un vaste réseau de gaz dont ils comptent tirer des profits intéressants pendant toutes les années à venir.

5. Au moins trois hauts fonctionnaires d'Hydro-Québec ont joué sur deux tableaux en servant — ou desservant — à la fois les intérêts d'Hydro-Québec et ceux de la Corporation de gaz naturel, laquelle les a récompensés en leur accordant de plantureuses options sur des blocs d'actions communes en les nommant au nombre de ses directeurs et vice-présidents.

Maurice Duplessis fait semblant d'ignorer les accusations. «C'est une canaillerie habituelle du *Devoir* à mon endroit», dit-il. Et il ajoute, en prenant soin de vérifier que les journalistes présents à sa conférence de presse du vendredi matin notent bien ses propos: «Je n'ai, je n'ai jamais eu et je n'aurai jamais de parts, d'actions ou des intérêts quelconques dans cette compagnie.»

Pierre Laporte, qui a fait le voyage jusqu'à Québec pour assister à la conférence de presse du premier ministre, est fort déçu. Il s'attendait à une réaction plus vive. Lorsqu'il rapporte à Gérard Filion que Maurice Duplessis ne semble pas croire que le journal osera personnaliser ses accusations, le directeur du *Devoir* est hors de lui. «Dans ce cas, dit-il, nous changerons l'ordre prévu pour les articles. Demain, nous publierons les noms des ministres.»

Chose dite, chose faite. Dans l'édition du samedi, les personnalités suivantes sont identifiées : Antonio Barrette, ministre du Travail ; Jean Bourque, ministre des Finances ; Daniel Johnson, ministre des Ressources hydrauliques ; Jacques Miquelon, ministre sans portefeuille ; Antonio Talbot, ministre de la Voirie. On nomme aussi quatre conseillers législatifs : Jean Barrette, Albert Bouchard, Édouard Asselin et Jean-Louis Baribeau.

Le scandale commence à prendre forme. Un coup de bourse de 20 millions de dollars, voilà de quoi éveiller l'intérêt des contribuables et enflammer les politiciens qui s'opposent au régime de Duplessis.

Me Jean Drapeau est le premier à demander une enquête complète sur la structure financière de la Corporation de gaz naturel du Québec. Il connaît bien le dossier puisqu'il représente la Ligue d'action civique de Montréal devant la Régie provinciale de l'électricité qui étudie une requête de la Corporation pour la hausse de ses tarifs.

Le chef du Parti libéral, Jean Lesage, renchérit : « Ce n'est rien de moins qu'une enquête royale qu'il faut instituer. » L'ex-politicien fédéral ajoute de nouvelles accusations à celles déjà portées par *Le Devoir*. « D'autres ministres auraient réalisé des profits considérables en devenant actionnaires au moyen de prête-noms », affirme-t-il.

La campagne de souscription du *Devoir* connaît un succès inespéré. Les articles sur le « scandale du gaz naturel » côtoient des témoignages de lecteurs qui renouvellent leur abonnement avec enthousiasme. On annonce des tirés à part de la série d'articles sur le scandale du gaz naturel et le tirage du quotidien atteint de nouveaux sommets.

Dans un virulent éditorial dénonçant « l'état de corruption du régime dans lequel nous vivons », Gérard Filion réclame la démission des ministres impliqués. « Les politiciens étaient les vendeurs du réseau de gaz d'Hydro-Québec. Comme actionnaires de la Corporation de gaz naturel du Québec, ils étaient acheteurs. Ils se sont vendu à eux-mêmes une propriété de la Couronne », explique-t-il en qualifiant le prix de vente de « dérisoire ».

Jour après jour, les accusations pleuvent. Les lecteurs se régalent de ce roman-feuilleton haut en couleur qui rapporte fidèlement les écarts de langage de Duplessis.

D'autres noms s'ajoutent: Paul Dozois, ministre des Affaires municipales, Arthur Leclerc, ministre d'État, Gérald Martineau, conseiller législatif, et Onésime Gagnon, lieutenant-gouverneur de la province.

On exige des réponses, on demande des enquêtes, on remet en question la création de la société qui s'est constituée sans provoquer de remous en 1955. Le scandale prend de plus en plus de consistance. On exige la démission des ministres, on somme Duplessis de déclencher des élections. Gérard Filion, André Laurendeau, Jean Drapeau et Jean Lesage mènent la lutte. Le mouvement syndical, qui a subi la répression de Maurice Duplessis, saisit l'occasion de dénoncer le «régime de corruption».

On parle de profits mirobolants et l'expression «coup de bourse» est bientôt sur toutes les lèvres. Dans une entrevue accordée à *La Presse*, le président de la Corporation, le colonel Maurice Forget, déclare ne pas comprendre ce que veut dire l'expression «un coup de bourse», car, rappelle-t-il, «les courtiers ont l'habitude d'aviser leurs clients et leurs amis lorsqu'ils ont en main une bonne valeur de placement».

Le Devoir ne tarde pas à répondre au colonel Forget. Dès le lendemain on publie, dans un encadré à la une et sous le titre «Pour informer le colonel Forget», le texte suivant:

«Le colonel Forget se demande ce que c'est qu'un "coup de bourse". Un "coup de bourse", d'après le dictionnaire, c'est une "transaction heureuse à la bourse". Celle à laquelle nous faisons allusion a été "heureuse" jusqu'à concurrence de 20 millions de dollars. Le colonel pourrait s'adresser aux amis de l'Union nationale qui ont profité du coup de bourse. Ils lui donneraient une excellente définition pratique.»

Tous les journaux francophones du Québec reprennent les accusations et les opposants de Maurice Duplessis rendent hommage au *Devoir* qui a eu le courage de faire éclater le scandale. Mais le *Montreal Star* reste muet. Son silence le rend suspect. On s'interroge: est-ce parce que son propriétaire, J. W. McConnell, possède des actions de la Corporation de gaz naturel? De son côté, *The Gazette* réclame timidement des poursuites judiciaires.

André Laurendeau dénonce, dans un éditorial, la minorité anglaise du Québec qui pardonne à Maurice Duplessis des choses qu'elle ne tolérerait pas de l'un des siens. Le 4 juillet, il écrit: «Les journaux anglophones du Québec se comportent comme des Britanniques au sein d'une colonie d'Afrique. Les Britanniques ont le sens politique. Ils détruisent rarement les institutions politiques d'un pays conquis. Ils entourent le roi nègre mais ils lui passent des fantaisies. Ils lui ont permis à l'occasion de couper des têtes: ce sont les mœurs du pays. Une chose ne leur viendrait pas à l'esprit: et c'est de réclamer d'un roi nègre qu'il se conforme aux hauts standards moraux et politiques des Britanniques.»

Le scandale du gaz naturel change la configuration politique du Québec. L'opposition prend de l'assurance et les adversaires de l'Union nationale font preuve d'une éloquence qu'on ne leur connaissait pas. Tous les espoirs sont désormais permis.

André Laurendeau revient à la charge: «Le régime est touché. On le voit par la manière dont est reçue l'affaire du gaz naturel. Ce que chacun a su et vu dans son petit secteur, depuis 14 ans, porte à croire que c'est possible, que c'est même probable, que c'est certain, que c'est même peu de chose au prix des scandales qui n'ont pas encore éclaté.» Et il conclut: «Pour la première fois depuis 1944, le gouvernement est sur la défensive. Cela ressemble à de la panique.»

À ceux qui se demandent comment des vieux routiers de la politique sont arrivés à se laisser prendre aussi stupidement, Gérard Filion répond : « Il n'y a qu'une explication : pour eux c'était une affaire normale. »

Après avoir tenté d'ignorer le scandale — « Je n'ai pas le temps de lire un journal canaille, puant, putride et cancéreux » —, Maurice Duplessis ne peut plus dissimuler qu'il est profondément affecté. En 14 ans de pouvoir, c'est la première fois qu'il fait face à un tel tollé. Le chef est d'humeur massacrante. Il vieillit rapidement et le diabète l'afflige.

Lors d'une de ses conférences de presse du vendredi qui ont lieu dans son bureau, il expulse le représentant du *Devoir*, Guy Lamarche, qui remplaçait Pierre Laporte. Cette expulsion marque un tournant dans l'histoire de ses relations avec la presse car elle donnera lieu, quelques mois plus tard, à la création de la Tribune de la presse, formée expressément pour sauvegarder la liberté journalistique.

Refusant obstinément l'enquête royale que l'on réclame maintenant de toutes parts, le premier ministre décide de prendre l'offensive. Le 10 juillet, il somme *Le Devoir* de se rétracter. Paul Dozois, Antonio Barrette, Édouard Asselin, Jean Bourque et Antonio Talbot exigent eux aussi une rétractation. Le directeur du *Devoir* est inébranlable : « Nous ne rétracterons rien et nous sommes prêts à nous défendre devant les tribunaux. »

En juillet 1958, Jean Lesage entreprend de faire circuler, partout dans la province, des pétitions pour demander une enquête royale. C'est le début de sa campagne électorale et il ne s'accordera aucun répit jusqu'à ce qu'il soit élu premier ministre du Québec. La mort de Maurice Duplessis, en septembre 1959, et celle de son successeur Paul Sauvé, quelques mois plus tard, ne diminuent en rien la hargne du chef du Parti libéral envers l'Union nationale.

Dès qu'il prend le pouvoir en 1960, Jean Lesage s'empresse de mettre sur pied la commission d'enquête royale qu'il réclamait en vain depuis deux ans. Le 5 octobre, il annonce en effet la formation d'une commission dont le mandat est de faire la lumière sur « la vente du réseau de gaz d'Hydro-Québec à la Corporation de gaz naturel du Québec ». L'honorable Élie Salvas, juge de la cour supérieure, est élu président de cette commission par les deux autres commissaires, Howard Irwin Ross, comptable agréé, et Me Jean-Marie Guérard, avocat et conseil en loi de la Reine.

L'enquête ne suscite plus qu'un faible intérêt. D'une part, le véritable but du scandale du gaz naturel était de porter un coup fatal au gouvernement Duplessis. Or les libéraux sont maintenant au pouvoir et Maurice Duplessis est décédé. D'autre part, un vent de renouveau souffle sur le Québec et la « révolution tranquille » met résolument le cap sur l'avenir. En fait, les scandales du passé n'intéressent plus personne.

La construction du gazoduc de la TransCanada PipeLines est terminée et les Canadiens sont fiers de cette réalisation. Avec ses 3 744 kilomètres, ce gazoduc est le plus long du monde.

Le dépôt du rapport de la commission Salvas, le 27 juillet 1962, a peu d'écho. Les commissaires ne mettent pas en doute la bonne foi de L.-Eugène Potvin, mais constatent qu'il n'a pas tenu compte des rapports des experts, qu'il jugeait « fantaisistes », ni de ceux du comité du gaz naturel, qu'il trouvait « exagérés ». Ils reconnaissent que la vente du réseau gazier a été « sa décision » et que le prix a été établi par lui. Avec l'accord de Duplessis ? La question demeure sans réponse.

La commission d'enquête Salvas affirme que la distribution du gaz naturel par Hydro-Québec aurait pu être avantageuse et surtout qu'elle lui aurait permis de continuer à remplir le rôle d'intérêt public qui lui avait été expressément assigné par la loi. Les commissaires jugent inconcevable que la vente du réseau «n'ait pas été préalablement soumise, comme l'exigeait la loi, aux membres du conseil d'administration, en séance régulière, après considération des rapports des experts».

Dans le cas d'Édouard Asselin, le rapport mentionne qu'il est clair «qu'il y avait nettement conflit entre son intérêt particulier d'avocat de la Corporation de gaz naturel du Québec et son devoir parlementaire». Sans aller jusqu'à mettre en doute sa bonne foi, les commissaires considèrent de leur devoir de réprouver son attitude.

Enfin, tout comme Maurice Duplessis se plaisait à le répéter, les commissaires concluent que les actions de la Corporation de gaz naturel du Québec ont été achetées par des personnes issues de toutes les classes de la société québécoise.

A lors que *Le Devoir* parlait d'un coup de bourse de 20 millions de dollars, les profits véritables réalisés par les ministres et membres du gouvernement par l'achat des actions de la Corporation sont beaucoup moins importants.

Des ministres, des conseillers législatifs et des députés ont acheté, dès qu'elles furent offertes en vente, 1 446 actions de la nouvelle société sur un total de 139 192 vendues au Québec. Cet achat représente à peine un demi de 1 p. cent de toutes les actions émises. Ils ont réalisé, sans risque de perte, le jour même de la livraison de ces actions, un profit total de quelque 50 610 $, soit un profit de 35 $ par unité. On est loin du chiffre magique de 20 millions de dollars!

Parmi les autres actionnaires, il y avait plusieurs institutions religieuses, des juges, des adversaires de Maurice Duplessis et même Jean Drapeau, président de la Ligue d'action civique. Mais, reconnaît le rapport, « les ministres, députés et conseillers législatifs qui ont acheté des actions de la Corporation de gaz naturel du Québec ont réalisé un bénéfice personnel sur la vente d'un bien public ».

« De plus, en achetant ces actions, ces personnes du gouvernement ont acquis des intérêts personnels dans une compagnie d'utilité publique qui, dans le domaine de la distribution de l'énergie, est une concurrente de la compagnie de la Couronne, Hydro-Québec. » Il ne faut pas oublier que dans son prospectus la Corporation affirmait son intention de « faire une concurrence active à Hydro-Québec ».

« Les commissaires condamnent nettement et sévèrement l'achat d'actions de la Corporation de gaz naturel du Québec par des ministres, députés et conseillers législatifs. C'est là un fait que réprouvent la morale et l'ordre publics. » Toutefois, la commission d'enquête reconnaît que « dans certains cas » les achats ont pu être faits sans réflexion et, pour quelques-uns, à la suggestion de leurs courtiers en valeurs de placements. Une réserve qui n'affecte pas les principes déjà exposés. Mais il n'y eut aucune poursuite judiciaire. Les commissaires n'ont fait que recommander l'adoption de mesures législatives claires et précises pour empêcher la répétition de tels abus.

Le scandale du gaz naturel n'était peut-être qu'une tempête dans un verre d'eau, comme le suggèrent maintenant plusieurs historiens. Mais aucun doute ne subsiste quant à son importance historique. Il a servi à porter le coup fatal au gouvernement de l'Union nationale ; il a été le prétexte qui a permis de dénoncer un gouvernement dont le règne s'éternisait.

C'est le contexte politique de l'époque qui l'a rendu possible et qui a fait qu'on y a cru. Prédisant la défaite de l'Union nationale, Pierre Laporte écrivait, le 16 juillet 1958, dans la page éditoriale du *Devoir*: « Le scandale du gaz naturel aura été l'événement majeur, le choc qui aura ouvert les yeux à des tas de gens, qui en aura guéri un plus grand nombre encore d'une sorte d'amnésie qui les empêchait d'une élection à l'autre de se remémorer les sottises, les erreurs et les trahisons de l'Union nationale. »

UNE INDUSTRIE EN DEVENIR

PARTIE II

La Corporation de gaz naturel du Québec

instaure un nouveau style de gestion

qui redonne confiance

en la société et permet tous les espoirs.

UN NOUVEAU SOUFFLE

CHAPITRE 6

En 1960, le vent de renouveau qui souffle sur le Québec ébranle la Corporation de gaz naturel du Québec. Me Édouard Asselin remplace le colonel Forget à la présidence. Des consultants, venus de Chicago, instaurent un nouveau style de gestion qui redonne confiance en la société et permet tous les espoirs. À tous les échelons de l'entreprise, les employés sont motivés et travaillent avec plus d'ardeur.

Les quatre experts de la firme Duff and Phelps possèdent une vaste expérience dans le domaine des compagnies gazières et ils sont très dynamiques. Quelques mois après leur arrivée, deux d'entre eux, Glenn O. Maddock et Carl H. Horne, sont nommés respectivement président et vice-président de la Corporation de gaz naturel du Québec.

Leur style de gestion et leur leadership rassurent les actionnaires.

En 1961, pour la première fois dans l'histoire de la jeune société, le niveau des pertes se stabilise. Il n'y a pas encore de bénéfices, mais tout laisse présager que l'entreprise est enfin sur la voie de la rentabilité.

Puis, alors que la Corporation de gaz naturel du Québec déploie des efforts considérables et investit des sommes importantes pour convaincre la population de Montréal que le gaz peut être utilisé en toute sécurité, un entrepreneur provoque une panne générale. Les travaux effectués sur la route transcanadienne requièrent une machinerie lourde dont les manœuvres ne sont pas toujours faciles. La conduite maîtresse qui approvisionne tout le réseau gazier longe cette autoroute. Et malgré les précautions prises, le 22 mai 1962, vers 20 h 15, la conduite encore toute neuve est déchirée sur une longueur de 12 mètres. Résultats : pression zéro dans toute l'île de Montréal et panne de gaz générale touchant tous les usagers. Alerte à la Corporation de gaz naturel du Québec !

La rupture de la conduite maîtresse crée une situation d'urgence, la seconde dans l'histoire de la société, après la panne d'électricité qui, en 1958, avait perturbé l'arrivée du gaz naturel à Montréal.

Heureusement, les techniciens ont été entraînés pour faire face à de tels incidents. Ils se mettent aussitôt à l'œuvre malgré l'heure tardive. Les chefs d'équipe coordonnent les efforts et veillent à ce que toutes les mesures de sécurité soient respectées. Pendant trois longues heures, il n'y a plus de pression dans tout le système de distribution. Les travaux de réparation sont exécutés avec efficacité et sans confusion, selon le plan d'urgence, et durent une semaine. Les employés travaillent 24 heures sur 24 — certains seront au poste pendant 70 heures sans dormir — pour rétablir le service en un temps record.

Le président Maddock est si impressionné par l'efficacité des équipes d'urgence et leur esprit de coopération

qu'il en fera mention à la réunion du conseil d'administration.

Cet esprit qui inspire la Corporation de gaz naturel du Québec s'incarne en 1965 par l'adoption d'un nouveau symbole pour remplacer la fleur de lys qui, jusque-là, ornait son sigle. La société veut ainsi identifier claire-ment son caractère progressiste et donner une image plus forte de la qualité de son produit et de ses services. Par la même occasion, elle modernise sa flotte de véhicules qui arboreront dorénavant le bleu et le blanc.

La lettre Q du nouveau logo identifie la Corporation du gaz naturel du Québec. La flamme bleue, au centre, met en valeur le produit, tandis que l'espace blanc sym-bolise la propreté caractéristique de ce combustible.

À mesure que la Corporation augmente sa part de marché à Montréal, le nombre des employés augmente et bientôt l'édifice qui abrite le siège social et les ateliers, sur le chemin de la Côte-de-Liesse, s'avère insuffisant. On en-treprend donc la construction d'un nouvel édifice, au 1717 de la rue du Havre, à l'ombre du vieux gazomètre, sur un terrain qui appartient à la société. En mars 1967, le démé-nagement s'effectue dans la bonne humeur, car on vient d'inaugurer la station de métro Frontenac, ce qui facilite grandement l'accès au travail.

Conscient que la petite taille de la Corporation est le principal facteur qui freine l'augmentation de la consom-mation de gaz au Québec, le président Maddock veut en faire une grande entreprise. Il entrevoit l'avenir avec beau-coup d'optimisme. En dépit de la santé financière précaire de l'entreprise, il veut, pour accroître les revenus, étendre le territoire de distribution au-delà des limites imposées de 24 kilomètres autour de Montréal. En 1962, une loi de l'Assemblée législative du Québec autorise la Corporation de gaz naturel à annexer les comtés de Verchères et de

Richelieu à son territoire. Ainsi, un total de 56 municipalités de la région métropolitaine seront desservies.

Certes, la Corporation a l'intention de participer à la mise en valeur de ce nouveau territoire — dont font partie les villes de Tracy et de Sorel — qui est en pleine expansion, mais elle entend aussi profiter de l'essor industriel de la rive sud. D'importantes sociétés y construisent des usines et plusieurs autres projets sont prévus pour les prochaines années.

Le prolongement du gazoduc de la rive sud jusqu'à Tracy représente un investissement de près de un million de dollars et seule une augmentation des tarifs permettrait de le financer. On décide donc de s'adresser à la Régie de l'électricité et du gaz. Cet organisme a été créé en 1959 pour assurer aux consommateurs un service et des prix correspondant à ceux que permettrait un marché libre. La Régie est dotée de l'autonomie et d'un fonctionnement de type judiciaire pour réglementer la distribution du gaz. En plus de désigner les territoires, elle fixe les tarifs et les règlements d'exploitation. Bref, en assumant des rôles de surveillance et d'arbitrage, elle vise à assurer le meilleur service au moindre coût, protégeant ainsi les consommateurs à l'égard des monopoles « naturels » du gaz et de l'électricité.

La Corporation de gaz naturel du Québec a absolument besoin d'une révision des tarifs pour le développement de son réseau et aussi pour sa santé financière. La stagnation des dernières années est principalement attribuée à la structure des prix qui ne correspond plus aux impératifs économiques.

La Régie de l'électricité et du gaz reçoit donc la requête de la Corporation qui veut faire passer de 0,50 $ à 1,50 $ la facture mensuelle minimale des usagers du service domestique. Ce nouveau tarif se comparerait avantageusement à ceux en vigueur dans les autres villes canadiennes. Toutefois, la Ville de Montréal s'oppose fermement à cette hausse et demande que soient maintenus les tarifs en vigueur depuis 1934. Lors des audiences publiques, la Ville organise une vaste campagne de publicité contre cette hausse, une offensive qui influencera fortement la Régie.

En septembre 1961, l'organisme provincial rend sa décision : la Corporation de gaz naturel du Québec est autorisée à appliquer un nouveau tarif : 1 $ par mois au lieu de 1,50 $ comme demandé.

Pour la Corporation, cette décision représente un manque à gagner d'environ 1,3 million de dollars. Déterminé à obtenir des tarifs plus équitables, le président Maddock suggère au conseil d'administration de présenter immédiatement une deuxième requête. Quelques mois plus tard, en juillet 1962, le tarif minimum du service domiciliaire est haussé à 1,40 $. Pour mousser les ventes, un tarif préférentiel est offert aux abonnés du service domiciliaire qui utilisent le gaz à la fois pour le chauffage de l'eau et pour celui de leur logement.

l n'est pas facile de convaincre les usagers d'adopter le gaz comme combustible de chauffage. Le prix de l'huile a beaucoup baissé sur le marché montréalais, au point d'atteindre son plus bas niveau depuis plusieurs années.

L'expansion des ventes de gaz se heurte aussi à un autre obstacle capital. Au cours de sa dernière session, l'Assemblée législative a supprimé la taxe de vente de 6 p. cent sur l'huile de chauffage, ce qui lui confère un net avantage sur le gaz naturel. Toutefois, la récente révision des tarifs améliore la position concurrentielle du gaz en réduisant de beaucoup son coût lorsqu'il est utilisé pour le chauffage.

Dans le rapport de la Commission d'enquête sur l'extension de la distribution du gaz naturel dans la province de Québec, publié en 1965, on note que le gaz naturel ne remplit pas un rôle essentiel dans la satisfaction des besoins d'énergie du Québec et que son action sur le développement économique est peu importante.

Hydro-Québec fournit de l'électricité à des taux qui sont parmi les plus bas de tout le continent. Les clients dont la consommation énergétique se limite à la cuisson et au chauffage de l'eau ont de plus en plus tendance à préférer l'électricité au gaz naturel. Les publicités d'Hydro-Québec associant l'électricité au modernisme sont efficaces et même les clients du secteur commercial se laissent convaincre.

Pour le chauffage des immeubles, l'huile est encore le combustible concurrent le plus populaire, malgré les avantages économiques du gaz naturel. L'usager potentiel n'y voit pas d'intérêt suffisant pour justifier la conversion.

Dans un tel contexte, la moindre baisse du prix de l'huile affecte le développement de la Corporation de gaz naturel du Québec qui, elle, ne peut pas diminuer ses tarifs pour faire face à la concurrence. La marge entre le prix de revient et le prix de vente serait alors trop faible pour assurer la rentabilité de l'entreprise.

Encore une fois, la Corporation de gaz naturel du Québec mise sur la publicité. Dès l'automne 1963, elle lance une importante campagne destinée à faire connaître les avantages du gaz. Parallèlement, diverses promotions sont organisées pour mousser la vente d'appareils à gaz.

Les résultats sont encourageants. En quelques mois, la proportion des abonnés qui utilisent le gaz pour le chauffage passe de 17 à 21 p. cent. Pour la première fois de son histoire, en 1963, la Corporation de gaz naturel du Québec affiche un bénéfice. Le revenu net n'est pas très élevé — 195 295 $ — mais il est tout de même accueilli avec grand soulagement.

Cependant, il y a lieu de se demander si la promotion du chauffage au gaz est vraiment la solution idéale pour augmenter les profits de la Corporation. La question devient cruciale dès l'année suivante alors que l'hiver est anormalement doux. Plus les clients sont nombreux à utiliser le gaz aux fins du chauffage, plus le facteur température rend l'entreprise tributaire du climat. Ainsi, en 1964, ses bénéfices sont inversement proportionnels aux mouvements du thermomètre.

Un autre problème grave requiert la vigilance des administrateurs: les frais d'entretien des compteurs. L'équipement désuet entraîne des dépenses importantes et la décision de le remplacer par des compteurs plus modernes s'impose d'elle-même. Cette opération se prolongera au cours des 10 années suivantes.

Autre source d'inquiétude: La Vérendrye Line, filiale en propriété exclusive de la Corporation, qui assure le transport du charbon entre les ports des Grands Lacs et l'usine de LaSalle, n'est pas rentable. De plus, les bateaux nécessiteraient des réparations coûteuses. La société juge plus sage de vendre la totalité de ses actions de cette filiale et de négocier un contrat avec un armateur qui a une flotte de bateaux modernes, équipés pour le transport du charbon. Les conditions de cette entente permettent de réduire les frais de transport et d'améliorer la rentabilité de l'usine LaSalle Coke.

En même temps, on recherche activement, au Québec, des endroits susceptibles d'être aménagés pour l'emmagasinage souterrain du gaz naturel. Selon certains experts, des formations favorables existeraient à proximité de Montréal. Hélas, les travaux d'exploration ne donnent pas de résultat concret et il faut envisager d'autres solutions.

VILLE DE LASALLE

CHAPITRE 7

L a société commence à peine à entrevoir l'avenir avec plus de confiance, qu'un accident vient assombrir l'histoire du gaz naturel à Montréal et raviver les craintes liées au gaz.

Le 1er mars 1965, Robert Brodeur, un employé de la Corporation depuis le début, tricote difficilement dans la circulation au volant d'une voiture de la société. Il se rend à un rendez-vous que lui a fixé le président d'une entreprise de Lachine qui songe à convertir son système de chauffage au gaz naturel. La pluie l'a mis en retard et les véhicules n'avancent qu'à pas de tortue. À 8 h 05, il est toujours dans les rues de Verdun à la recherche d'un raccourci quand le radiotéléphone se met à grésiller.

— Un immeuble vient d'exploser, rue Milot à LaSalle. On demande aux équipes d'urgence de la Corporation de

87

se rendre immédiatement sur les lieux. Il y a plusieurs blessés.

«On n'avait surtout pas besoin de ça», pense Robert Brodeur en faisant demi-tour. Il est l'un des premiers à arriver sur les lieux de la catastrophe.

C'est l'enfer. Les sirènes des voitures de pompiers et des ambulances fendent l'air. Des débris, rien que des débris, c'est tout ce qui reste. L'explosion a pulvérisé l'immeuble de trois étages qui n'est plus que ruines éparses.

Pendant que les techniciens de la Corporation ferment les valves du réseau de distribution de gaz, les curieux arrivent par dizaines. Plusieurs prêtent main-forte aux secouristes qui ne suffisent pas à la tâche.

Dans les heures qui suivent, près d'un millier de volontaires se portent au secours des sinistrés. Des étudiants de l'Université de Montréal arrivent dans des camions pour aider les membres de la Protection civile. Les entreprises des environs libèrent leurs employés qui vont aussi prêter main-forte aux volontaires.

Les secours viennent de partout. Les postes de radio sont transformés en radio-secours. Restaurants et épiceries donnent de la nourriture, hôtels et motels mettent des chambres à la disposition des sinistrés. Des centaines de bénévoles offrent leur sang à la Croix-Rouge, qui a du mal à coordonner toute cette activité.

Dans le sinistre, 26 personnes ont perdu la vie et plus de 45 blessés ont souffert de fractures et de brûlures.

Tout le monde blâme le gaz, car on est persuadé qu'il est le seul à pouvoir causer une explosion d'une telle intensité. C'est la deuxième fois que les locataires de ce développement domiciliaire, situé à l'angle des rues Milot et Bergevin, sont victimes d'un tel drame. Le

28 août 1956, une explosion semblable avait fait sept morts lorsqu'une conciergerie avait volé en éclats. La catastrophe imputée au bris d'un tuyau par une niveleuse avait profondément marquée la communauté de ce quartier de LaSalle. Personne ne l'a oublié.

Au cours de la journée, le premier ministre Jean Lesage visite les lieux sinistrés en compagnie de la députée de la circonscription électorale de Jacques-Cartier, Claire Kirkland-Casgrain, et du procureur général, Me Claude Wagner.

Me Wagner institue immédiatement une enquête pour déterminer la cause de l'explosion. De son côté, le maire de LaSalle, Lionel Boyer, demande à la Corporation de gaz naturel du Québec de procéder à une vérification complète des systèmes de chauffage du complexe domiciliaire — 24 conciergeries — afin de prévenir tout autre désastre. Une vérification est faite chaque année, soutient le porte-parole de la Corporation. Il précise aussi qu'il est encore trop tôt pour déterminer les causes réelles de l'explosion.

Mais peu importe les résultats de l'enquête, la population a déjà trouvé un coupable: le gaz naturel. Des abonnés qui l'utilisent pour chauffer leur logement téléphonent à la Corporation pour demander qu'on en ferme l'entrée immédiatement. C'est la panique générale et la peur du gaz s'ancre dans l'esprit de nombreux Montréalais pour des générations à venir. Comment endiguer cette vague d'émotivité?

Dans un éditorial de *La Presse*, Guy Cormier invite les lecteurs à raisonner froidement sur les causes de la tragédie et les moyens de prévenir d'autres catastrophes du même genre. Dans ce procès du gaz naturel, il rappelle que « des centaines de villes en Amérique du Nord "chauffent" au gaz sans qu'on ait à déplorer des catastrophes. Manipulé avec précaution, le gaz naturel n'est pas dangereux. »

Dans la région de Montréal, 75 000 logements sont chauffés au gaz. Mais la réglementation touchant l'installation des appareils de chauffage et la vérification des conduites sont-elles assez strictes? Ce n'est que depuis quelques mois, soit depuis le 15 novembre 1964, qu'un « code des installations de gaz » et des règlements relatifs à la sécurité publique en matière de gaz sont en vigueur au Québec. Le ministre des Richesses naturelles, René Lévesque, s'est beaucoup préoccupé de la question de la sécurité dans les installations lors de la préparation de ce code. Mais qu'en est-il de son application et des règlements de sécurité?

Les adversaires du gaz ne manquent pas de souligner que le code préparé par la Régie de l'électricité et du gaz n'a pas d'effet rétroactif sur la conception, la construction, la mise en place et la vérification des installations existantes. Ses prescriptions ne s'appliquent qu'au fonctionnement, à la réparation, à l'entretien et à la rénovation de ces installations.

L'enquête déterminera que l'explosion a été causée par un échappement de gaz provenant d'une fissure majeure dans la conduite à l'arrière du complexe domiciliaire de LaSalle Heights. Quelques jours plus tôt, un entrepreneur avait réalisé des travaux d'excavation sur le site, mais il a été impossible de prouver qu'il était responsable du bris de la conduite.

La tragédie de LaSalle marque au fer rouge la Corporation de gaz naturel du Québec. En quelques minutes, tous les efforts des dernières années en vue de promouvoir la sécurité du gaz sont anéantis. Il faut vite planifier de nouvelles campagnes de promotion et de publicité pour refaire l'image de la société.

Ce malheureux événement retarde considérablement les progrès du gaz naturel dans la région de Montréal et favorise grandement l'huile et l'électricité, ses deux principaux concurrents.

n événement d'importance allait toutefois permettre à la Corporation de redorer son blason. La tragédie de LaSalle s'est produite à un moment où la région métropolitaine connaît une effervescence et une croissance phénoménales. Le métro et l'exposition universelle sont prévus pour 1967. L'industrie de la construction est en plein essor. En plus des chantiers de l'Expo 67 et du métro, de gigantesques travaux routiers sont en cours aux approches et au cœur de la ville, des gratte-ciel d'habitation, des hôtels et des grands édifices à bureaux s'élèvent partout.

La Corporation de gaz naturel du Québec a pour sa part entrepris des travaux considérables. Le réseau de distribution est prolongé vers le nord, jusqu'à Sainte-Thérèse, et sur la rive sud, jusqu'à Sorel.

Pour couronner ces efforts, le gaz naturel est à l'honneur sur le site de l'Expo 67. Il est utilisé dans les restaurants, les casse-croûte et les pavillons de Terre des Hommes. La Corporation de gaz naturel du Québec fournit 96 p. cent du combustible de cuisson, 90 p. cent du chauffage des locaux et 82 p. cent du chauffage de l'eau.

Cette étroite association à un événement d'envergure internationale, dont le succès est sans précédent, aide l'entreprise à refaire son image. Elle profite du boum immobilier pour s'associer avec des entrepreneurs en construction pour offrir le gaz naturel dans les quartiers résidentiels qui poussent comme des champignons en périphérie de la métropole.

UNE PRISE DE CONTRÔLE

CHAPITRE 8

l est difficile de croire que c'est dans le contexte du nationalisme ardent des années 1960 que la Corporation de gaz naturel du Québec passe aux mains d'intérêts anglo-canadiens sans susciter la moindre opposition. C'est pourtant l'époque où le Rassemblement pour l'indépendance nationale (RIN) de Pierre Bourgault organise de fréquentes manifestations pour défendre des causes beaucoup moins importantes et que le slogan de Jean Lesage, «Maîtres chez-nous», résonne dans toute la province.

Ce manque d'intérêt s'explique en partie par la méconnaissance des leaders politiques de l'importance du gaz comme source d'énergie — source jugée mineure et négligeable —, l'électricité étant à leurs yeux la richesse naturelle des Québécois. Que la Corporation du gaz naturel du Québec soit contrôlée par des intérêts étrangers n'inquiète donc personne, tant se confirme dans l'esprit des moins avertis «qu'il n'y a pas d'argent à faire avec le gaz».

Le même état d'esprit anime les actionnaires de la société lorsqu'ils reçoivent une offre d'achat de la Northern and Central Gas Company, dont le siège social est à Toronto. Cette entreprise propose, dans un communiqué remis à la presse, d'acheter 2 150 000 actions ordinaires de la Corporation de gaz naturel du Québec, c'est-à-dire environ 60 p. cent du capital-actions en circulation. L'offre s'adresse directement aux actionnaires. À 14 $ l'action, cette transaction représente environ 30 millions de dollars.

Le président de la Corporation de gaz naturel du Québec, Carl H. Horne, ne peut cacher sa surprise. Les administrateurs de la société n'ont pas été informés au préalable comme cela se fait habituellement. Carl Horne reconnaît cependant que des négociations avaient déjà été amorcées pour une prise de contrôle, mais qu'elles avaient été abandonnées. Le président convoque aussitôt les membres du conseil d'administration afin de savoir quelle attitude il convient d'adopter et comment traiter la proposition.

Le président de la Northern and Central Gas Company, Edmund C. Bovey, déclare que les administrateurs de la Corporation de gaz naturel du Québec devraient reconnaître qu'une fusion des deux entreprises serait fort avantageuse à long terme. L'importance du nouveau réseau de distribution permettra de réduire considérablement le coût d'achat du gaz naturel tandis les frais administratifs et d'exploitation seront réduits par la fusion grâce à une utilisation plus efficace de la main-d'œuvre spécialisée des deux entreprises. La Northern and Central Gas Company exploite déjà diverses entreprises de production et de distribution de gaz naturel en Alberta, au Manitoba, en Ontario et au Royaume-Uni.

Pour sa part, le premier ministre du Québec, Daniel Johnson, n'a aucune objection à ce que la compagnie

Près de 70 ans après la découverte des premiers gisements de gaz naturel en Alberta, débutent en 1956 les travaux de construction du gazoduc de la TransCanada PipeLines. (*Archives de Gaz Métropolitain*)

Long de 3 766 kilomètres, le gazoduc a exigé 107 traversées de lacs et de rivières. (*Archives de Gaz Métropolitain*)

Pour construire le gazoduc,
il fallut 637 000 tonnes
métriques d'acier; 43 000
wagons ont assuré le
transport des tuyaux et des
autres matériaux nécessaires
à la construction. (*Archives
de Gaz Métropolitain*)

Il faudra attendre le 22 octobre
1958 pour le parachèvement
des travaux de construction du
gazoduc qui achemine le gaz
naturel de l'Alberta jusqu'à
Montréal (*Archives de Gaz
Métropolitain*)

(*En haut*) Le colonel Maurice Forget, président de la nouvelle Corporation de gaz naturel, inaugure le 23 juillet 1957 le début des travaux de creusage en vue de la pose des premières conduites destinées au gaz naturel. (*Archives de Gaz Métropolitain*)

(*En bas*) «Cette journée marque le début d'une nouvelle ère dans le développement de la région métropolitaine», déclare le colonel Forget avant d'enlever la première pelletée de terre. (*Archives de Gaz Métropolitain*)

(*En haut*)En janvier 1958, la conversion au gaz naturel débute; les résidents du secteur Hochelaga-George V sont les premiers visités. (*Archives de Gaz Métro-politain*)

(*En bas*)Le président de la Corporation de gaz naturel annonce le plan de conversion des appareils de quelque 240 000 usagers. (*Archives de Gaz Métropolitain*)

Au terme de sa première année d'exploitation du gaz naturel, la corporation s'est déjà lancée à la conquête de nouveaux marchés en acheminant des canalisations vers la rive sud de Montréal. (*Archives de Gaz Métropolitain*)

Autre réalisation de l'année 1958, la pose d'une conduite en acier rue De Lorimier, de l'autoroute Métropolitaine jusqu'au fleuve. (*Archives de Gaz Métropolitain*)

Au moment où se poursuivent les travaux d'acheminement d'une conduite vers La Prairie et Candiac, la clientèle résidentielle représente 95 pour cent des usagers.

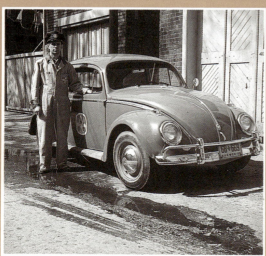

Le nouveau siège social de la
Corporation de gaz naturel au 6025
du chemin de la Côte-de-Liesse.
(*Archives de Gaz Métropolitain*)

Julien Champagne, du Service
aux appareils, aux côtés de sa fidèle
coccinelle. (*Archives de Gaz
Métropolitain*)

Les célèbres coccinelles composent une partie du parc automobile de la corporation en 1958. (*Archives de Gaz Métropolitain*)

Des Lark, produites par
Studebaker, et des Chevrolet
font leur apparition vers 1962.
La corporation compte alors
1 358 employés. (*Archives de
Gaz Métropolitain*)

La corporation avait hérité de
fourgonnettes anglaises Bedford
qu'il fallait parfois faire
démarrer à la manivelle.
(*Archives de Gaz Métropolitain*)

(*En haut*) Les fourgonnettes
Volkswagen sont toujours présentes
au début des années 1960. (*Archives
de Gaz Métropolitain*)

(*En bas*) Les fourgonnettes
Volkswagen seront remplacées
progressivement par des Econoline et
d'autres modèles américains alors
que les Aspen, les Coronet, les Pinto,
les Chevelle font leur apparition.
(*Archives de Gaz Métropolitain*)

Au cours de l'année 1978, les véhicules
adoptent une nouvelle livrée orange et bleu.
(*Archives de Gaz Métropolitain*)

Signature d'une convention collective de travail, en 1969. Au premier rang, de gauche à droite: Albert Paquin, président de l'Union internationale des employés professionnels et de bureaux (Local 57); Roméo Corbeil, représentant international; J. J. Leroux, vice-président de la Corporation de gaz naturel; Paul Desmarais, gérant du Service des relations industrielles à la Corporation de gaz naturel. Au second rang de gauche à droite: Gérard Brosseau, Marcel Douville et A. Shapiro de la Corporation de gaz naturel; Guy Valiquette, vice-président du syndicat; René Ethier, secrétaire du syndicat et Claude Côté, directeur du syndicat. (*Archives de Gaz Métropolitain*)

La Corporation de gaz naturel passe aux mains de la Northern & Central Gas Company le 23 mars 1967. Après un premier exercice, les dirigeants rencontrent le personnel. De gauche à droite: Renault Cyr, Yvon Pichette, James Senez, J. H. Archambault, Howard Neal, Alfred E. Sharp, Paul Kuézel, J. P. Guindon et Claude Talbot. (*Archives de Gaz Métropolitain*)

La comédienne Marjolaine Hébert, en 1959, tire au sort le nom de l'heureux gagnant d'une année complète de gaz gratuit; d'autres comédiens, dont Jean Lajeunesse, viendront par la suite vanter les mérites du gaz naturel dans les réclames de la corporation. (*Archives de Gaz Métropolitain*)

Tous les efforts sont déployés pour hausser les ventes, comme en témoigne cette bannière que fixent, de gauche à droite, Frank Maffie, Ed Bovey, le président du conseil d'administration Jacques Courtois et le président Alfred E. Sharp. (*Archives de Gaz Métropolitain*)

ontarienne prenne le contrôle de la Corporation de gaz naturel du Québec. «Ce que la province veut avant tout, c'est avoir plus de gaz et à meilleur marché», dit-il. Et le premier ministre n'est pas sans savoir qu'environ 25 p. cent seulement des actions de la Corporation de gaz naturel du Québec sont détenues par des Québécois.

Au cours de l'assemblée spéciale du 1er mars 1967, les actionnaires acceptent l'offre majoritairement, persuadés que la situation financière de la société ne peut qu'en être améliorée.

La transaction est conclue le 23 mars 1967. La Northern and Central Gas Company détient alors plus de 65 p. cent du capital-actions de la société québécoise, ce qui lui en donne le contrôle. Plus tard, sa participation au capital-actions sera portée à 73 p. cent.

Les dirigeants de la Northern and Central Gas Company connaissent bien le marché de l'Ouest canadien, mais beaucoup moins bien celui de l'Est. Et ils font l'erreur de croire que les deux réagissent aux mêmes impulsions. Rapidement, la réalité les amène à réviser leurs politiques. Ceux qui avaient espéré des solutions miracles sont déçus.

Les différences entre les deux marchés résident d'abord dans le fait que les consommateurs de l'Ouest doivent s'approvisionner en pétrole canadien, tandis que ceux de l'Est peuvent l'importer de l'étranger. Le pétrole du Moyen-Orient étant beaucoup moins cher que celui de l'Alberta, le gaz s'en trouve grandement désavantagé au Québec.

À la concurrence de l'huile à chauffage vient s'ajouter celle de l'électricité. Hydro-Québec lance des campagnes de publicité dynamiques pour convaincre les consommateurs des avantages du chauffage à l'électricité. Dans le but de faire valoir la supériorité de cette source d'énergie, des comparaisons ont été établies avec le mazout, mais le gaz naturel en subit les conséquences indirectes puisque, une fois de plus, il est tenu pour quantité négligeable dans le marché des combustibles de chauffage.

Pour rendre le gaz attrayant aux consommateurs, des capitaux importants auraient dû être investis, mais la Corporation de gaz naturel du Québec ne les avait pas. Maintenant, elle peut compter sur l'appui financier de la Northern and Central Gas Company, et les choses vont changer.

En prenant le contrôle de la Corporation de gaz naturel du Québec, les acheteurs savaient que des sommes importantes devaient être injectées pour des travaux d'amélioration et d'expansion du réseau. Dès le 1er avril 1967, des fonds sont alloués à diverses mises en chantier.

Grâce à l'appui financier et administratif de la Northern and Central Gas Company, le gaz naturel connaît une nouvelle ère de prospérité au Québec. Un programme de marketing, de publicité et de promotion est mis de l'avant. Il ne tarde pas à produire des résultats et le gaz naturel commence à prendre la place qui lui revient dans le marché des sources d'énergie.

Depuis plusieurs années, la sécurité qu'offre le gaz naturel a été le cheval de bataille de la Northern and Central Gas Company. Le concept est introduit au Québec. On le retrouve aussi bien dans les campagnes de publicité que dans les directives aux employés, puisque la sécurité de l'utilisation du gaz est tributaire de la fiabilité du réseau de distribution. On incite donc les travailleurs de l'entreprise à penser « sécurité » d'abord.

u moment de l'acquisition par la Northern and Central Gas Company, le réseau de distribution de la Corporation de gaz naturel du Québec est limité à la région de Montréal. Les nouveaux administrateurs souhaitent l'étendre à la grandeur de la province. La première étape de l'expansion permet d'inventorier les compagnies de gaz existantes. L'achat de ces réseaux a pour but d'éviter les coûteux travaux de construction que nécessite le projet d'expansion. Dans l'euphorie générale, on n'accorde que peu d'importance à la qualité des acquisitions. La priorité est de prendre le marché à tout prix et d'agrandir le réseau le plus rapidement possible. Cette façon de penser prévaut au moment de l'évaluation d'un petit réseau de distribution de gaz manufacturé, établi depuis 1908, à Sherbrooke.

Entre-temps, la Northern and Central Gas Company a créé une filiale à part entière de la Corporation de gaz naturel du Québec, la Société gazière de la vallée du Saint-Laurent, qui achète le réseau de Sherbrooke au prix de 500 000 $.

Jean Bossé se souvient des circonstances de sa nomination à la direction de cette entreprise. Le 12 septembre 1967, le président Carl H. Horne le fait venir à son bureau et lui demande de se rendre à Sherbrooke le lendemain pour assister à une conférence de presse, à l'hôtel Le Baron. Au cours de cette conférence, Horne annonce que la Corporation de gaz naturel du Québec distribuera désormais dans tout Sherbrooke le gaz utilisé à des fins industrielles et domiciliaires. «Au café, raconte Jean Bossé, le président me dit: *"It's all yours."* J'étais loin de me douter de tous les défis qui m'attendaient.»

Le réseau de Sherbrooke compte 5 063 clients qui se servent du gaz principalement pour la cuisson et le chauffage de l'eau. L'entreprise est déficitaire depuis plusieurs années.

Les dirigeants de la Northern and Central Gas Company croient que la meilleure façon de rentabiliser leur investissement à court terme est de remplacer le gaz manufacturé par le gaz propane dont la valeur énergétique est deux fois et demie celle du gaz naturel.

Les résultats d'une étude démontrent cependant que cette conversion ne se ferait pas sans inconvénient, car les clients se verraient obligés de changer tous leurs appareils. Les administrateurs se ravisent de crainte de perdre une partie de leur clientèle déjà peu nombreuse. Ils envisagent un compromis: faire appel au gaz air propané que l'on obtient en mélangeant de l'air au gaz propane. Ce produit, dont la valeur énergétique est semblable à celle du gaz naturel, convient aux appareils déjà en usage.

Le gaz propane est acheté directement des compagnies productrices de l'Ouest et transporté par camions ou par wagons à Sherbrooke où se fait le mélange propane et air avant sa distribution aux consommateurs.

Dans les mois suivants, la Corporation de gaz naturel du Québec voudrait bien acheter aussi le réseau de distribution de la Ville de Québec. Cependant, ce réseau est dans un tel état que la Régie de l'électricité et du gaz en interdit l'usage.

Les travaux liés à l'expansion du réseau se poursuivent à une cadence accélérée, mais il faut aussi songer à se départir du vieil héritage du gaz manufacturé. Pendant près de 30 ans, le damier orange et blanc au sommet du gazomètre de la Corporation de gaz naturel du Québec a fait partie du paysage montréalais. Les visiteurs d'Expo 67 ne pouvaient rater ce damier qui se profilait sur le ciel de Montréal, à proximité du site des îles. Admirée par les uns et critiquée par les autres, cette structure est maintenant disparue.

D'abord destiné à emmagasiner le surplus du gaz manufacturé, le gazomètre a été construit à Baltimore, dans l'État du Maryland. En 1931, il a été transporté en pièces détachées jusqu'à Montréal et érigé, rue du Havre, en bordure du fleuve. De type sans eau, le gazomètre pouvait emmagasiner 283 170 mètres cubes de gaz. Son diamètre était de 64 mètres, et sa hauteur, de 111 mètres. C'était le plus gros réservoir à gaz de tout le pays. À l'arrière-plan, le tout récent pont Jacques-Cartier donnait des allures de grande ville à la métropole du Canada.

Un ascenseur extérieur, utilisé par les travailleurs affectés aux vérifications d'usage ou aux travaux d'entretien, franchissait 30 mètres à la minute, effectuant à volonté des arrêts aux cinq paliers. Par temps clair, ceux qui étaient montés à son sommet avaient une vue panoramique impressionnante de toute la région montréalaise.

Après la guerre, la circulation aérienne devient plus intense et le gazomètre constitue un risque d'accident. C'est pourquoi, en 1946, on peint un damier orange et blanc à son sommet qu'éclaire une couronne lumineuse. En 1958, lorsque le gaz naturel remplace le gaz manufacturé, le gazomètre géant semble destiné à disparaître... Mais non, il sert alors à emmagasiner les réserves nécessaires pour les périodes de pointe, pendant les grands froids.

Il faut attendre les progrès technologiques en matière de liquéfaction du gaz pour trouver une solution de rechange à l'emmagasinage. Ce n'est qu'en 1969, à la mise en service de l'usine de liquéfaction de la Corporation, que l'utilité du gazomètre est remise en question. Le 13 février 1970, il est vidé pour la dernière fois et retranché du réseau de distribution. Quelques jours plus tard, on procède à une purge pour rendre inerte le gaz emprisonné dans les conduites. Le gazomètre est livré au pic des démolisseurs le 20 avril. Ceux-ci accomplissent leur besogne sous les regards nostalgiques des employés et des badauds pour qui le damier faisait partie intégrante du décor montréalais.

DE LA CONFRONTATION À LA CONCERTATION

CHAPITRE 9

Au Québec, les deux décennies qui ont précédé les années 1980 sont marquées par de grandes batailles syndicales. Employés et patrons se prêtent mutuellement les pires intentions, se livrent une lutte sans merci. Les griefs tiennent lieu de dialogue.

Un contexte social aussi troublé n'épargne personne. Aussi, comme plusieurs autres entreprises, la Corporation de gaz naturel du Québec cherche-t-elle les moyens de vivre en harmonie avec le syndicalisme. Ce n'est pas toujours facile. L'histoire des relations de travail des employés du gaz est parsemée d'affrontements, de grèves et de tensions qui ont souvent nui à l'expansion de l'entreprise.

Pour comprendre la dynamique de ces relations de travail dans les années qui ont suivi la création de la

Corporation de gaz naturel du Québec, il faut remonter jusqu'en 1934. À cette époque, les employés de l'usine LaSalle Coke forment le local 238 de l'International Chemical Workers Union. L'usine appartient à la Montreal Coke and Manufacturing Company, une entreprise privée, filiale de Koppers, de Pittsburg.

En 1944, au moment de la nationalisation de l'électricité et du gaz par le gouvernement du Québec, Hydro-Québec acquiert 49 p. cent du capital-actions de la Montreal Coke and Manufacturing tandis que Koppers en garde 51 p. cent. Le syndicat conserve son accréditation et il est le seul groupe syndical au sein d'Hydro-Québec. Les autres employés de l'entreprise se regroupent dans une association autonome, non affiliée et non accréditée.

Hydro-Québec, qui s'intéresse peu au gaz, et encore moins à ses sous-produits, laisse pratiquement la gestion de l'usine LaSalle Coke à la compagnie américaine. En avril 1957, quand la Corporation de gaz naturel acquiert le réseau gazier d'Hydro-Québec, elle achète également les actions que la société d'État détenait dans la Montreal Coke & Manufacturing Company ainsi que celles de Koppers, devenant ainsi l'unique propriétaire de l'usine LaSalle Coke.

Deux mois plus tard, le 25 juin 1957, le local 238 de l'International Chemical Workers Union obtient que son accréditation s'applique à tous les employés manuels de la nouvelle Corporation de gaz naturel du Québec. De ce fait, les travailleurs venus d'Hydro-Québec qui peuvent être syndiqués se retrouvent, de gré ou de force, membres d'une centrale américaine. Ils s'accommodent d'abord assez bien de la situation. Ils pensent qu'un syndicat, même américain, est préférable à l'absence totale de syndicat. Mais ils déchantent vite. En plus de passer soudainement d'une grande entreprise d'État à une moyenne entreprise privée submergée par de multiples problèmes, ils se rendent compte qu'ils ont peu à dire dans les affaires syndicales. Les employés de l'usine LaSalle Coke gardent la main haute sur l'administration du local 238. Donc, ces ex-employés d'Hydro-Québec, des unilingues francophones pour la plupart, sont devenus membres d'un syndicat dirigé en grande partie par des unilingues anglophones. Après beaucoup d'effort, ils réussissent à faire élire l'un des leurs au comité de direction, mais cette mince victoire n'atténue pas leur sentiment d'isolement.

P endant que les travailleurs syndiqués essaient de s'adapter le mieux possible aux circonstances, les employés de bureau de la Corporation de gaz naturel du Québec songent à leur tour à se syndiquer. Dès l'hiver 1958, les releveurs de compteurs entreprennent une campagne auprès des employés de bureau. Ceux-ci sont difficiles à convaincre, mais la détermination des releveurs finit par triompher. À la fin de l'année, le Syndicat des employés de bureau, le local 57, affilié à la Fédération des travailleurs du Québec (FTQ), reçoit son accréditation.

La première convention collective est signée en 1959. Elle n'apporte pas d'améliorations significatives aux conditions de travail. Il n'y a ni gain salarial ni modification des avantages sociaux. Les membres l'acceptent afin d'assurer la survie de leur syndicat naissant. Ils déposent ensuite à la Commission des relations de travail le document qui inclut des clauses fondamentales, telles l'ancienneté, une procédure de griefs, des clauses de reconnaissance syndicale et de retenue des cotisations à la source.

Immédiatement, le syndicat se prépare pour la prochaine négociation. Pour susciter ou conserver l'intérêt des membres, on les invite chaque mois à un souper au cours duquel un conférencier fait le point sur la situation syndicale au Québec. Les travailleurs participent avec enthousiasme aux activités et s'engagent de plus en plus dans l'action syndicale.

Le syndicat des employés de bureau renouvelle son contrat de travail en 1962 et en 1964 mais, chaque fois, l'échec des négociations oblige les parties à recourir à l'arbitrage. Les syndiqués obtiennent la réduction des heures de travail, sans perte de salaire, et sept jours de congé de maladie payés. C'est une grande victoire, même si pour jouir de ce privilège ils doivent faire une déclaration assermentée attestant leur maladie.

En 1964, à la suite des pressions constantes du mouvement syndical, l'Assemblée législative du Québec adopte le *Code du travail*. Cet événement est d'une grande importance pour les employés de la Corporation de gaz naturel du Québec puisque ce code accorde le droit de grève aux employés des services publics.

Dès lors, la direction de la Corporation de gaz naturel du Québec devient beaucoup plus réceptive aux revendications syndicales. Les ventes et les bénéfices de l'entreprise étant à la hausse, les employés de bureau voient leurs conditions de travail s'améliorer rapidement.

Ceux-ci affichent leur satisfaction, mais les employés payés à l'heure ressentent une grande frustration. Leur dernier contrat de travail ne leur accorde qu'une faible augmentation de salaire et leurs conditions de travail sont sensiblement les mêmes que celles d'il y a 15 ans. Ils se sentent donc négligés et même abandonnés par leur centrale syndicale, ce en quoi ils n'ont pas tort. L'International Chemical Workers Union ne s'intéresse pas beaucoup au sort fait à ce petit groupe de travailleurs canadiens qui ont peu en commun avec ceux des industries chimiques américaines.

Plusieurs employés payés à l'heure croient qu'une centrale syndicale canadienne défendrait mieux leurs intérêts. C'est ce qui les conduit à demander à la Confédération des syndicats nationaux (CSN) une affiliation pour leur syndicat, puis à former un bureau exécutif provisoire. Une période de maraudage intensif se poursuit pendant tout l'été 1965.

Les organisateurs participent à de multiples réunions pour renseigner les 600 travailleurs syndiqués et leur faire signer des cartes d'adhésion. La plupart d'entre eux sont favorables au changement d'affiliation. Ils y voient l'occasion de prendre le contrôle de leur syndicat et de conserver au Québec les sommes versées pour leurs cotisations.

Le 3 juin 1966, les employés payés à l'heure obtiennent la révocation d'accréditation de l'International Chemical Workers Union au profit de la CSN. Ainsi, le 24 août, lorsque les négociations commencent en vue du renouvellement du contrat de travail, ils reçoivent l'appui de la CSN.

Malheureusement, la direction de la Corporation de gaz naturel n'aime guère cette centrale syndicale. Difficile de savoir si cette antipathie est due à la réputation d'intransigeance de la CSN ou plus simplement à des conflits de personnalités. Quelle qu'en soit la raison, les négociateurs de la partie patronale acceptent de mauvais gré de s'asseoir à la même table que les représentants de la centrale syndicale.

Ces négociations sont très tendues et, le 16 septembre, plus rien ne va. Devant le refus de la partie patronale de faire la moindre concession sur ce qu'elle nomme «ses droits de gérance», le syndicat réclame la conciliation. Malgré tous ses efforts, le médiateur ne réussit pas à rapprocher les parties. Dans une ultime tentative de règlement, les négociateurs patronaux proposaient un régime de protection salariale ainsi que la sécurité d'emploi, une première au Québec.

Le 21 novembre 1966, les employés payés à l'heure se mettent malgré tout en grève. Le même jour, l'explosion d'une maison unifamiliale est attribuée au gaz naturel. Décidément, les travailleurs n'ont pas la chance de leur côté. D'autant plus que la grève a été déclenchée plus tôt que prévu à cause de la fermeté de la partie patronale. Les froids rigoureux de l'hiver auraient sans doute fourni un argument de poids pour négocier.

Le syndicat adopte alors une autre tactique. Les employés chargés d'assurer les services essentiels entreprennent une recherche intensive des fuites de gaz. Dès qu'ils en décèlent une, des piqueteurs sont installés à l'endroit et arborent des pancartes proclamant: «Ici, il y a une fuite de gaz. Danger d'explosion.»

À titre de service public, le journal *La Patrie* publie chaque semaine la liste des fuites de gaz avec le pourcentage de risque d'explosion pour chacune. Pendant que le syndicat répète: «Montréal est sur un volcan», la Corporation de gaz naturel nie catégoriquement l'existence du danger des fuites de gaz. Le public ne sait plus qui croire. Et sa méfiance envers le gaz naturel grandit au rythme des mises en garde syndicales.

La grève s'éternise. Les services essentiels sont en grande partie maintenus par les cadres. La Corporation accuse la centrale syndicale de retarder délibérément la fin de la grève pour assujettir les syndiqués. «C'est une bataille que la CSN livre sur le dos des travailleurs et à leur insu», clame la partie patronale.

À l'usine LaSalle Coke, la grève est particulièrement éprouvante. Les fours doivent chauffer sans interruption, 24 heures sur 24, 365 jours par année. Un arrêt de quelques heures seulement rendrait les fours inutilisables pendant plusieurs mois. Les cadres, que l'infirmière Céline Murphy approvisionne en vitamines sur la recommandation du Dr Léo Boyer, assurent leur fonctionnement pendant toute la durée de la grève qui semble ne jamais devoir se terminer.

Au début de février, une autre maison vole en éclats dans le quartier Pont-Viau, à Laval, et le ministre du Travail, Maurice Bellemare, est prié d'intervenir. Une séance de négociations intensives a lieu dans les bureaux du ministre. Elle permet d'arriver à une entente de principe et, le 8 février 1967, les employés sont de retour au travail. Malgré les augmentations de salaires obtenues, ils ressentent durement les pertes encourues par 81 jours de grève. Mais les nombreuses fuites à réparer nécessitent des heures de travail supplémentaires, ce qui permettra à plusieurs grévistes de rééquilibrer leur budget.

Comme beaucoup d'autres entreprises du Québec à cette époque, la Corporation de gaz naturel du Québec croit que la signature d'un contrat de travail met fin au dialogue avec le syndicat jusqu'aux prochaines négociations. C'est refuser de voir la montée du militantisme syndical. Les employés s'intéressent de plus en plus à l'action syndicale. Ils suivent des cours de formation à la CSN, découvrent les structures et le mode de fonctionnement d'un syndicat, apprennent la façon de préparer les griefs et de faire respecter leur convention.

Leur militantisme indispose fortement certains dirigeants de l'entreprise qui y voient une raison supplémentaire de se méfier de la CSN. D'un côté, les griefs se multiplient ; le syndicat est déterminé à faire respecter les droits chèrement acquis. De l'autre, la direction demeure inflexible.

En 1967, pendant que les relations s'enveniment avec les employés payés à l'heure, particulièrement ceux de l'usine LaSalle Coke, le Syndicat des employés professionnels et de bureau réussit à négocier un nouveau contrat de travail satisfaisant, sans recourir à la grève. Les heures de travail sont réduites sans perte de salaire et de nouveaux avantages sociaux sont acquis. Très dynamique, le syndicat fait appliquer sa convention collective avec fermeté et efficacité sans toutefois susciter l'animosité de la direction.

Pour faciliter les relations de travail et surtout les prochaines négociations, la Corporation de gaz naturel du

Québec souhaiterait que le groupe des employés payés à l'heure soit scindé: les travailleurs de l'usine LaSalle Coke garderaient leur unité syndicale et les autres employés affectés à la distribution et à l'entretien du réseau de gaz naturel obtiendraient une accréditation syndicale particulière pour leur groupe. Ce rêve de la direction est loin d'être partagé par tous. Il engendre même une solidarité nouvelle chez les membres du syndicat des employés à l'heure qui valorisent désormais le fait d'être unis sous une même accréditation. Devant l'unité et la solidarité existant au sein du syndicat, l'employeur abandonne son projet.

Dans un effort pour se rapprocher de ses employés, la direction de la Corporation de gaz naturel du Québec ouvre les pages de son journal *Génie Gaz* aux représentants syndicaux. C'est une grande première et le président du syndicat des employés à l'heure, Pierre Lauzon, y voit un élément de progrès extrêmement important. Il écrit, en janvier 1969: «C'est une preuve indéniable qu'une période constructive est ouverte par le dialogue entre le patronat et notre syndicat: le Syndicat des employés de la Corporation, affilié à la CSN. Le dialogue et la participation ne sont pas des chemins faciles à suivre. Ils doivent être volontairement acceptés, francs, honnêtes, et ils conduiront sûrement au succès après avoir éliminé les difficultés. »

L a fin des années 1960 est plutôt difficile pour la Corporation de gaz naturel du Québec, devenue depuis peu Gaz Métropolitain. Les ventes sont à la baisse et les revenus sont inférieurs aux prévisions. Le 2 février 1970, la société procède à une mise à pied massive. Au total, 140 employés perdent leur emploi, dont une soixantaine de représentants non syndiqués. Les congédiements sont annoncés un lundi matin, sans beaucoup de ménagement, et ils entrent en vigueur sur-le-champ. Ces mises à pied créent un climat d'insécurité dans toute l'entreprise et enveniment les relations de travail. Même les travailleurs qui n'ont aucune raison de craindre pour leur emploi se sentent menacés.

Le climat d'incertitude n'arrive pas à se dissiper. L'année suivante, il influence les négociations qui s'engagent avec les deux syndicats, celui des employés à l'heure — maintenant le Syndicat des employés de Gaz Métropolitain — et celui des employés de bureau qui songe à quitter le local 57 de l'Union internationale des employés professionnels et de bureau (FTQ) pour former son propre local. Une charte de section locale indépendante, local 463, lui sera d'ailleurs accordée à la fin de 1972.

Les négociations s'engagent fin octobre 1971 avec le syndicat des employés à l'heure. Le syndicat tente de négocier une clause portant sur un nombre minimal d'emplois à maintenir et veut restreindre le droit de l'employeur à faire appel à des entrepreneurs. La conciliation est demandée en novembre.

Pendant qu'un conciliateur essaie de trouver des compromis acceptables pour les deux parties, plusieurs actes de sabotage sont commis et affectent particulièrement l'usine LaSalle Coke. Des convoyeurs, des moteurs électriques et des véhicules sont endommagés. Les employés refusent de travailler en temps supplémentaire et les arrêts de travail spontanés se multiplient. Au total, 19 arrêts de travail ont lieu entre le 28 décembre 1971 et le 25 janvier 1972. Plus de 5 000 heures de travail ont été perdues, sans compter les ralentissements et autres pertes de production. Les cadres doivent souvent exécuter les travaux urgents et l'insubordination cause de nombreux problèmes.

Le 25 janvier, une entente de principe intervient, quelques minutes seulement avant le déclenchement d'une grève que les syndiqués avaient approuvée quelques jours auparavant.

nviron 200 employés de bureau débraient le 3 février 1972 et occupent la cafétéria de l'établissement durant huit heures. La direction de la compagnie et le représentant du syndicat demandent tour à tour aux syndiqués de reprendre le travail, mais en vain. Ce débrayage est illégal, puisque la convention collective n'expirera qu'en septembre prochain, mais les travailleurs veulent forcer l'employeur à régler certains griefs qui traînent depuis 1970 et à poursuivre l'évaluation des tâches. Gaz Métropolitain est sur le point de demander une injonction, mais les employés décident de reprendre le travail.

À part cet incident, l'année 1972 est plutôt paisible, mais la suivante marque la reprise des hostilités. En avril 1973, les dirigeants syndicaux convoquent leurs membres à deux réunions qui ont lieu pendant les heures de travail. La direction de la société réplique en déposant deux plaintes auprès du Tribunal du travail.

Un premier incident survient le 1er mai. Les employés payés à l'heure rentrent au travail mais se dirigent aussitôt vers la cafétéria pour y célébrer la fête des Travailleurs. En fait, ils veulent protester contre une mesure disciplinaire prise envers un dirigeant syndical. Gaz Métropolitain n'est pas dupe du prétexte évoqué, car la CSN avait donné le mot d'ordre pour inciter au débrayage nombre de travailleurs québécois.

Gaz Métropolitain obtient une injonction provisoire enjoignant les employés de retourner au travail sur-le-champ. Un conseiller technique de la CSN se rend sur les lieux et incite les employés à retourner travailler dès le début de l'après-midi. La compagnie demandera plus tard une injonction interlocutoire qui lui sera accordée. Elle engagera aussi une poursuite en dommages et intérêts. La petite fête impromptue lui avait coûté près de 17 000 $.

Pour la partie patronale, il ne fait aucun doute que les incidents d'avril et de mai 1973 «démontrent clairement que la CSN désire contrôler le monde des travailleurs, tandis que le syndicat des employés vise à imposer un plus

110

grand militantisme à ses membres et à les habituer à une discipline rigide autant que coercitive».

Ces événements ne constituent que des stratégies élaborées par les deux parties en présence pour mesurer leurs forces réciproques.

Les rencontres en vue du renouvellement du contrat de travail débutent en octobre 1973. Les trois principales réclamations syndicales ont trait à l'abolition des postes, au recours à des entrepreneurs et au régime d'assurances. Dès la troisième réunion, il devient évident qu'il n'y a pas de terrain d'entente prévisible et le syndicat demande la conciliation. Elle débute le 29 novembre et permet de régler plusieurs points, mais non d'éviter la grève.

E n 1974, Gaz Métropolitain subit deux grèves d'une semaine chacune avant d'en arriver à la signature de deux contrats de travail: l'un avec les employés payés à l'heure, en vigueur jusqu'au 30 septembre 1975; l'autre avec les employés de bureau, en vigueur jusqu'au 31 août 1976.

La partie n'avait pas été facile. D'abord, en début d'année, quelques heures avant le débrayage des employés payés à l'heure, Gaz Métropolitain fait une proposition finale touchant son droit d'accorder des contrats à forfait aux entrepreneurs. Les dirigeants syndicaux s'indignent de la fermeté de la partie patronale et quittent la table des négociations. La grève est déclarée le 8 janvier 1974. «Une grève préméditée, voulue et imposée à nos employés», affirme la direction de Gaz Métropolitain qui soutient aussi que la CSN utilise le syndicat de l'entreprise pour démontrer sa souplesse et ses bonnes intentions. Et quand, après deux jours de négociations, le syndicat retire sa réclamation concernant les entrepreneurs — prétexte à la grève —, Gaz Métropolitain y trouve une preuve irréfutable de sa clairvoyance.

Cette courte grève de six jours est spectaculaire. Les deux parties, patrons et syndiqués, font preuve de beaucoup d'émotivité. Dès l'arrêt de travail, plusieurs actes de sabotage sont commis et les usagers subissent de nombreuses interruptions de service. L'usine LaSalle Coke est la cible de vandales. L'intimidation est monnaie courante et les employés de bureau, affiliés à la FTQ, traversent difficilement les lignes de piquetage. Gaz Métropolitain obtient une injonction pour restreindre le nombre des piqueteurs et enjoindre les syndiqués de cesser leurs tactiques de harcèlement et de sabotage de l'équipement et des véhicules.

Pendant les trois premiers jours de cette grève, les services essentiels avaient été assurés par les cadres, qui travaillaient sans relâche. Mais ce problème des services essentiels sur lesquels patrons et syndiqués n'arrivent pas à s'entendre apparaît dans toute sa gravité lorsqu'une centaine de valves sont endommagées au cours d'une même nuit, dont une valve maîtresse de la rue Deslauriers, à Saint-Laurent. Il en résulte une interruption de service qui affecte 1 000 abonnés du secteur par une température de 20 degrés sous zéro. Privés de gaz, les abonnés utilisent des radiateurs électriques, ce qui provoque le bris d'un transformateur.

Le ministre du Travail, Jean Cournoyer, intervient alors et somme les parties de s'entendre rapidement sur les services essentiels. Après trois jours de négociations ardues, une entente intervient. La grève prend alors une allure plus civilisée.

Le 14 janvier 1974, les employés acceptent les dernières offres patronales, mais demeurent en grève. Le syndicat exige une amnistie totale même si un employé vient d'être reconnu coupable de voies de fait sur la personne d'un contremaître. «On était 643 au début de la grève, on sera 643 au moment de rentrer», déclare le président du syndicat. Il obtiendra gain de cause.

Peu après le retour au travail, un terrible accident survient à l'usine LaSalle Coke. Un employé perd la vie en faisant une chute de 12 mètres. Le président du syndicat tient l'entreprise «criminellement responsable», car, affirme-t-il, l'employeur avait été avisé par une lettre datée du 13 mai 1973 des dangers que représentait l'effritement du ciment des dalles. L'enquête du coroner en concluera autrement. Jusqu'à ce que de nouvelles mesures de sécurité soient instaurées, les employés refusent de travailler sur la passerelle dont le bris d'une dalle est à l'origine de la chute mortelle.

Peu après le retour au travail, le Syndicat des employés de Gaz Métropolitain (CSN), convaincu que l'union fait la force, entreprend d'établir des liens avec le Syndicat des employés de bureau (FTQ) qui doit renouveler son contrat de travail à la fin de l'année. Celui-ci a toujours entretenu des relations assez harmonieuses avec la société. Les contrats de travail ont toujours été renouvelés par la négociation. Aussi, les employés de bureau sont-ils partagés sur le bien-fondé du rapprochement souhaité. Certains croient qu'ils ont tout intérêt à s'assurer de l'appui des employés manuels — quelques-uns verraient même d'un bon œil une affiliation à la CSN — tandis que plusieurs autres favorisent l'autonomie de leur syndicat.

Une élection a lieu et quelques employés de bureau, favorables à la CSN, sont élus à l'exécutif du syndicat. Ils sont partisans de la «ligne dure». Pour pallier la récente montée des prix à la consommation, ils réclament des augmentations salariales substantielles. Leurs négociations sont à peine engagées, au début de l'automne 1974, que les travailleurs manuels demandent la réouverture de leur contrat de travail.

Devant l'impossibilité d'en arriver à une entente sur leurs revendications salariales, les employés de bureau débraient à la fin de novembre. Les travailleurs manuels les appuient et, en signe de solidarité, refusent de traverser les lignes de piquetage. Encore une fois, le réseau de distribution est laissé à l'abandon et fonctionne sans la surveillance des employés syndiqués.

Pendant cette grève d'une semaine, on a recours à divers moyens de pression: fermeture d'un poste de détente qui prive 3 000 usagers de gaz, menaces envers les cadres, destruction de documents importants, sabotage de rapports mécanographiés provenant du centre de traitements de données et crevaisons de pneus.

Une entente intervient le 2 décembre 1974, et le retour au travail s'effectue à la condition qu'aucune poursuite ou mesure disciplinaire ne soit prise à l'endroit des employés manuels qui ont respecté les lignes de piquetage.

Deux semaines après la signature du contrat des employés de bureau, le syndicat des travailleurs manuels poursuit sa demande de réouverture de la convention collective et exige un supplément de 1,5 million de dollars en hausses de salaires. Sa revendication est appuyée par des arrêts de travail illégaux, des refus d'effectuer du temps supplémentaire et des ralentissements qui affectent la plupart des services. Une fois de plus, des actes de sabotage et de vandalisme paralysent le réseau, tandis que la flotte de véhicules de la compagnie est immobilisée à plusieurs reprises à cause d'une « épidémie » de crevaisons.

En mars 1975, après 14 rencontres entre la partie patronale et le syndicat, une entente intervient. Les employés obtiennent 800 000 $ de hausses salariales, mais il faudra attendre plusieurs mois avant qu'ils retrouvent un rythme de travail normal.

es dirigeants de Gaz Métropolitain ne semblent pas capables de trouver des solutions aux problèmes qui enveniment les relations de travail. Ils dénoncent les moyens de pression fréquemment utilisés par les syndiqués, qui ternissent l'image de la compagnie et créent un sentiment d'insécurité chronique dans le public. Gaz Métropolitain est convaincue que ses démêlés avec les syndicats de l'entreprise sont récupérés par les centrales syndicales pour donner le ton aux négociations dans tout le secteur public.

Gaz Métropolitain est à bout de souffle. Les conflits à répétition ralentissent sa croissance et, en bout de ligne, s'avèrent onéreux. L'avenir des relations syndicales ne semble guère plus prometteur. Les représentants des ventes viennent d'obtenir leur accréditation syndicale et se préparent à négocier un premier contrat de travail qui leur assurera, entre autres, la sécurité d'emploi.

La société explore diverses approches en vue d'assainir le climat de travail et d'établir des relations plus sereines entre les différents syndicats et l'entreprise. Des programmes de perfectionnement et des cours en relations humaines sont instaurés à l'intention des employés. La santé et la sécurité au travail deviennent des préoccupations importantes pour la compagnie. Des comités conjoints sont formés pour identifier les pratiques et les conditions de travail dangereuses et pour étudier les moyens d'y apporter rapidement les correctifs nécessaires. Finalement, de concert avec l'Association de prévention des accidents industriels, Gaz Métropolitain met sur pied un programme spécial d'hygiène industrielle à l'usine LaSalle Coke.

Ces efforts de la compagnie portent leurs fruits. Peu à peu, les relations de travail s'améliorent avec tous les groupes de travailleurs.

Au cours de l'été 1975, une première convention est signée avec le syndicat des représentants, après des négociations calmes, menées de façon professionnelle et empreintes de respect mutuel. Ce syndicat partage la même accréditation que les employés de bureau, mais sa convention collective est distincte.

L'année suivante, les contrats de travail sont renouvelés sans trop de difficultés. Les syndicats n'ont plus le choix, ils doivent modérer leurs demandes salariales, car les hausses salariales doivent être soumises à la Commission de lutte contre l'inflation. Le 28 mars 1976, deux heures avant le moment prévu pour le déclenchement de la grève, une entente intervient. Elle est ratifiée à l'unanimité par les membres qui se disent très satisfaits du règlement.

Après la tenue des Jeux olympiques, en août 1976, commence la négociation avec les employés de bureau. La plupart des clauses de la convention sont déjà réglées lorsque, le 28 septembre, le syndicat demande la conciliation.

Pour souligner le premier anniversaire de l'adoption de la *Loi du contrôle des prix et des salaires*, le Congrès du travail du Canada décrète le 14 octobre un arrêt de travail illégal. Les employés syndiqués de Gaz Métropolitain y participent, sans toutefois nuire aux cadres qui assurent les services essentiels pendant 24 heures.

Quelques semaines plus tard, le Syndicat des employés de bureau est sur le point d'en arriver à une entente. Pour accélérer le processus de négociation, le syndicat décide de boycotter la réception annuelle du temps des fêtes offerte par Gaz Métropolitain à ses employés. Une ligne de piquetage est placée aux entrées de l'hôtel Bonaventure. Les travailleurs rendent ainsi publiques leurs revendications. Quelques jours plus tard, le 6 décembre 1976, une entente intervient finalement. Entre-temps, le Syndicat des représentants a réussi sans trop de peine à faire modifier son contrat de travail.

Au cours de l'année 1978, les conventions des trois groupes de syndiqués de Gaz Métropolitain arrivent à échéance. De part et d'autre, on espère que le climat relativement serein qui prévaut dans l'entreprise rende possible un règlement sans recours à la grève. C'est peut-être prendre ses rêves pour la réalité.

Premier accroc aux espoirs échafaudés : le 8 mars 1978, les employés manuels déclenchent une grève illégale. L'injonction provisoire obtenue par Gaz Métropolitain les ramènera au travail quelques heures plus tard. Mais ce n'est que partie remise. Le 14 mars, ils débraient de nouveau, cette fois en toute légalité. Le syndicat reproche à Gaz Métropolitain de se retrancher derrière les normes anti-inflation pour justifier ses offres de salaires «non satisfaisantes».

Les syndiqués acceptent sans réticence de fournir les équipes nécessaires au maintien des services essentiels. Après un long week-end de négociations, la grève prend fin. Elle aura duré six jours. Tout le monde respire mieux. Gaz Métropolitain, craignant le pire parce que les fuites sont fort nombreuses durant la période de dégel, souhaitait vivement en arriver à un règlement rapide.

La *Loi du contrôle des prix et des salaires* ayant fait subir des pertes financières aux employés de bureau, ceux-ci sont déterminés à les recouvrer. D'autre part, les examens de qualification imposés aux travailleurs créent du mécontentement. Les négociations sont tendues et aboutissent à une impasse.

La grève est déclenchée et se prolonge pendant trois semaines. En désespoir de cause, des syndiqués décident d'occuper les bureaux du ministre du Travail, rue Crémazie. Quelques heures plus tard, ils apprennent qu'une entente de principe vient d'être signée et ils mettent fin à leur occupation.

Dès le règlement intervenu, les parties font le bilan des dernières négociations et se prépare tout de suite pour les prochaines. Résultat : en 1980, les négociations aboutissent rapidement à une entente qui comportent des clauses importantes, comme la réévaluation de plusieurs emplois, la garantie d'examens de qualification plus équitables et une augmentation salariale substantielle.

Les membres du local 463 — les employés de bureau — utilisent au maximum les services de leur centrale, la FTQ. De plus, ils décident de s'affilier au Conseil du travail de Montréal qui manifeste un vif intérêt pour la condition féminine. Cependant, l'expansion de Gaz Métropolitain complique l'ensemble de la vie syndicale car la régionalisation isole les travailleurs syndiqués.

Le 19 février 1980, à minuit, après avoir mis en place une équipe chargée d'assurer les services essentiels, le syndicat des 550 employés manuels de Gaz Métropolitain affiliés à la CSN déclenche la grève. Son but est d'exercer des pressions sur les négociateurs patronaux accusés de retarder indûment les négociations. Pourtant, au moment même où la grève débute, les représentants patronaux et syndicaux rencontrent les deux conciliateurs dans un hôtel de l'est de la ville. Depuis 72 heures, ils essaient tous désespérément de régler les clauses en litige. Ils achoppent sur les clauses pécuniaires et Gaz Métropolitain n'a pas encore déposé ses offres salariales. Des questions de santé et de sécurité au travail constituent un enjeu important de la négociation. Les syndiqués veulent aussi conserver leurs droits acquis lorsqu'ils sont mutés à un autre poste.

Dès le premier jour de grève, quelque 900 abonnés des secteurs Saint-Laurent et Pointe-Saint-Charles sont privés de gaz. La direction déplore des bris « volontaires » d'équipements, sans toutefois accuser les grévistes.

Cette interruption aurait pu être désastreuse pour la Dominion Glass. Pendant trois heures, l'usine a été privée de gaz. La catastrophe a été évitée grâce aux cadres et aux équipes d'urgence qui se sont activés à rétablir le service pour éviter que le verre en fusion ne figent et rendent les fours inutilisables pendant plusieurs mois.

Le 28 février, 1 800 abonnés, incluant l'usine de General Motors à Sainte-Thérèse, sont privés de chauffage — certains durant plus de 24 heures — à la suite de la fermeture d'une vanne située dans une voûte souterraine. «Il s'agit d'un des nombreux actes de vandalisme dont nous sommes victimes depuis le début du conflit», déclare le porte-parole de Gaz Métropolitain. La situation est grave, car une interruption de ce genre oblige d'abord à fermer toutes les entrées et à réalimenter ensuite chaque domicile.

Les négociations reprennent le 10 mars. Après 23 jours de grève, une entente est conclue au début d'avril. Patrons et syndiqués unissent leurs efforts pour instaurer un climat serein qui favorisera le dialogue.

Quelques semaines plus tard, après de brèves négociations, les employés de bureau concluent à leur tour une entente, satisfaisante pour les deux parties.

LE TEMPS DU CHANGEMENT

PARTIE III

Tous ces événements et les bouleversements
qu'ils entraînent sont autant de signes
annonciateurs d'un temps nouveau.

À LA CONQUÊTE
DU MARCHÉ

CHAPITRE 10

Depuis que la Northern and Central Gas Company Limited a pris le contrôle de la Corporation de gaz naturel du Québec, les décisions importantes sont prises à Toronto. La société mère met en place de nouvelles structures administratives.

Au cours de l'été 1968, elle transfère ses actions de la Corporation de gaz naturel du Québec à Gaz du Québec, une société qu'elle a créée en 1967 et dont elle détient tout le capital-actions.

Cette transaction a pour but de faire de Gaz du Québec une société de portefeuille qui aura mainmise sur des entreprises de distribution de gaz au Québec. La compagnie achète aussi la Société gazière de la vallée du Saint-Laurent, qui assure la distribution du gaz à Sherbrooke et dans la région de Pointe-du-Lac.

Forte de l'appui financier de la Northern and Central Gas Company Limited, la Corporation de gaz naturel du Québec consacre des sommes considérables à l'amélioration et à l'expansion de son réseau de distribution. De 1967 à 1969, ces investissements atteignent 65 millions de dollars. Ils servent à poursuivre un vaste programme de détection des fuites, car le réseau n'est pas très fiable et il est urgent d'en améliorer la sécurité et l'efficacité. Seule la compétence du personnel technique a permis d'éviter jusqu'à maintenant des incidents déplorables.

L'année 1969 est consacrée à l'amélioration du réseau de distribution. Son agencement est modifié pour mieux desservir les abonnés. Aux endroits statégiques, des conduites d'alimentation en acier sont installées pour assurer l'équilibre des pressions et augmenter la sécurité et le rendement des conduites de fonte. Ces travaux permettent d'alimenter en gaz les trois grandes universités montréalaises et quelques usagers à grand débit du centre-ville.

Le réseau à haute pression est prolongé vers le nord, depuis l'île Jésus jusqu'à Sainte-Thérèse et Lorraine. Ce secteur en pleine croissance, aux environs de l'usine de General Motors, constitue un marché potentiel prometteur pour les ventes résidentielles, commerciales et industrielles. La construction, à Saint-Mathieu, d'un poste de réception alimenté à même le gazoduc de TransCanada PipeLines augmente la capacité du réseau de distribution de la région de Montréal. Un embranchement du réseau est construit pour desservir Valleyfield et un poste de réception est érigé à 15 kilomètres de la ville, à Saint-Timothée. À partir de la conduite maîtresse de la rive sud, la Corporation de gaz naturel du Québec fournira du gaz à quatre grandes industries de cette région qui, par ailleurs, offre d'immenses possibilités de ventes industrielles et commerciales. Le réseau est aussi prolongé vers l'est jusqu'à Sorel, pour répondre aux exigences d'une vaste clientèle.

Lors de l'assemblée d'avril 1969, les actionnaires décident à l'unanimité de prendre tous les moyens pour que la Corporation de gaz naturel du Québec projette une image qui corresponde mieux à sa réalité. Un nouveau nom constituant un premier pas dans la bonne direction, le 4 octobre 1969 la Corporation adopte officiellement l'appellation Gaz Métropolitain qui identifie mieux les nouvelles limites géographiques de son territoire.

Le nouveau président, Rolfe R. Colpitts, s'était joint à la Corporation de gaz naturel du Québec à titre de vice-président des ventes et des approvisionnements, lors de la prise de contrôle par la Northern and Central Gas Company. Comme son prédécesseur Carl H. Horne, il accorde beaucoup d'importance aux relations avec la clientèle. «Afin de vendre notre produit, il faut que le public ait la certitude que nous le servirons avec diligence et respect», répète-t-il inlassablement.

Au cours des cérémonies marquant le changement de nom de l'entreprise, le président Colpitts demande aux employés de faire en sorte que le nom Gaz Métropolitain soit synonyme de qualité et d'efficacité des services. Et il ajoute: «C'est la façon d'assurer à notre compagnie le respect voué aux entreprises intègres, soucieuses d'équité et de qualité.» Il termine en disant: «Notre nouvelle signature est dynamique et témoigne de notre volonté de bien servir le public.»

Dans le but de rendre les actions de Gaz Métropolitain plus attrayantes pour les investisseurs québécois, la Northern and Central Gas Company décide de les fractionner à deux pour une. Le 8 octobre 1969, ces titres atteignaient 18 $ à la Bourse de Montréal. En cinq ans, ils ont marqué une plus-value appréciable.

Edmund C. Bovey, président de la Northern and Central Gas Company et membre du conseil d'administration de Gaz Métropolitain, est persuadé que les actions à 9 $ seront plus attrayantes pour les acheteurs et que leur plus-value justifie ce fractionnement. Il compte aussi sur l'impact favorable que ne manquera pas de produire la nouvelle usine de liquéfaction sur l'expansion et le développement de la compagnie. D'ailleurs, ce n'est pas par hasard que l'annonce du fractionnement des actions est faite le jour de l'inauguration de l'usine.

Grâce aux capitaux investis par la Northern and Central Gas Company, un important projet voit le jour : l'usine de liquéfaction, stockage et regazéification de gaz naturel (LSR), inaugurée le 7 octobre 1969. Érigée dans le nord-est de l'île de Montréal, à l'extrémité du boulevard Henri-Bourassa, la LSR est la plus vaste usine du genre au Canada. Construite au coût de 12 millions de dollars, elle s'inscrit dans le programme de développement de Gaz Métropolitain. Son rôle est de stocker du gaz naturel pendant la saison chaude pour être en mesure de répondre à la demande de pointe des grands froids. Ces stocks de gaz permettent de réaliser des économies substantielles au chapitre de l'approvisionnement en gaz naturel. Dès ses débuts, l'usine remplit efficacement son rôle d'assurer la continuité dans l'approvisionnement de gaz aux clients du réseau.

Le premier réservoir à double paroi, fonctionnel dès l'inauguration, est impressionnant : 46 mètres de diamètre et 45 mètres de hauteur. Un deuxième, de mêmes dimensions, sera construit en 1973.

La liquéfaction permet de diminuer le volume du gaz naturel et facilite ainsi son stockage. Un mètre cube de gaz liquéfié est l'équivalent d'environ 617 mètres cubes de gaz à l'état naturel. L'usine peut liquéfier quotidiennement 283 000 mètres cubes de gaz naturel. Ainsi, du printemps à l'automne, on peut stocker l'équivalent de 56 millions de mètres cubes de gaz naturel, un volume qui nécessiterait normalement 1 234 réservoirs traditionnels de mêmes dimensions que ceux de l'usine LSR.

Le gaz naturel est amené sous forme liquide par la cryogénie, une technique qui permet d'abaisser la température à -162 °C. Après avoir été purifié des éléments indésirables — composés sulfureux, gaz carbonique, eau et huile —, le gaz naturel est refroidi à des températures décroissantes. La chaleur du gaz naturel est absorbée par cinq gaz réfrigérants selon un cycle d'autoréfrigération en cascade. Le matériel cryogénique requis pour ce traitement est composé d'une série d'échangeurs, de soupapes de détente et de séparateurs reliés entre eux.

En hiver, selon les besoins, le gaz naturel stocké dans les réservoirs est pompé à l'extérieur et regazéifié à haute pression. Le système de regazéification, qui redonne au gaz sa forme première, comprend quatre pompes à gaz naturel liquéfié et quatre regazéificateurs à brûleurs submergés. L'usine est équipée d'un groupe électrogène de secours qui, en cas de panne électrique, fournit automatiquement l'énergie nécessaire au fonctionnement continuel des pompes et des regazéificateurs.

Un produit, le mercaptan, confère au gaz naturel son odeur caractéristique. Il est ajouté avant que le gaz naturel soit réinjecté dans le réseau de distribution.

Cet apport de gaz naturel contribue aussi à maintenir la pression dans les conduites de distribution en périodes de grande demande.

Mais les résultats financiers de 1969 sont décevants. D'une part, Gaz Métropolitain a fait des réserves supplémentaires de gaz naturel en prévision d'une augmentation des ventes qui ne s'est pas concrétisée. D'autre part, le climat plutôt doux de l'hiver occasionne même un surplus de gaz qu'elle doit vendre à rabais. Ajoutés à la hausse des taux d'intérêt, cette perte gruge dramatiquement les bénéfices prévus.

La situation ne fait qu'empirer au fil des mois. En 1970, l'économie canadienne se détériore, les taux d'intérêt augmentent encore et les bénéfices de la plupart des grandes entreprises sont à la baisse. Gaz Métropolitain n'est pas épargnée, même si ses ventes quotidiennes de gaz naturel atteignent de nouveaux sommets. Pour s'ajuster aux réalités économiques, la société décide de ralentir son programme d'expansion et de réduire radicalement ses dépenses : 140 employés sont mis à pied, soit 10 p. cent du personnel. Environ 60 contremaîtres, 60 représentants des ventes et une vingtaine d'employés de bureau sont remerciés.

La société attribue les mises à pied à la rareté des capitaux et au livre blanc que le ministre des Finances vient de déposer à Ottawa. Les mesures préconisées dans ce document sont défavorables aux actionnaires des entreprises à capitaux privés qui assurent les services d'électricité et de gaz. L'application de ces recommandations occasionnerait des pertes de plusieurs millions de dollars pour les actionnaires. Comme la Northern and Central Gas Company détient 70 p. cent des actions de Gaz Métropolitain, les administrateurs de Toronto manifestent une certaine nervosité.

Les employés refusent ces explications et croient que les mises à pied sont plutôt dues au marasme dans lequel la compagnie est plongée à cause d'une mauvaise administration à Montréal et de l'intervention constante des « experts » de Toronto et de Winnipeg.

Les syndiqués demandent au gouvernement provincial d'ouvrir une enquête sur la situation financière de Gaz Métropolitain et sur son administration. Ils s'adressent en même temps au premier ministre Jean-Jacques Bertrand, au ministre du Travail et au ministre des Ressources naturelles. Les syndicats de Gaz Métropolitain soulignent que, en 1968, le revenu net de la société a plus que doublé par rapport à celui de l'année précédente, pour atteindre 4 407 000 $. Cette enquête n'aura jamais lieu et la Northern and Central Gas Company poursuit ses réaménagements administratifs en vue de la création du groupe Norcen Energy.

Cependant, tout n'est pas négatif. L'efficacité de l'usine LSR dépasse les prévisions. En plus de satisfaire pleinement aux exigences d'écrêtement des pointes, elle permet à Gaz Métropolitain de vendre du gaz à la TransCanada PipeLines qui, à la suite de la rupture d'un tronçon de son gazoduc, en a un urgent besoin.

Des améliorations apportées aux installations de l'usine LaSalle Coke ont pour effet d'augmenter la productivité au moment même où la demande pour le coke métallurgique est à la hausse.

Autre bonne nouvelle : la Régie de l'électricité et du gaz du Québec autorise Gaz Métropolitain à hausser ses tarifs résidentiels et commerciaux de 4,5 p. cent. Quant aux tarifs industriels, ils ne sont pas fixés par la Régie et font plutôt l'objet de négociations entre l'entreprise et les clients.

C'est tout de même dans un climat d'incertitude que, le 11 décembre 1970, le vice-président administratif, Alfred E. Sharp, est nommé à la présidence de Gaz Métropolitain. Ayant déjà assumé la vice-présidence du groupe Exploitation, Alfred E. Sharp connaît bien la dynamique interne de la société gazière. La rigueur et la fermeté dont il a toujours fait preuve laissent présager qu'il trouvera les moyens de remettre Gaz Métropolitain sur la voie de la rentabilité.

Effectivement, peu de temps après sa nomination, les nuages commencent à se dissiper. Les mesures prises pour rentabiliser la société sont efficaces. La hausse des bénéfices est due à un changement radical des politiques de vente, à une surveillance étroite des dépenses et à l'augmentation de la productivité des employés.

Une campagne publicitaire bien orchestrée est lancée pour vanter la propreté du gaz naturel. Le fait qu'il soit le combustible fossile qui engendre le moins de pollution constitue un argument séduisant, car l'environnement est devenu une préoccupation grandissante pour le public et les gouvernements. La campagne donne une augmentation soutenue des ventes pendant plusieurs mois.

Enfin, Gaz Métropolitain annonce la signature d'un contrat avec la Sidérurgie du Québec (Sidbec), qui s'engage à acheter un volume de gaz représentant près de 10 p. cent des ventes totales. Cependant, pour honorer son contrat, Gaz Métropolitain doit construire une canalisation de grand diamètre, de 66 kilomètres de long, jusqu'à Contrecœur.

La Régie de l'électricité et du gaz du Québec approuve à la même époque le premier projet d'insertion de tuyaux de plastique dans les canalisations en fonte — une idée défendue par Yvon Pichette —, projet qu'elle refusait obstinément depuis quatre ans. Ainsi, Gaz Métropolitain peut améliorer le rendement de ses canalisations.

L'utilisation de tuyaux de plastique est une technique moderne qui, depuis une dizaine d'années, a fait ses preuves dans plusieurs régions du monde, notamment aux États-Unis et ailleurs au Canada. Grâce à leurs propriétés — flexibilité, joints fusionnés, facilité d'enroulement et d'introduction à l'intérieur d'autres conduites —, les canalisations de plastique constituent un moyen économique et sûr de distribuer le gaz, sans compter qu'elles facilitent grandement les travaux d'installation et d'entretien.

Après avoir suivi des cours de formation chez Du Pont, les techniciens de Gaz Métropolitain introduisent environ 700 mètres de conduites de plastique dans les canalisations de fonte existantes. En plus d'assurer la modernisation du réseau, les tuyaux de plastique en augmentent la capacité et, par le fait même, le volume possible des ventes.

Les coûts d'installation des conduites de plastique ne se chiffrant qu'à environ 70 p. cent de celles en acier, Gaz Métropolitain prévoit des économies importantes dans la réalisation de ses projets.

En 1972, Gaz Métropolitain participe activement aux audiences de l'Office national de l'énergie sur la demande de hausse de tarifs de la TransCanada Pipe-Lines. Tout en reconnaissant que ces augmentations sont justifiées, la société soutient qu'elles devraient être entièrement absorbées par les consommateurs des autres provinces, qui bénéficient de tarifs inférieurs à ceux en vigueur au Québec, les tarifs en vigueur étant fonction de la distance à parcourir.

À cause de sa situation géographique à l'extrémité du gazoduc de la TransCanada PipeLines, Gaz Métropolitain est davantage exposée aux interruptions de service et, depuis sa création, elle doit faire face à une forte concurrence des produits pétroliers raffinés au Québec à partir de pétrole brut importé. En conséquence, la société demande à l'Office national de l'énergie de tenir compte de ces facteurs dans sa décision, et elle insiste pour que les tarifs exigés par son fournisseur soient réalistes.

Finalement, en mai 1973, l'Office national de l'énergie retient la proposition de Gaz Métropolitain de fusionner les zones tarifaires de l'Est et du Centre du Canada. Par conséquent, la société bénéficiera des mêmes tarifs de transport que les autres distributeurs gaziers, à l'est de North Bay, qui desservent le sud de l'Ontario.

LES CHOCS PÉTROLIERS

CHAPITRE 11

L a crise du pétrole dans la décennie 1970 incite les gouvernements des pays consommateurs à adopter des politiques qui les rendront moins vulnérables aux aléas de l'approvisionnement pétrolier. Au Québec, les répercussions de cette crise sont moins importantes puisque depuis quelques années la province investit massivement dans des projets hydroélectriques. Hydro-Québec est plutôt satisfaite de la situation, car les prix élevés du pétrole ne peuvent que l'aider à augmenter ses ventes d'électricité.

Pour Gaz Métropolitain, la crise du pétrole s'avère aussi une bonne nouvelle parce qu'elle rend la concurrence moins vive. Et même si Hydro-Québec redouble d'ardeur pour vanter les mérites du chauffage à l'électricité, une partie des consommateurs choisiront sans doute de remplacer le mazout par le gaz naturel.

La grande préoccupation de l'heure relative aux sources d'énergie fait ressortir la nécessité de la mise en valeur et de l'utilisation rationnelle des ressources du Canada. Ce contexte semble favorable au gaz naturel dont les caractéristiques et les propriétés sont maintenant connues. On ne peut plus le considérer comme une source d'énergie négligeable. Gaz Métropolitain entreprend une croisade pour sensibiliser les gouvernements à la nécessité d'accroître la consommation de gaz naturel au Québec pour rendre la province plus indépendante des sources d'énergie étrangères. Mais le développement du domaine gazier relève de divers organismes gouvernementaux; il est à la fois de compétence fédérale et provinciale, ce qui complique toutes les démarches.

En matière d'utilisation du gaz naturel, le retard du Québec par rapport au reste du Canada est frappant. En effet, cette source d'énergie ne représente encore que 4,84 p. cent de la consommation énergétique, alors qu'à l'échelle canadienne cette proportion est de 23 p. cent. La dépendance pétrolière du Québec est totale. Divers facteurs peuvent expliquer ce faible taux de pénétration du gaz : la politique québécoise favorable à l'hydroélectricité, la grille des prix du gaz naturel (de 10 à 30 p. cent supérieure à celle de l'Ontario) et enfin la vive concurrence du pétrole importé.

Le ministre des Richesses naturelles du Québec, Gilles Massé, est conscient de la faible consommation de gaz naturel au Québec et souhaite rendre cette source d'énergie accessible aux principaux centres de consommation de la province, dont Drummondville, Trois-Rivières, Sherbrooke et Québec. Il essaie de convaincre le gouvernement libéral de faire du gaz naturel le combustible de l'avenir.

révoyant un accroissement de la demande, Gaz Métropolitain s'inquiète des approvisionnements. La société multiplie ses efforts pour être sûre de pouvoir combler les besoins du marché. Pour la première fois, elle signe une entente à long terme avec un autre fournisseur que la TransCanada PipeLines. Le 1er novembre 1974, Pan-Alberta Gas devient son deuxième fournisseur et lui vendra le gaz supplémentaire dont elle aura besoin pour satisfaire à la demande croissante du marché québécois. Selon ce contrat d'une durée de 25 ans, le gaz destiné à Gaz Métropolitain sera livré à la frontière entre l'Alberta et la Saskatchewan. De là, il sera acheminé jusqu'à Montréal par la TransCanada PipeLines.

Les premières livraisons ne seront effectuées qu'après que la Commission de conservation des ressources énergétiques de l'Alberta aura accordé la permission d'exporter le gaz albertain et que l'Office national de l'énergie aura autorisé la TransCanada PipeLines à construire les installations nécessaires pour en faire la livraison à Montréal.

Au cours de 1973, l'Office national de l'énergie accorde l'autorisation au premier fournisseur de Gaz Métropolitain, la TransCanada PipeLines, de hausser trois fois ses prix. La Régie de l'électricité et du gaz du Québec réagit avec rapidité et permet à la société de faire absorber les augmentations par ses clients, de sorte que les bénéfices de Gaz Métropolitain ne sont pas affectés. L'augmentation totale des tarifs, par rapport à ceux qui étaient en vigueur au mois de février 1973, n'a été en moyenne que de 10,3 p. cent.

Le deuxième réservoir de l'usine LSR est inauguré en 1973 et un nouveau client commercial vient s'ajouter : la Société Radio-Canada, dont l'édifice sera chauffée au gaz naturel.

La demande est si forte en 1974 que la TransCanada PipeLines ne peut plus fournir le gaz supplémentaire dont Gaz Métropolitain a absolument besoin.

La société avait fait preuve de prévoyance; elle peut maintenant recevoir les premières livraisons de la Pan-Alberta Gas. Cependant, elle continue de négocier directement avec des compagnies albertaines pour trouver d'autres sources d'approvisionnement à court et à long terme. Bien sûr, pour le moment, l'usine LSR assure aux abonnés l'approvisionnement en gaz naturel, mais la compagnie étudie toujours les moyens de prévenir les crises possibles.

L es années 1970 sont placées sous la présidence d'Alfred E. Sharp, homme compétent mais ayant peu d'aptitudes pour les relations humaines. Il est intelligent mais ne fait pas preuve de beaucoup de diplomatie et l'insécurité règne dans son entourage. La plupart des employés ont tendance à courber l'échine devant lui. Pourtant, le président Sharp respecte ceux qui savent se tenir debout, défendre leurs opinions et même lui tenir tête.

C'est Alfred Sharp, alors vice-président administratif, qui avait reçu comme mandat de procéder à des mises à pied en 1970. Les mesures qu'il avait mises de l'avant pour restreindre les dépenses et augmenter les revenus de l'entreprise ont porté des fruits. Quatre années plus tard, la demande de gaz est en pleine croissance, la sécurité du réseau est devenue une préoccupation constante et les bénéfices d'exploitation grimpent à 11 millions de dollars.

Gaz Métropolitain est l'une des premières entreprises du Québec à mettre en application une politique multiethnique. En effet, durant le règne du président Sharp, l'entreprise embauche de jeunes gestionnaires québécois de toutes origines, diplômés des universités. Ces jeunes cadres, compétents, au fait des dernières méthodes de gestion, apportent un nouveau dynamisme à l'entreprise. Ils préparent la relève des prochaines années.

Au cours de 1975, les revenus provenant de la vente de gaz augmentent de 38 p. cent en raison de l'accroissement de la clientèle, des ajustements de tarifs qui ont été décrétés pour couvrir le coût plus élevé du gaz et des augmentations provisoires des tarifs à la suite d'une requête de révision du tarif général.

Mais des difficultés inévitables surviennent: ralentissement de travail prolongé de la part des employés payés à l'heure, température très clémente, concurrence dynamique des autres sources d'énergie et ralentissement des affaires qui prévaut pendant toute l'année. Il en résulte une réduction de 23 p. cent du revenu net de Gaz Métropolitain.

D'autres mesures sont prises pour améliorer l'efficacité de l'exploitation. Le 27 juin 1975, une entente intervient avec la compagnie ontarienne Union Gas Limited pour l'entreposage, durant l'été, du gaz excédentaire de Gaz Métropolitain. L'entente sera en vigueur jusqu'au 31 mars 1995. La Union Gas emmagasinera ces réserves dans ses installations souterraines et les acheminera, au besoin, à Gaz Métropolitain pendant les mois d'hiver. Cette entente permet à la compagnie de raccorder de nouveaux clients et d'atteindre des coefficients d'utilisation quotidien et annuel plus élevés. Un mois plus tard, elle signe un contrat de service avec la TransCanada PipeLines pour transporter jusqu'à Montréal le gaz entreposé en Ontario. Gaz Métropolitain signe aussi une entente avec la Pan-Alberta Gas pour la livraison à Sidbec, le 1er novembre 1976, d'un volume additionnel de gaz, qui sera aussi transporté par la TransCanada PipeLines. Sans répit, la compagnie s'efforce d'obtenir des quantités additionnelles de gaz pour desservir son marché en pleine expansion.

À la fin de l'exercice 1975, son réseau de distribution comprend 1 464 kilomètres de conduites en acier, 1 090 kilomètres de conduites en fonte, 29 kilomètres de conduites en plastique et 92 850 branchements de service, dont 1 800 en plastique.

Le programme de remplacement des compteurs s'est poursuivi; on a remplacé 12 500 compteurs en fer-blanc. De plus, 26 000 compteurs ont été assujettis à l'inspection gouvernementale. Un programme intensif d'entretien préventif pour tous ces appareils à grand débit a été mis en œuvre et quelque 1 125 compteurs et instruments ont été ainsi inspectés.

Un total de 79 550 mètres de conduites de distribution et 2 400 raccordements ont été installés pendant l'exercice, dont 23 530 mètres de conduites en fonte qui ont été remplacées par 9 000 mètres de tuyaux en plastique et 13 000 mètres de conduites en acier. La compagnie a aussi mis en place 2 200 mètres de conduites de distribution pour approvisionner les installations de la centrale énergétique du site olympique.

En 1975, le gouvernement canadien commence à resserrer son emprise sur le marché de l'énergie. Il adopte une loi qui établit le prix du gaz à 85 p. cent du prix du pétrole canadien. Gaz Métropolitain s'y oppose vigoureusement. L'inflation atteint des niveaux jamais vus. Dans ce climat morose, le siège social emménage au centre-ville, dans un immeuble situé au 1155 du boulevard Dorchester Ouest, devenu depuis le boulevard René-Lévesque.

La situation des approvisionnements en gaz s'améliore, mais la compagnie est convaincue que, au cours de 1976, des réserves supplémentaires seront nécessaires pour satisfaire à la demande croissante au pays. Aussi, Gaz Métropolitain appuie-t-elle le projet de la Canadian Artic Gas Pipeline Limited qui offre de meilleures possibilités de livraisons de gaz frontalier, et ce dès le début des années 1980.

Gaz Métropolitain est toujours opposée au principe de l'indexation du prix du gaz naturel à Montréal à celui du pétrole brut à Toronto. Cette indexation soumet le gaz naturel à la concurrence du pétrole brut importé et des huiles à chauffage excédentaires qui sont souvent commercialisées à Montréal, à prix réduits. La société fait valoir ses objections aux autorités concernées chaque fois que l'occasion se présente.

Les augmentations successives des prix du gaz au cours des dernières années ont imposé aux abonnés un lourd fardeau en période de forte inflation et elles affaiblissent la position concurrentielle de l'entreprise. Toutefois, il y a un aspect positif à cette hausse des prix au puits : l'accroissement des activités de forage dans le bassin de l'Ouest canadien. Ces travaux résultent en une augmentation importante des réserves disponibles.

En juillet 1976, le gouvernement fédéral approuve la neuvième hausse du prix du gaz en trois ans. Au cours de cette période, le prix payé par Gaz Métropolitain est passé de 0,47 $ à 1,44 $ le Mpc (mille pieds cubes : 28, 317 mètres cubes), soit une augmentation de 206 p. cent. Le 1er janvier 1977, une dixième augmentation portera le coût du gaz à 1,54 $ le Mpc.

Ces hausses sont en grande partie attribuables à la politique du gouvernement fédéral qui préconise la parité du prix du gaz naturel avec celui du pétrole brut à Toronto. Gaz Métropolitain ne cesse de s'y objecter.

La Régie de l'électricité et du gaz du Québec autorise Gaz Métropolitain à recouvrer les augmentations liées aux huit requêtes de la TransCanada PipeLines, mais la société doit absorber une partie de de la dernière hausse. Depuis trois ans, les prix du gaz ont augmenté à neuf reprises. L'aspect positif de ces hausses est qu'en 10 ans le chiffre d'affaires de l'entreprise a quadruplé, atteignant 151 millions de dollars annuellement. Les profits réalisés au cours du premier semestre ont été de 7,6 millions de dollars, des gains équivalents à ceux de toute l'année 1975. Alors que l'entreprise soumet une requête à la Régie de l'électricité et du gaz pour obtenir une autre augmentation des tarifs à l'automne, un article publié dans *Le Devoir* souligne que l'augmentation de ses profits est de 153 p. cent.

Gaz Métropolitain est consciente de la nécessité de justifier ces hausses auprès du public. Elle explique que des profits élevés sont nécessaires pour intéresser de nouveaux actionnaires. Par ailleurs, selon le nouveau président, Jacques Beauchamp, tous les projets de développement de Gaz Métropolitain dépendent de l'obtention de garanties fermes quant à l'approvisionnement. Un déficit est prévisible dans le secteur du gaz au Canada d'ici trois ans et ce n'est que lorsque le gaz de l'Arctique sera devenu accessible que l'entreprise pourra développer de nouveaux marchés.

A u printemps 1976, un grand remous bouleverse aussi bien Gaz Métropolitain que certaines sphères gouvernementales. Cette tempête est provoquée par un document de travail sur l'énergie, lequel suggère d'étatiser la Golden Eagle et Gaz Métropolitain. Le rapport est présenté sous forme de «réflexions» à André Marier, économiste attaché au Conseil exécutif du Québec.

André Marier était convaincu que le Québec devait reprendre le contrôle de Gaz Métropolitain, entreprise dans laquelle la Caisse de dépôt et placement avait déjà une participation. Il arguait qu'une entreprise québécoise indépendante, à laquelle la Société québécoise d'initiative pétrolières (SOQUIP) serait asssociée, aurait une meilleure crédibilité devant l'Office national de l'énergie qu'un groupe torontois en situation d'arbitre partial. Il prétendait aussi que la SOQUIP et Gaz Métropolitain trouveraient ensemble — peut-être dans une filiale commune — les moyens de développer le marché industriel entre Québec et Montréal pour se préparer à l'arrivée éventuelle d'importantes quantités de gaz du nord ou de l'est du pays.

Mais les Jeux olympiques de Montréal mettent en sourdine les tractations politiques. Gaz Métropolitain fournit le gaz naturel pour la production de la vapeur requise pour alimenter le parc Olympique. Sa campagne publicitaire annuelle est alors axée sur la conservation de l'énergie. Un slogan proclame: «Conserver, c'est aimer, vivre et laisser vivre.»

Un conflit survient entre les dirigeants de Norcen Energy et le président Sharp. Alors que le groupe ontarien souhaite mobiliser ses capitaux pour la recherche de pétrole et d'uranium dans l'Ouest et ailleurs dans le monde, le président de Gaz Métropolitain fait campagne au profit du développement du réseau québécois. La crise se dénoue par un communiqué laconique annonçant que le président Alfred E. Sharp démissionne pour des raisons personnelles.

Un Québécois, Jacques Beauchamp, le remplace en avril 1976. Jusqu'alors vice-président administratif aux finances et à la trésorerie, Jacques Beauchamp est reconnu pour sa souplesse et sa flexibilité envers les dirigeants de Toronto qui veulent contrôler leur filiale sans trop d'opposition.

À cause de la fermeture de l'usine LaSalle Coke au printemps de 1977, Gaz Métropolitain déclare une perte de 10 millions de dollars dans son rapport annuel. Malgré ce déficit, la compagnie demande au gouvernement la permission d'étendre son réseau vers Sherbrooke, Trois-Rivières et Québec. L'autorisation est obtenue et le réseau de distribution est prolongé pour desservir d'abord Chambly et Marieville. Du côté nord, le réseau s'étend jusqu'à Saint-Eustache.

Au cours de l'année, la hausse des prix du gaz au puits suscite des activités de forage records dans l'Ouest canadien, ce qui augmente les réserves disponibles. Et afin d'assurer des réserves suffisantes à plus longue échéance, le gouvernement fédéral, à la suite d'une recommandation de l'Office national de l'énergie, approuve le projet soumis par la Foothills (Yukon) PipeLine Limited. Il s'agit de la construction d'un gazoduc qui transporterait le gaz de l'Alaska, par le sud du Yukon, à travers le Canada, jusqu'à la frontière des États-Unis. Il est aussi prévu que, si la demande canadienne l'exige, un tronçon latéral s'étendra jusqu'aux réserves du delta du Mackenzie afin de les rendre disponibles aux consommateurs canadiens.

Cette décision concorde avec l'objectif de Gaz Métropolitain qui est de garantir à long terme la disponibilité du gaz, afin de satisfaire aux besoins croissants des marchés et d'augmenter la sécurité d'approvisionnement, tout en réduisant, à plus longue échéance, la dépendance des marchés du Québec envers le pétrole étranger. Gaz Métropolitain estime que le projet approuvé par le gouvernement fédéral devrait lui permettre d'atteindre ses objectifs d'approvisionnement.

Les audiences de la Régie de l'électricité et du gaz sont nombreuses. Gaz Métropolitain demande deux hausses provisoires de tarifs qui sont approuvées respectivement en juin et en octobre. Cependant, elles génèrent des revenus inférieurs aux besoins de la compagnie.

Le programme de commercialisation de 1977 vise à améliorer l'image de la société, à stimuler les ventes d'appareils à gaz et à créer de nouveaux marchés. D'autre part, on envoie régulièrement aux abonnés des communiqués pour leur expliquer les méthodes de conservation de l'énergie et on offre aux propriétaires de maisons un programme spécial de subvention pour l'isolation thermique. Depuis 1973, le coût du gaz a plus que triplé et il faut convaincre les gens qu'il est quand même avantageux de l'utiliser.

Gaz Métropolitain inaugure aussi les fameux centres Flamme bleue où on trouve les plus récents appareils à gaz. Le premier de ces centres est installé dans le hall du siège social de Gaz Métropolitain, rue du Havre.

Parallèlement à ce programme de commercialisation, la compagnie termine deux importants prolongements de son réseau en 1977 : l'un pour desservir Les Trempeurs d'Acier du Québec, à Saint-Eustache, et l'autre pour approvisionner Les Industries Ivaco, à Marieville. Ces deux entreprises, autrefois utilisatrices de propane, consommeront annuellement quelque 10 500 000 mètres cubes. Le prolongement vers Saint-Eustache assure la disponibilité du gaz dans le secteur du parc industriel de Mirabel, alors que celui vers Marieville fournit à la compagnie l'occasion de desservir de nouveaux clients dans cette région, notamment à Chambly. Seize kilomètres de conduites principales ont été nécesaires pour raccorder Marieville, et huit kilomètres pour amener le gaz naturel dans la région de Saint-Eustache. Grâce à ces deux réalisations, Gaz Métropolitain a pu étendre son réseau. Pour Les Industries Ivaco seulement, son territoire a été agrandi de 72 kilomètres carrés.

Cette même année, du gaz naturel liquéfié a été exporté, entre autres à la Columbia Gas of Pennsylvania et à la New Jersey Natural Gas.

Gaz Métropolitain entre ainsi progressivement dans une ère nouvelle. Un événement allait confirmer le changement.

LA FIN
D'UNE ÉPOQUE

CHAPITRE 12

En route vers son bureau, le président de Gaz Métropolitain, Jacques Beauchamp, remarque que les pommiers sont en fleurs. C'est le 18 mai et le printemps de 1977 est hâtif. Un petit éclair de joie chasse ses sombres pensées. La décision est prise mais il faut la communiquer sans créer de remous. Très sensible, le président n'aime guère les mauvaises nouvelles, ni, surtout, les annoncer.

Pourtant, il ne doute pas que ce soit la seule décision possible. Les experts sont catégoriques. L'usine LaSalle Coke est bien en dessous des normes de sécurité. Un accident peut survenir à n'importe quel moment et il lui serait insupportable d'avoir la mort d'un travailleur sur la conscience. Toutes les avenues ont été explorées. On a même dépensé quelques millions de dollars au cours des derniers mois pour rénover les installations. Mais plus les travaux avancent, plus on se rend compte du mauvais état de l'usine.

Lorsqu'il sort de l'ascenseur, à 7 h 30, Jacques Beauchamp entend la sonnerie du téléphone dans son bureau. Sa secrétaire n'est pas encore arrivée et il accélère le pas. Il devine sans peine qui veut lui parler à cette heure matinale. Il décroche le combiné et tourne le dos à la fenêtre, car le soleil qui pénètre dans la pièce l'éblouit.

«*That's exactly what I think*», dit-il après avoir écouté le monologue du président de Norcen Energy. Il est en quelque sorte soulagé. La décision est finale et on lui dicte même la façon de l'annoncer. Évidemment, on lui demande de l'assumer entièrement et de la présenter comme étant la sienne. Cette fois, il n'est pas contrarié car il l'approuve entièrement. L'usine LaSalle Coke doit être fermée sur-le-champ. Les études d'ingénierie démontrent clairement l'impossibilité d'envisager la continuation de l'exploitation de l'usine tout en maintenant des normes de sécurité adéquates. On ne peut plus y garantir la sécurité des employés.

Tout à coup surgit à sa mémoire les circonstances de la mort d'Alcide Dubord, en 1974. Ce tragique accident à l'usine LaSalle Coke avait remis en cause la politique de la compagnie en matière de sécurité au travail. Malgré les mesures supplémentaires adoptées depuis, seule la chance a fait qu'aucune perte de vie n'ait été déplorée au cours des années. Il ne faut pas provoquer davantage le destin.

Il s'assoit, la tête entre les mains, et essaie de se concentrer sur l'horaire de la journée. Quand il relève la tête, sa secrétaire est devant lui. Il est surpris, car habituellement on l'entend venir de loin, juchée sur des talons à donner le vertige. «C'est une bonne personne», se contente-t-il de répliquer quand les vice-présidents s'étonnent des manières plutôt rudes de Georgette qui confond souvent son rôle avec celui d'un gardien de sécurité.

Aujourd'hui, elle aura toute liberté pour disposer des appels. Le président ne veut pas prendre le risque d'avoir à parler aux journalistes. Du moins, pas maintenant. Il doit d'abord rencontrer ses vice-présidents. La réunion est prévue pour 9 h et Jacques Beauchamp trouve le temps bien long d'ici là. Il ne manque pas de travail mais il veut d'abord se libérer du poids de cette mauvaise nouvelle qui lui noue la gorge. Il prie sa secrétaire de convoquer le directeur de l'usine LaSalle Coke. Le président de Norcen Energy croit que celui-ci est sans doute le mieux placé pour faire part de la nouvelle aux employés de l'usine.

Jacques Beauchamp jette un dernier coup d'œil sur le rapport des experts américains. «L'état du tuyau collecteur des gaz [...] présente un danger à cause de la condition lamentable de la structure. Les coulisses de gaz dans les lignes d'alimentation de la batterie sont excessives et peuvent représenter un risque d'explosion. La fondation de la batterie est dans un tel état qu'il est impossible de prévoir pendant combien de temps encore elle pourra supporter les fours. On ne peut nier une possibilité d'explosion et d'écroulement de la batterie.» Telles sont les conclusions des experts. Le président les connaît par cœur. Toute la nuit, une à une, elles lui ont traversé l'esprit alors qu'il cherchait en vain le sommeil.

Le 19 mai 1977, les journaux reprennent mot pour mot le communiqué de Gaz Métropolitain annonçant la fermeture définitive de l'usine LaSalle Coke. La nouvelle n'occupe qu'un maigre espace dans les pages intérieures des quotidiens. Cette attitude de la presse rassure le président Beauchamp qui pourra affirmer à ses patrons, preuves à l'appui: mission accomplie.

La nouvelle ne provoque aucun remous puisque, du même coup, on annonce que les deux tiers des employés seront intégrés dans l'entreprise. La décision est même tout à l'honneur de Gaz Métropolitain car elle est essentiellement basée sur des problèmes de sécurité pour les employés.

Les activités de l'usine étaient rentables. En fait, c'est à cause des profits tirés du coke que Gaz Métropolitain a réussi à traverser sans trop de mal plusieurs années difficiles.

147

'usine de LaSalle Coke a été construite en 1928, au bord du canal de Lachine, rue Saint-Patrick, à LaSalle, par la Montreal Coke & Manufacturing Company pour produire du gaz manufacturé destiné à l'éclairage, à la cuisson et au chauffage dans toute la région métropolitaine.

La technique de production du gaz est la suivante : de grandes quantités de charbon sont chauffées à 1 093 °C dans des fours géants, libérant ainsi le gaz. La température est maintenue une trentaine d'heures et afin d'en extraire tout le gaz, on arrose le charbon. Environ 22 700 litres d'eau sont nécessaires pour le saisir, et la colonne de vapeur qui s'échappe de la cheminée est visible de partout à Montréal. Le gaz manufacturé est ensuite emmagasiné dans l'un des deux immenses réservoirs. Résidu de cette distillation, le coke domestique est vendu pour le chauffage des maisons comme un substitut économique du charbon.

Pendant les années 1940, l'usine LaSalle Coke produit à plein rendement pour satisfaire aux besoins créés par la Deuxième Guerre mondiale. Ses 72 fours fonctionnent de façon ininterrompue, 24 heures sur 24.

Après la guerre, la demande pour les produits domestiques de l'usine LaSalle Coke baisse considérablement. Lorsque la Corporation de gaz naturel du Québec achète l'usine en 1957, le chauffage à l'huile fait déjà concurrence au charbon et au coke. L'usine abandonne graduellement sa production de coke domestique. Le nombre d'employés, environ 375 pendant la Deuxième Guerre, passe à moins de 250. Autre facteur défavorable : les installations, qui n'ont jamais été rénovées, sont en très mauvais état. Durant toutes ces années d'activité intense, on arrive à peine à suffire à la demande. Il est donc impensable de restreindre la production pour effectuer des travaux destinés à assurer la longévité des fours.

Lorsqu'on remplace le gaz manufacturé par le gaz naturel de l'Ouest canadien, des réajustements sont nécessaires. L'usine oriente alors ses activités vers la production de coke destiné aux fonderies et aux industries chimiques. Et le gaz résultant de la production du coke est recyclé pour chauffer les fours et augmenter encore la production de coke.

La transition est facile. Le coke, produit secondaire de l'usine à ses débuts, en est maintenant le produit principal. La fermeture d'une cokerie ontarienne fait affluer les commandes à l'usine LaSalle Coke et, en 1960, les ventes augmentent de 33 p. cent. L'excellent rendement de l'usine aidera la Corporation de gaz naturel du Québec à traverser la décennie.

On ajoute 16 nouveaux fours pour répondre à la demande sans cesse croissante pour le coke métallurgique. La production annuelle de l'usine atteint 218 400 tonnes métriques de coke, sans compter les autres sous-produits tels le goudron et l'huile légère.

Le coke métallurgique est un matériau solide qui contient un volume d'environ 92 p. cent de carbone. On l'appelle aussi coke industriel et coke de fonderie. L'usine de LaSalle est seule à le produire au Canada. Elle importe le charbon, sa matière première, des États-Unis où elle vend ensuite plus de 75 p. cent de la production destinée à l'exportation. Un mélange de trois sortes de charbon du Kentucky et de Virginie permet d'obtenir un coke de qualité supérieure, offert à un prix compétitif.

Le coke de fonderie constitue un élément essentiel pour la production de la fonte qui sert à fabriquer des moteurs, des boîtiers de transmission et des bornes-fontaines. L'usine alimente les industries du Québec, de l'Ontario et des provinces maritimes. Parmi ses clients, elle compte les grands constructeurs automobiles et agricoles, dont Ford, General Motors et Massey-Ferguson.

Les conditions de travail des employés sont pénibles, à cause des vapeurs de la distillation. Leur santé est menacée, mais c'est surtout leur sécurité qui donne les plus grandes inquiétudes à la direction et au syndicat.

Les inconvénients causés par la pollution engendrée par l'usine sont dénoncés de plus en plus violemment par les groupes de citoyens vivant dans ses environs. De tout temps, les usines de coke ont créé des problèmes d'environnement, mais ils deviennent de plus en plus aigus à LaSalle.

En 1972, à la suite de pressions extérieures, Gaz Métropolitain entreprend des travaux de restructuration pour améliorer l'efficacité des installations. Des sommes importantes sont investies afin de réduire les nuages de fumée qui émanent des cheminées. Les modifications apportées à l'usine et aux méthodes d'exploitation contribuent à réduire la pollution tout en augmentant son rendement. Combinées à un nouveau programme de mise en marché du coke, ces améliorations produisent un remarquable accroissement des ventes.

Mais il reste encore beaucoup à faire. En 1974, on commande des études sur les moyens de perfectionner et de moderniser, à longue échéance, toutes les installations de l'usine.

La même année, le prix du charbon augmente considérablement lorsque des problèmes de relations de travail en perturbent la production aux États-Unis. De plus, une grève des transporteurs des Grands Lacs oblige LaSalle Coke à importer le charbon par chemin de fer pendant quelque deux mois, ce qui augmente considérablement les frais de manutention et de transport.

Alors que les affaires sont à la baisse, les pressions reprennent avec vigueur l'année suivante pour que l'usine diminue son action polluante. Mais en 1976, en dépit de la vive concurrence des producteurs de coke américains, on connaît un important accroissement des ventes de coke de fonderie. À la fin de l'année, lorsque les usines américaines haussent leur prix, la position concurrentielle de LaSalle Coke s'en trouve encore améliorée.

La deuxième phase du programme de reconstruction des fours débute en avril 1977. À mesure que leur démolition progresse, il faut réviser les étapes et l'importance des travaux. Il s'avère que l'état des fondations de la batterie est encore plus mauvais que les études initiales l'avaient prévu. La condition des briques sous les fours est telle qu'il est nécessaire, dès le début de la reconstruction, de tout démolir jusqu'au plancher de ciment sur lequel la batterie a été construite.

Gaz Métropolitain a déjà investi plusieurs millions de dollars dans la rénovation, mais cette mise de fonds importante ne semble pas devoir résoudre tous les problèmes.

Au début de mai, l'incertitude créée par la condition des briques enlevées au cours des travaux amène à demander une expertise. Les spécialistes sont unanimes : l'état des installations constitue un risque réel pour la sécurité des travailleurs.

Le jour même de la remise du rapport, les dirigeants décident de fermer l'usine. Mais même l'arrêt des fours représente un danger potentiel à cause de la forte détérioration de la batterie et des nombreuses coulisses dans la tuyauterie d'alimentation et de collection de gaz. Une procédure d'arrêt des activités de l'usine est préparée par le personnel technique, en collaboration avec un groupe d'experts.

La date du 26 mai est retenue pour le compte à rebours : les dernières charges de charbon sont mises dans les fours. Le lendemain, à 10 h 25, on fait la dernière poussée qui marque l'arrêt définitif des opérations de l'usine LaSalle Coke. Ainsi s'achève une production qui n'a jamais été interrompue pendant 50 ans. Mais, depuis quelque temps déjà , l'usine ne fonctionnait plus qu'à 60 p. cent de sa capacité à cause de la vétusté des fours et des autres installations connexes.

Avant de démolir les deux réservoirs qui servaient à emmagasiner le gaz manufacturé, on doit procéder à la purge du gaz combustible qui s'y trouve. Pour ce faire, un gaz inerte est introduit à l'intérieur des réservoirs pour pousser le gaz combustible vers un brûleur installé tout près des réservoirs. Quatre préposés au service se relaient 24 heures sur 24, sept jours par semaine. Lorsque le brûleur s'éteint, le 12 août, la purge est complétée. Reste maintenant à disposer des 42 millions de litres d'eau qui assurent l'étanchéité des deux réservoirs. Un lac artificiel est creusé pour épurer chimiquement l'eau, qui contient des produits polluants, avant de la déverser dans les systèmes d'égout.

Les endroits dangereux sont ensuite barricadés tandis que l'équipement et les matériaux utilisables sont vendus aux enchères. Toutes les livraisons de charbon avaient été arrêtées dès l'annonce de la fermeture et tous les clients de l'usine LaSalle Coke ont reçu l'aide nécessaire pour trouver d'autres sources d'approvisionnement. L'usine, à l'exception de la tour qui était utilisée pour le chargement des navires, sera démolie au cours de l'année.

Les travailleurs de l'usine LaSalle Coke avaient un esprit d'équipe formidable qui les avait toujours aidés à vaincre les difficultés. Ils étaient aussi très fiers de leur produit; le coke fabriqué à LaSalle était reconnu comme le meilleur de l'industrie. Ensemble ils avaient mené de dures batailles syndicales. Ces luttes n'ont pas été vaines car elles ont grandement amélioré leurs conditions de travail et, lors de la fin des opérations, plusieurs employés ont pu profiter d'une sécurité d'emploi garantie par certaines clauses de la convention collective.

Au moment de la fermeture, l'usine LaSalle Coke compte 244 employés. Gaz Métropolitain participe à un comité de reclassification formé pour une période d'un an, sous l'égide du ministère du Travail, pour assurer la réinsertion sur le marché du travail des employés mis à pied.

D'autres comités sont créés pour préparer et faciliter l'intégration de plusieurs travailleurs aux activités de Gaz

Métropolitain. Par exemple, tous les employés appelés à travailler pour Gaz Métropolitain assistent à une semaine d'orientation. Ils ont aussi l'occasion de faire des stages dans différents services avant d'être assignés à un poste de travail régulier.

Résultats: 46 employés à l'heure acceptent une retraite anticipée qui leur garantit 75 p. cent de leur salaire jusqu'à la retraite effective. Trente-trois employés de l'administration sont intégrés à celle de Gaz Métropolitain. Soixante-huit travailleurs sont mis à pied; d'autres sont intégrés au secteur des opérations du gaz après une période d'orientation qui s'est poursuivie tout l'été. Sept ont démissionné.

Cependant, pour les travailleurs manuels, l'adaptation a été longue et difficile. Émile Marleau, qui a œuvré à l'usine LaSalle Coke pendant 30 ans, la décrit dans ses mots: «Nous avions l'habitude de travailler dans une usine où le charbon remplissait le paysage. Certains d'entre nous ont été transférés à l'usine LSR. Ce fut un gros choc. Nous sommes partis du noir du charbon pour arriver dans un milieu blanc où tout l'équipement moderne était parfaitement astiqué. C'était ennuyant; on n'avait pas l'impression de travailler tellement c'était propre.»

UNE LONGUE ATTENTE

PARTIE IV

AU COURS DES VINGT DERNIÈRES ANNÉES,
LE GAZ NATUREL A DISCRÈTEMENT
ET PROGRESSIVEMENT FAIT SA PLACE
DANS LE BILAN ÉNERGÉTIQUE DU QUÉBEC.

ASSURER L'AVENIR

CHAPITRE 13

À l'automne 1976, le gouvernement du Québec songe à adopter une politique énergétique. Le prix du pétrole est à la hausse, et pendant cette seule année, le Québec importera pour plus de deux milliards de dollars d'hydrocarbures.

La province doit absolument se doter d'une politique énergétique cohérente pour planifier ses investissements. Les gouvernements des 20 dernières années ont soutenu le développement des ressources hydroélectriques et la fièvre des barrages, génératrice d'emplois, leur a parfois fait oublier l'existence d'autres sources d'énergie. Le temps est venu de réévaluer toutes les ressources disponibles pour donner à chacune la place qui lui revient et assurer aux Québécois l'énergie dont ils ont besoin, au meilleur coût possible.

Depuis le début des années 1970, l'embargo pétrolier des pays membres de l'Organisation des pays exportateurs de pétrole (OPEP) a fait prendre conscience au monde industrialisé d'une pénurie possible des ressources énergétiques non renouvelables. Cet éveil a donné lieu à une révision à la hausse des prix du gaz naturel et du pétrole canadiens. Il a aussi eu pour conséquence d'accélérer la mise en valeur de nouvelles réserves d'hydrocarbures destinées à réduire la dépendance canadienne à l'égard des approvisionnements étrangers. Plusieurs autres mesures ont été prises pour favoriser la conservation de l'énergie.

Cette politique a entraîné une certaine stabilisation de la demande énergétique et amélioré sensiblement la situation de l'approvisionnement en gaz naturel. Alors qu'au début des années 1970 on anticipait une pénurie des livraisons canadiennes de gaz naturel, il y a maintenant d'importants surplus par rapport à la demande.

Au cours des mois qui suivent le nouvel acte de foi du gouvernement, les principaux acteurs de la scène énergétique sont invités à se faire entendre devant les membres d'une commission parlementaire. Gaz Métropolitain veut démontrer dans son mémoire que l'expansion du réseau de gaz naturel est nécessaire, voire indispensable, et qu'elle est l'entreprise de distribution la mieux placée pour réaliser cette expansion.

Dans un contexte d'inflation et de confrontation fédérale-provinciale, la première partie du livre blanc du ministre de l'Énergie, Guy Joron, est publiée le 20 décembre 1977. Alors qu'on s'attendait à des propositions concrètes et à un portrait de l'avenir énergétique du Québec, on n'y trouve qu'une évaluation de la situation passée et présente. Le ministre Joron consacre les trois premiers volumes du livre blanc à une description de l'évolution historique de l'utilisation de l'énergie et à l'énoncé des problèmes actuels, lesquels sont en grande partie attribuables au fait que les Québécois importent 78 p. cent de l'énergie qu'ils consomment. D'où l'importance de prendre les moyens pour réduire ces importations massives d'hydrocarbures dans un proche avenir. La deuxième partie traitant des politiques paraîtra plus tard.

Pressé par les journalistes de préciser la position du gouvernement, le ministre Joron déclare que les grandes orientations futures se dégagent «implicitement» de l'analyse. Selon lui, il est évident qu'il faut miser le plus possible sur les ressources québécoises et diversifier les approvisionnements. En termes concrets, cela signifie un développement accéléré de toutes les énergies renouvelables, particulièrement l'hydroélectricité, et aussi un recours plus important au gaz naturel de façon à remplacer progressivement le pétrole.

Le ministre québécois insiste sur la faible marge de manœuvre dont disposent les provinces à cause des interventions fédérales dans le domaine de l'énergie. Puisque le prix du gaz au Québec est fixé par Ottawa, le ministre peut difficilement mettre en place les programmes qui favoriseraient son utilisation.

Le livre blanc contient aussi quelques énoncés surprenants. Par exemple, le ministre Joron y déplore que les Québécois ne se chauffent plus au bois malgré les immenses ressources forestières de la province. Bref, c'est un document que les journalistes qualifient de «nébuleux» et qui laisse tout le monde sur son appétit.

La parution de la partie maîtresse du livre blanc, celle qui énoncera les grandes lignes de la politique énergétique du Québec, est reportée de mois en mois; finalement, en juin 1978, le ministre dépose un document intitulé *Assurer l'avenir* qui orientera l'action du gouvernement québécois au cours des prochaines années.

Pour la première fois dans son histoire, le Québec porte un véritable intérêt au gaz naturel et entend tout faire pour qu'il remplace le pétrole. Pour réaliser cet objectif, le gouvernement envisage de supprimer la taxe de vente provinciale qui frappe les consommateurs de gaz naturel. Une pénétration plus grande du gaz dans le marché québécois paraît normale et les études laissent présager que de 1978 à 1990 la consommation de gaz naturel pourrait doubler.

La politique énergétique gouvernementale reconnaît les attributs de fiabilité, d'efficacité et de propreté du gaz naturel et le considère comme un agent favorable à l'implantation d'industries. Le gouvernement est aussi conscient de la nécessité de développer l'infrastructure gazière pour rendre cette source d'énergie accessible au plus grand nombre possible de consommateurs. Il suggère donc que le gazoduc de l'Ouest canadien, qui s'arrête à Montréal, soit prolongé vers l'est du Québec, et qu'il comporte plusieurs embranchements qui pourraient desservir tout le territoire de la province. Un autre volet de la politique du secteur gazier prévoit la construction d'un terminal méthanier à Gros-Cacouna ainsi que la mise en place éventuelle d'un nouveau réseau vers le marché américain.

Le raisonnement du ministre Guy Joron est cohérent. Les infrastructures qui serviront à répondre à la demande locale pourront aussi assurer le transit du gaz de l'Ouest vers les marchés de l'est du Canada et des États-Unis.

Le gouvernement du Québec souhaite aussi que le prix du gaz, qui est alors établi à 85 p. cent de celui du pétrole, soit ramené à 65 p. cent dans les nouveaux marchés que fera naître le prolongement du gazoduc dans l'axe Montréal-Québec.

Les dirigeants de Gaz Métropolitain se déclarent « plus que satisfaits » des intentions du gouvernement d'augmenter de 6 à 12 p. cent la part du gaz naturel dans le bilan énergétique de la province. « Nous attendions un tel document depuis 10 ans et nous sommes heureux de voir que nous n'avons pas prêché dans le désert», déclare le président Jacques Beauchamp. Selon le livre blanc du ministre Joron, la franchise que détient actuellement Gaz Métropolitain permettrait d'alimenter 60 p. cent de l'activité industrielle qui, principalement à cause de sa concentration géographique, représente une cible de choix pour l'application des objectifs du gouvernement.

Pour Gaz Métropolitain, l'augmentation de l'utilisation du gaz naturel représente un défi intéressant dont l'objectif est une plus grande participation aux besoins énergétiques de la province. Son président y entrevoit une nouvelle répartition du marché de l'énergie. «La perspective d'un rôle plus important pour le gaz naturel comme source d'énergie pour le Québec est à la fois une occasion et un défi depuis longtemps attendus», proclame-t-il.

Depuis sa fondation en 1957, Gaz Métropolitain est devenue une entreprise hautement automatisée, dotée d'installations de stockage perfectionnées et d'un réseau de distribution dont l'étendue est passée de 1 488 km en 1957 à plus de 2 500 km en 1978. La compagnie dessert 56 municipalités. Le nombre d'abonnés industriels, de 38 qu'il était en 1957, dépasse maintenant 1 400.

L e gouvernement fédéral exprime plusieurs réticences à l'égard du document *Assurer l'avenir*. Il croit qu'un rapport fixe entre le prix du pétrole brut et celui du gaz ne lui donnerait pas assez de souplesse pour établir les prix, accroître son marché ou créer de nouveaux débouchés à l'est de Montréal. De plus, tous les experts sont unanimes à prédire que la venue du gaz naturel à l'est de la ville mettrait en danger l'équilibre économique de son complexe pétrochimique.

Le scepticisme de l'Office national de l'énergie envers le prolongement du gazoduc favorisé par le Québec est fondé sur des considérations économiques. L'organisme fédéral se demande s'il ne serait pas plus rentable de favoriser la pénétration du gaz propane au Québec et dans les Maritimes plutôt que de se lancer dans l'aventure de la commercialisation du gaz naturel que l'on juge pleine d'embûches.

À Ottawa, on reconnaît toutefois que le gaz naturel est l'une des principales ressources énergétiques du Canada et qu'il est appelé à jouer un rôle de premier ordre dans l'approvisionnement du pays. Cette perspective apparaît clairement lors de la rencontre des premiers ministres au début de juin 1978. Plusieurs projets énergétiques sont présentés comme devant servir de moteur de la relance économique canadienne. Celui de la Northwest Alaskan Pipeline permettrait d'avoir accès aux approvisionnements du delta du Mackenzie et de la mer de Beaufort, et ceux de Polar Gas Limited et de Petro-Canada amèneraient aux marchés canadiens le gaz naturel des îles de l'Arctique, soit par gazoduc, soit par méthanier, après liquéfaction du gaz naturel. Enfin, un autre projet important préconise le prolongement jusqu'à la ville de Québec ou jusqu'à Halifax du gazoduc transcanadien qui dessert Montréal.

Consciente du fait que le gouvernement fédéral songe sérieusement à accroître l'importance du gaz naturel au Québec et forte des assurances du ministre de l'Énergie Guy Joron, la société met en application son programme de développement. Elle en a les moyens, car sa situation financière est excellente. Son chiffre d'affaires annuel est maintenant de 230 millions de dollars.

La Norcen Energy Resources a une autre raison d'investir dans la croissance de sa filiale. La compagnie torontoise voudrait bien se départir d'une partie de ses actions de Gaz Métropolitain. Ainsi, en augmentant ses investissements, elle rendrait sa filiale plus attrayante pour les investisseurs québécois.

Au cours des dernières années, Norcen Energy Resources consacrait des sommes de moins en moins importantes aux immobilisations. Maintenant, la compagnie compte investir 31 millions de dollars pour la modernisation et l'amélioration des services offerts par Gaz Métropolitain. Évidemment, ce nouvel intérêt coïncide avec l'ouverture du marché du Québec au gaz naturel, lequel prendra, au cours des prochaines années, une place importante dans le bilan énergétique. Cet engouement subit de la société mère pour sa filiale influence à la hausse le cours de ses actions.

Leur valeur élevée s'explique surtout par la politique des administrateurs en ce qui a trait aux dividendes. Depuis plusieurs années, une très grande partie — presque la totalité — des profits nets sont versés directement aux actionnaires. Plus encore, 80 p. cent de ces actionnaires sont ontariens. La croissance interne de la compagnie en est pénalisée car les fonds sont rares.

Cependant, depuis quelque temps, la compagnie torontoise manifeste son intention de modifier sa stratégie. La rigueur souvent manifestée envers Gaz Métropolitain par la Régie de l'électricité et du gaz pourrait être à l'origine de son désir de trouver des associés qui pourraient plus facilement plaider la cause de majorations tarifaires dont les profits n'iraient pas entièrement en Ontario.

Reste à savoir si l'arrivée d'un actionnaire, comme Hollinger Argus, propriété du financier Conrad Black, modifiera l'avenir de Norcen Energy Resources et de sa filiale québécoise.

 vec la montée du nationalisme, le mot Québec est très à la mode. Gaz Métropolitain en fait le thème de sa campagne publicitaire de 1978: «Un associé du Québec depuis plus de 20 ans». La société essaie aussi de refléter une image qui identifierait mieux les services offerts. La couleur orange étant universellement reconnue comme celle de l'énergie, la flotte des véhicules fait « carrosserie » neuve et l'orange et le bleu sont adoptés.

Les nouvelles couleurs flamboyantes et gaies ne manquent pas d'attirer les regards. Elles contribuent à projeter une image dynamique de la société qui a des répercussions positives sur les employés et le grand public. Gaz Métropolitain est une entreprise qui offre des services efficaces, mais le public l'ignore car jusqu'à présent, la société s'est tenue dans l'ombre. Désormais, elle prendra tous les moyens pour intervenir sur la scène publique.

L e réseau de distribution est prolongé tous azimuts : vers le nord, pour alimenter la nouvelle usine de construction d'autobus de General Motors, située dans le parc industriel de Saint-Eustache ; à Montréal, pour desservir la manufacture de boîtes de carton de la Compagnie Internationale de Papier du Canada, rue Sherbrooke Est, ainsi que tout le secteur industriel de Pointe-aux-Trembles dans un proche avenir. À Laval, on installe des conduites de gaz parallèlement aux autoroutes 440 et 13, à l'autoroute Papineau-Leblanc et au boulevard Saint-Martin. La récente conduite principale qui assure l'approvisionnement à Chambly et à Marieville est aussi prolongée ; construit au coût de 1 209 766 $, ce gazoduc permet d'offrir le gaz naturel aux villes de Marieville, Chambly, Richelieu et Carignan. « Gaz Métropolitain se devait de procéder à ces travaux pour satisfaire aux besoins des Industries Ivaco, dont les deux usines de Marieville convertissent actuellement leur production au gaz naturel », déclare le président Beauchamp.

Une autre construction, celle du gazoduc reliant la station maîtresse de Saint-Mathieu à Contrecœur, représente un défi de taille étant donné la longueur du parcours

— 66 kilomètres — et les nombreux obstacles, entre autres la traversée de plusieurs cours d'eau.

Phénomène de l'heure, il faut tenir compte des nouvelles tendances en matière de protection de l'environnement ; le tracé est adopté après une étude d'impact environnemental pour minimiser les répercussions écologiques des nouvelles installations.

P our atteindre l'objectif de pénétration du gaz naturel fixé par le gouvernement québécois, il est nécessaire de prolonger rapidement le gazoduc au moins jusqu'à la ville de Québec. L'Office national de l'énergie examine deux projets qui assureraient une présence accrue du gaz naturel dans la province et contribueraient à établir un meilleur équilibre de son bilan énergétique.

Le projet de la TransCanada PipeLines permettrait d'acheminer le gaz naturel jusqu'à Trois-Rivières et, éventuellement, jusqu'à Québec, Chicoutimi et Sept-Îles. Ses auteurs suggèrent d'approvisionner les provinces de l'Est par transport maritime et routier, car l'investissement nécessaire pour amener le gazoduc jusqu'à Halifax serait beaucoup trop élevé, compte tenu de la taille du marché.

La Québec & Maritimes Pipelines de Calgary — une filiale de Petro-Canada —, et l'Alberta Gas Trunk Line font une autre proposition. Leur objectif est de prolonger le gazoduc principal de Montréal jusqu'à Halifax, en passant par Québec. Cette conduite maîtresse de 1 200 kilomètres desservirait les villes de Trois-Rivières, Québec, Fredericton, Moncton et Halifax. L'offre est alléchante puisque, tel qu'il est conçu, le gazoduc permettrait l'exportation du gaz canadien vers les marchés américains.

Le marché montréalais étant pratiquement stationnaire depuis l'arrivée du gaz naturel 20 ans plus tôt, il est temps, aux yeux des producteurs de l'Ouest qui déclarent des surplus importants, de trouver de nouveaux débouchés. En outre, la mise en place d'un nouveau réseau de distribution produirait des retombées économiques importantes pour les consommateurs, les distributeurs et les producteurs. Autre avantage : les producteurs de l'Ouest seraient incités à intensifier leurs programmes d'exploration.

Pour l'Office national de l'énergie, le Québec est l'un des rares marchés dont l'expansion est prometteuse. En fait, il est le seul grand marché encore inexploité au Canada, alors qu'on se dirige à grands pas vers une surproduction. Si on exclut les provinces de l'Atlantique, la province de Québec est, par rapport au reste du Canada, celle dont le retard est le plus frappant et dont l'évolution est la plus lente. En 1958, le gaz représentait à peine 0,67 p. cent de son bilan énergétique, contre 11,8 p. cent pour l'ensemble du Canada. Au début des années 1970, la part du Québec ne représentait encore qu'un faible pourcentage — 4,8 p. cent —, tandis qu'à l'échelle canadienne la proportion atteignait près de 23 p. cent.

L'Office national de l'énergie attache une grande importance aux aspects économiques des projets qui lui sont présentés. Il ne peut ignorer que les marchés potentiels du gaz n'existent qu'à la condition que son prix et les taxes applicables ne le rendent pas plus cher que les énergies concurrentes. Or le prix du gaz naturel au Québec est réglementé par l'Office lui-même et par la Régie de l'électricité et du gaz.

Même en tenant compte du fait que la demande de gaz naturel est appelée à doubler, cette contribution accrue aux besoins énergétiques du Québec serait loin d'égaler la moyenne canadienne qui est, en 1977, de 30 p. cent, ou celle des États-Unis qui est de 41 p. cent.

Pendant que l'Office national de l'énergie étudie les projets de gazoduc, le gouvernement fédéral met en place les politiques propres à donner au gaz naturel une partie du marché dont s'est accaparé le pétrole. Encore une fois, ces politiques ont pour but de diminuer la dépendance du Canada envers le pétrole importé, d'assurer l'approvisionnement en énergie de tous les Canadiens et d'améliorer la balance commerciale.

Depuis 1975, les prévisions portant sur les approvisionnements sont optimistes. Auparavant, on redoutait une pénurie, mais maintenant la règle est aux surplus. Le combustible fossile canadien est abondant et plus facile d'accès.

Indépendamment des découvertes éventuelles ou des vastes gisements de gaz naturel dont l'exploitation exige une technologie nouvelle, les réserves prouvées excèdent largement les besoins en gaz naturel du Canada. Selon le ministère de l'Énergie, des Mines et des Ressources, l'exploitation soutenue des réserves prouvées et probables de gaz suffiront à la demande des Canadiens jusqu'au-delà de l'an 2000.

Ce constat impose une réorientation de la politique fédérale qui devra désormais favoriser la prospection de nouveaux marchés pour le gaz naturel.

Le ministre de l'Énergie, Guy Joron, rencontre régulièrement son homologue albertain. Les pourparlers portent sur un large éventail de sujets, mais visent un but commun: ouvrir au gaz naturel de l'Ouest de nouveaux marchés dans l'Est du Canada. L'objectif du ministre Joron est encore à plus court terme: doubler la consommation de gaz naturel au Québec.

Question de prix mise à part, Guy Joron espère obtenir de l'Alberta une assistance technique pour la distribution du gaz aux entreprises industrielles et aux foyers. « Ils ont une longue expérience en marketing, déclare-t-il au cours d'une interview, et nous n'en avons pas. »

Pendant que les négociations progressent entre les deux provinces, le 12 décembre 1979 le gouvernement fédéral recommande une baisse des prix du gaz afin de promouvoir les ventes. Cette décision était attendue depuis fort longtemps. Ainsi, le prix du gaz passe de 85 à 65 p. cent de celui du pétrole brut, à Toronto.

Les dirigeants de Gaz Métropolitain à Montréal sont presque euphoriques. Le gaz naturel écoulé sur les nouveaux marchés leur sera dorénavant facturé à un prix dit « incitatif ». Cette décision du ministre des Finances accorde aussi à Gaz Métropolitain la marge de manœuvre dont elle avait besoin pour entreprendre ses projets d'expansion à l'intérieur de son territoire. On entrevoit donc l'avenir avec optimisme et l'agrandissement du territoire de l'entreprise semble inévitable.

QUÉBEC INC.

CHAPITRE 14

En 1976, Gaz Métropolitain est propriété à 81,6 p. cent de Norcen Energy Resources de Toronto. La Caisse de dépôt et placement du Québec possède quelque 7 p. cent des actions de Gaz Métropolitain et des petits investisseurs québécois détiennent le reste.

Le gouvernement du Québec a déjà exprimé à maintes reprises qu'il souhaitait que les Québécois participent davantage à la gestion de Gaz Métropolitain.

Norcen Energy Resources, qui veut concentrer ses activités dans l'exploration et l'exploitation du pétrole et du gaz naturel, offre au nouveau gouvernement de se départir de sa seule filiale québécoise. Mais celui-ci, tout en souhaitant rapatrier au Québec le contrôle de Gaz Métropolitain, refuse de s'en porter acquéreur. Dans une période où il cherche à réduire ses investissements, le gouvernement espère plutôt une intervention de l'entreprise privée.

Norcen Energy Resources, qui tire des dividendes de près de cinq millions de dollars par année de sa filiale, adopte une autre stratégie. Elle choisit de diminuer progressivement sa part dans Gaz Métropolitain par le biais d'émissions d'actions dont l'achat sera réservé aux Québécois. Ainsi, le transfert du contrôle de Gaz Métropolitain pourrait s'effectuer en trois étapes successives : une première émission de deux millions d'actions est prévue pour l'automne 1977, une seconde, de deux millions d'actions, se ferait l'année suivante et une troisième, de 2,5 millions d'actions, aurait lieu à l'automne 1979, pour un total de 6,5 millions d'actions.

Le projet de vente demeure toutefois lié à l'obtention de la hausse de tarifs de l'ordre de 9 p. cent que réclame Gaz Métropolitain à la Régie de l'électricité et du gaz. Cette demande procurerait à la société des revenus additionnels de 5 819 000 $.

Hélas, en septembre 1977, la Régie de l'électricité et du gaz consent une augmentation provisoire de deux cents le Mpc (28, 317 mètres cubes), ce qui représente des revenus supplémentaires de 1,4 million de dollars seulement. Le projet de Norcen Energy Resources est dès lors remis en question. Gaz Métropolitain reporte le programme d'extension de son réseau et se voit incapable de verser des dividendes à la fin de son trimestre.

Le ministre de l'Énergie, Guy Joron, est ennuyé par la décision de la Régie, mais il refuse toutefois de faire pression sur elle.

Au début de 1979, des investisseurs québécois songent à prendre le contrôle de Gaz Métropolitain. Le groupe, dirigé par Lavalin — à l'époque un important cabinet d'ingénierie —, réunit la Caisse de dépôt et placement du Québec — qui détient déjà 7 p. cent des actions de Gaz Métropolitain —, la Banque Canadienne

Nationale, les caisses d'entraide économique et le Crédit foncier.

Encore une fois, la transaction, dont le coût est évalué entre 50 et 75 millions de dollars, est liée à diverses obligations. Les acheteurs exigent l'assurance du plafonnement des prix du gaz albertain, une modification de la loi de la Régie de l'électricité et du gaz qui leur permettrait d'exercer le monopole sur la distribution du gaz et, en troisième, lieu le prolongement du gazoduc de l'Alberta vers l'est de Montréal.

Plusieurs rencontres se déroulent entre les représentants de Norcen Energy Resources, de Gaz Métropolitain et du groupe Lavalin. Les négociations s'éternisent et, chaque fois qu'elles semblent vouloir aboutir, l'une ou l'autre des parties ajoute une nouvelle exigence.

Au mois d'août, alors qu'une entente est en vue, Norcen Energy Resources procède à une émission d'actions de Gaz Métropolitain dont le produit sert presque intégralement à la rembourser pour un prêt consenti en 1977. À cette époque, Norcen Energy Resources avait avancé près de 47 millions de dollars à sa filiale pour l'aider à financer son expansion et à amortir la perte de 10 millions de dollars encourue par la fermeture de l'usine LaSalle Coke.

Une fois ses dettes partiellement remboursées, Gaz Métropolitain est une entreprise moins attrayante aux yeux des acheteurs. Même si son chiffre d'affaires est passé de 118 millions de dollars pour le premier trimestre de 1978 à 130 millions pour la même période en 1979, les profits ont chuté de 7,1 à 5,2 millions. Cela conduit le groupe dirigé par Lavalin à revoir son offre d'achat.

ntre-temps, TransCanada PipeLines et Québec & Maritimes Pipelines ont conclu une entente de participation conjointe dans un projet de prolongement du gazoduc. Trans-Québec & Maritimes, la nouvelle société créée expressément pour ce projet, propose maintenant de prolonger son gazoduc de Montréal à Québec dans l'année qui suivra l'approbation de l'Office national de l'énergie. Dans les trois années suivantes, elle livrera du gaz dans les Cantons de l'Est, le Saguenay/Lac-Saint-Jean et l'Outaouais.

En prévision de ce prolongement du gazoduc, Gaz Métropolitain, le 20 novembre 1979, dépose une requête devant la Régie de l'électricité et du gaz du Québec en vue d'obtenir l'exclusivité de la distribution du gaz naturel partout dans la province où ce droit n'a pas encore été accordé. Ainsi, dès le 1er novembre 1980, l'entreprise serait en mesure d'étendre son réseau montréalais jusqu'aux municipalités de Saint-Jérôme, Joliette, Crabtree, Louiseville, Berthierville, Trois-Rivières, Cap-de-la-Madeleine et Saint-Jean.

Élaboré depuis plusieurs années, ce projet bénéficie de conditions très favorables en raison de la popularité croissante du gaz naturel et surtout grâce à la sécurité des approvisionnements que lui garantissent les réserves canadiennes.

«L'état de la concurrence, des approvisionnements et de l'économie ne nous a permis de prolonger notre réseau qu'en de rares occasions et c'est pourquoi nous avons concentré nos efforts dans la pénétration du territoire qui nous était octroyé», plaide la direction de Gaz Métropolitain.

Les chocs pétroliers ont exigé au Québec comme ailleurs dans le monde des rajustements significatifs de la politique énergétique et le gaz naturel semble tout indiqué pour satisfaire les nouveaux besoins.

Gaz Métropolitain a procédé à des études de marché et de faisabilité exhaustives et selon son président, Jacques Beauchamp, l'expansion des marchés gaziers au Québec sera rentable dès que la construction d'un gazoduc desservant les principaux marchés québécois sera terminée.

Le mot «expansion» est sur toutes les lèvres. Dans sa proposition, Gaz Métropolitain souligne les avantages pour le Québec de lui accorder un droit exclusif de distribution du gaz naturel pour l'ensemble de la province. La compagnie fait valoir son savoir-faire, la compétence de son personnel technique spécialisé et ses ressources financières pour en assurer la réalisation. Puisqu'elle occupe déjà une place importante dans la distribution du gaz naturel, Gaz Métropolitain affirme être la seule entreprise apte à pouvoir offrir des taux et des tarifs uniformes dans tout le marché québécois sans compromettre le développement du réseau gazier. D'autre part, Gaz Métropolitain s'engage à faire en sorte que soient optimisées les retombées économiques régionales de son projet, tant au niveau de l'emploi qu'à celui de l'achat des fournitures, des matériaux et des équipements.

Ayant fourni toutes ces assurances, les dirigeants de Gaz Métropolitain sont confiants d'obtenir la franchise des nouveaux territoires puisqu'elle devra forcément être accordée au distributeur qui offre les meilleures garanties de succès, compte tenu de son expérience en matière de distribution de gaz dans la province, des outils dont il dispose déjà et de sa capacité de minimiser les coûts et d'effectuer l'expansion des marchés gaziers dans les meilleurs délais.

C'est avec détermination et enthousiasme que Gaz Métropolitain entend relever les défis de l'expansion qu'elle souhaite depuis plusieurs années. Pour appuyer sa requête, l'entreprise lance en 1979 une campagne publicitaire qui a pour thème «Le gaz naturel, de l'énergie assurée».

La perspective de l'expansion du réseau à travers toute la province fait monter la valeur des actions de la compagnie qui, après plusieurs années de stagnation autour de 5 $, se transigent maintenant à plus de 7 $.

Cependant, Gaz Métropolitain n'est pas la seule à convoiter le marché québécois. Gaz Inter-Cité Québec, une filiale de Inter-City Gas Limited de Winnipeg, veut aussi obtenir la distribution exclusive du gaz naturel, car elle prétend que Gaz Métropolitain doit se limiter à la région de Montréal où il existe encore un grand marché potentiel à développer. Gaz Métropolitain rétorque qu'elle a déjà acquis l'expérience requise dans la région montréalaise, alors que Gaz Inter-Cité soutient qu'il serait plus avantageux pour les consommateurs d'avoir deux distributeurs au Québec.

Gaz Inter-Cité prévoit investir quelque 25 millions de dollars dans la mise sur pied d'un réseau gazier qui couvrirait le territoire québécois situé à l'extérieur des limites de la concession de Gaz Métropolitain (Montréal et ses banlieues).

Les négociations entre le groupe dirigé par Lavalin et Norcen Energy Resources sont de nouveau rompues, car les deux interlocuteurs ne peuvent s'entendre sur la portion de la dette de Gaz Métropolitain que les acheteurs devraient assumer à court terme.

Gaz Inter-Cité ayant accès au financement de Inter-City Gas de Winnipeg se dit prête à acheter Gaz Métropolitain.

En mai 1980, les autorités fédérales approuvent le prolongement du gazoduc transcanadien à l'est de Montréal. Cela force le règlement rapide de la question de la distribution. Après de multiples discussions et des tractations conduisant à la participation de SOQUIP, Gaz Inter-Cité se voit accorder la concession convoitée.

La déception est grande chez Gaz Métropolitain et chez les membres du groupe Lavalin qui n'avaient pas encore perdu espoir d'en arriver à une entente avec Norcen Energy Resources. Depuis le début des négociations, ils avaient pris pour acquis que le gouvernement provincial accorderait le nouveau territoire de distribution à Gaz Métropolitain. Ce revirement les laisse stupéfaits.

Cette décision indique-t-elle que le gouvernement du Québec est en train de réviser entièrement le volet gaz naturel de sa politique énergétique? C'est une question que ne manquent pas de poser les journalistes.

Dans le document *Assurer l'avenir*, le ministre Guy Joron préconisait l'attribution d'une seule et unique concession gazière pour tout le territoire de la province et il souhaitait qu'elle soit accordée à une société québécoise.

Norcen Energy Resources, qui fait toujours partie de l'empire industriel du financier Conrad Black, garde le contrôle de Gaz Métropolitain malgré la réduction de sa participation à 49 p. cent. Elle vient de vendre pour 26 millions de dollars d'obligations, portant intérêt à 12 p. cent, à un groupe d'investisseurs québécois institutionnels non identifiés.

Vers la fin de 1980, la Caisse de dépôt et placement du Québec — qui détenait jusqu'alors 7 p. cent des actions — prend le contrôle de Gaz Métropolitain en faisant l'acquisition de titres comportant des droits de vote, tout en cédant des actions à SOQUIP au cours de la même transaction.

Cette transaction de 55 millions permet à Norcen Energy Resources et au groupe dirigé par le financier torontois Conrad Black de se départir complètement de leur filiale québécoise. Elle modifie grandement l'échiquier énergétique du Québec. Dès lors, le principal enjeu sera celui de l'intégration du gaz naturel et de l'hydroélectricité qui se disputent présentement le terrain laissé vacant par le retrait graduel du mazout pour le chauffage des maisons.

Le nouveau ministre de l'Énergie et des Ressources, Yves Bérubé, affirme qu'il est important de faire passer sous contrôle québécois le réseau de distribution de gaz naturel car, avec le prolongement du gazoduc, cette source d'énergie devient un service public. De son côté, le président de la Caisse de dépôt et placement du Québec, Jean Campeau, est persuadé que cet investissement sera rentable au cours des prochaines années.

Entre-temps, le gouvernement doit mettre en place la structure de contrôle de Gaz Métropolitain. Le ministre Yves Bérubé déclare à l'Assemblée nationale que plusieurs options sont ouvertes.

LE DÉFI DES ANNÉES 1980

CHAPITRE 15

L a faible part du gaz naturel dans le bilan énergétique du Québec représente toujours une anomalie qui doit être corrigée. En maintes occasions, Gaz Métropolitain a démontré la nécessité de rétablir l'équilibre et identifié les mesures à prendre pour y parvenir. Même si certaines de ces mesures ont déjà contribué à accroître la part du gaz naturel au Québec, c'est durant les années 1980 que la plupart d'entre elles verront le jour.

L'amélioration constante de l'état des réserves canadiennes permet à Gaz Métropolitain de négocier avec ses fournisseurs des contrats d'approvisionnement d'une durée de 20 ans et des nouvelles clauses qui allègent ses obligations.

La conjoncture est favorable à l'essor du gaz naturel. Aussi, le souhait des deux paliers de gouvernement de voir d'autres formes d'énergies se substituer au mazout placent le gaz naturel au premier plan de leur politique énergétique. La publicité qui entoure ces prises de position contribue à modifier de façon positive l'attitude des consommateurs.

Gaz Métropolitain est prête à investir 35 millions de dollars au cours de la décennie pour convaincre les Québécois d'adopter le gaz naturel. Le principal argument de sa campagne publicitaire est l'abondance du gaz. Dans le climat d'incertitude qui prévaut à l'égard des approvisionnements de produits pétroliers, c'est un atout majeur.

Depuis un an, Gaz Métropolitain a mis sur pied un programme d'aide financière à la conversion au gaz naturel des appareils de chauffage. Les propriétaires d'immeubles de 10 appartements et plus, de commerces et d'industries se sont laissés facilement convaincre du bien-fondé d'un tel changement, car il était facile d'établir le rapport entre économie et investissement. Toutefois, la conversion au gaz naturel des habitations unifamiliales demeure économiquement peu attrayante, et seules des mesures gouvernementales incitatives pourraient modifier cette situation.

En ce début de décennie, Gaz Métropolitain accorde beaucoup d'importance à son image. Elle veut être reconnue comme une entreprise dynamique et bien intégrée à son milieu, car elle a compris qu'il n'est plus suffisant d'offrir un produit et des services de qualité. Il est devenu primordial de bien situer l'entreprise dans l'esprit du public, c'est-à-dire d'établir son rôle et sa sphère d'activité de façon distincte par rapport aux autres entreprises du secteur énergétique.

Et dans le but de mieux s'identifier avec le milieu qu'elle dessert, Gaz Métropolitain appuie la politique de francisation du Québec. Elle exige de la documentation en français de ses fournisseurs et collabore étroitement avec l'Association canadienne de normalisation (ACNOR) pour franciser les codes d'installation et les modes d'emploi apposés sur tous les appareils à gaz. La société est l'une des premières à mériter le certificat permanent de francisation octroyé par l'Office de la langue française.

L e prolongement du gazoduc est approuvé depuis plusieurs mois par le gouvernement fédéral mais, d'une façon inexplicable, celui du Québec piétine et tergiverse sur le tracé définitif de ce gazoduc en territoire québécois. Pourtant, le ministre de l'Énergie et des Ressources, Yves Bérubé, se dit d'accord avec la politique énergétique fédérale.

«Cette hésitation est défavorable au gaz, écrit Yvan Guay dans un éditorial de *La Presse*, le 22 octobre 1980. Plus on retarde la construction du gazoduc et de ses embranchements vers les principales régions du Québec, plus on retarde l'installation de systèmes de chauffage au gaz naturel.» Mais la principale crainte est que cette lenteur gouvernementale affecte le projet de Gros-Cacouna. Le gouvernement fédéral, déjà réticent, pense de plus en plus à installer son port méthanier dans l'une des provinces maritimes.

Le gouvernement du Québec justifie son hésitation par la difficulté des sept ministères concernés d'en arriver à s'entendre sur le tracé définitif. Il s'agit des ministères de l'Énergie et des Ressources, de l'Aménagement du territoire, de l'Agriculture, des Transports, de l'Environnement, de l'Industrie et du Commerce et des Affaires municipales.

Le ministre de l'Agriculture défend les intérêts des cultivateurs qui ne veulent pas voir passer le gazoduc sur leurs terres ; le ministre des Affaires municipales, les intérêts des municipalités ; et ainsi de suite...

Yvan Guay rappelle cependant que le gouvernement du Parti québécois a créé des super-ministères dont les titulaires ont précisément pour fonction de faire le pont entre les divers ministères pour résoudre des problèmes de ce genre. «Le super-ministre des questions économiques, Bernard Landry, devrait normalement faire la synthèse des options et des intérêts divergents et prendre une décision claire et nette.»

L e 28 octobre 1980, le gouvernement fédéral dévoile son programme énergétique lors du discours du budget et lance son programme de subvention à la conversion. Ce programme établit les prix du gaz de façon à lui conférer un avantage concurrentiel sur le mazout et prévoit des subventions pour la conversion à d'autres formes d'énergie des appareils de chauffage utilisant le mazout, et une subvention au prolongement des réseaux gaziers.

La nouvelle politique énergétique dont fait part le ministre fédéral du Revenu, Allan MacEachen, tend à «canadianiser» l'industrie pétrolière et à répartir plus équitablement le fardeau imposé par la crise énergétique mondiale.

Pour mettre sa politique en œuvre, le gouvernement fédéral tirera de nouveaux fonds des revenus générés par les hydrocarbures de l'Ouest et investira quelque 12 milliards dans de vastes projets énergétiques.

Il est prévu qu'en cinq ans le prix du baril de pétrole canadien doublera. La hausse du prix du gaz naturel sera moins rapide et se limitera à 45 cents le Mpc (28, 317 mètres cubes) pour les trois prochaines années, mais une taxe de 30 cents le mille pieds cubes est imposée immédiatement sur toutes les ventes de gaz naturel sur le marché intérieur ou à l'exportation. Cette décision permet au gouvernement d'éviter un sérieux affrontement avec l'Alberta qui s'opposait farouchement à une taxe sur les exportations. Pour sa part, le Québec évite une taxe sur ses exportations d'électricité.

Le ministre fédéral de l'Énergie, Marc Lalonde, réduit les dégrèvements fiscaux consentis jusqu'alors aux sociétés pétrolières pour l'exploration et la mise en valeur du pétrole et du gaz; ils seront restreints à certaines activités comme l'exploitation des sables bitumineux et l'exploration des régions lointaines.

La politique fédérale prévoit que les consommateurs pourront récupérer en partie leurs dépenses accrues grâce aux divers programmes énergétiques qui prônent le remplacement du mazout utilisé à des fins domestiques par d'autres formes d'énergie, dont le gaz.

La politique énergétique fédérale est favorable au Québec. Ainsi, dans le programme de remplacement du pétrole pour le chauffage, la subvention ne s'appliquera qu'à la conversion vers le gaz, la tourbe et l'énergie solaire. L'électricité en est exclue, comme le souhaitait le gouvernement de la province.

Cependant, à moyen terme, la taxe risque de ralentir la pénétration du gaz naturel dans la province.

Le programme fédéral envisage l'acquisition d'une ou plusieurs compagnies pétrolières et gazières au cours des prochaines années et il compte sur l'imposition d'une taxe spéciale sur tout le pétrole et le gaz consommés au pays pour assurer l'exploration et la découverte de nouveaux gisements. Ce programme s'inscrit dans le cadre de la politique de «canadianisation» de l'industrie pétrolière promise par les libéraux depuis plusieurs années. Le gouvernement souhaite que la participation canadienne soit d'au moins 50 p. cent dans la production du pétrole et du gaz. S'il ne cherche pas à acquérir toute cette industrie, il n'en veut pas moins le contrôle de son développement.

L'annonce des subventions fédérales à la substitution du mazout est accueillie avec enthousiasme par Gaz Métropolitain qui exprime publiquement sa satisfaction. La compagnie participe activement à l'élaboration des programmes de subventions en vue de la conversion d'appareils et du prolongement des réseaux gaziers.

Bien que certaines dispositions complémentaires n'aient pas encore été prises, Gaz Métropolitain peut dès lors entreprendre l'expansion tant attendue des marchés gaziers à l'intérieur des nouveaux territoires que le gouvernement du Québec lui octroie le 11 mars 1981, à la suite des recommandations de la Régie de l'électricité et du gaz.

Tout en entérinant la décision de la Régie de l'électricité et du gaz de partager la distribution du gaz naturel dans la province entre Gaz Métropolitain et Gaz Inter-Cité, le gouvernement prend le contrôle des deux entreprises, le 12 mars 1981, par le biais de la SOQUIP et de la Caisse de dépôt et placement.

Une entente intervient alors entre Inter-City Gas de Winnipeg et la SOQUIP en vertu de laquelle cette dernière et une autre société d'État québécoise détiendront respectivement 49 p. cent et 2 p. cent des actions de la filiale Gaz Inter-Cité.

De son côté, la SOQUIP participe à la prise de contrôle de Gaz Métropolitain en rachetant 26 p. cent des actions à la Caisse de dépôt et placement qui en possédait 56 p. cent depuis décembre 1980.

Enfin, le ministre de l'Énergie et des Ressources, Yves Bérubé, annonce que pour inciter les consommateurs à la conversion, la taxe de vente sur le gaz naturel sera abolie dès que le réseau aura atteint une certaine ampleur, probablement vers décembre 1981.

Gaz Métropolitain, dont le territoire couvre essentiellement la région de Montréal — 65 p. cent du marché —, peut maintenant englober des villes telles que Saint-Jovite, Berthierville et Cowansville, et se rendre jusqu'à la frontière ontarienne. Les autres régions du Québec, sauf le Saguenay/Lac-Saint-Jean, sont attribuées à Gaz Inter-Cité.

Comme cette dernière n'a pas encore d'infrastructures, la SOQUIP en prend le contrôle en doublant les dépenses déjà faites, soit quelque 2,5 millions de dollars investis pour présenter sa demande à la Régie de l'électricité et du gaz.

Par ailleurs, la Caisse de dépôt et placement semble intéressée à acquérir les 2 p. cent d'actions qu'Inter-Cité réserve à «une autre société d'État».

Selon le ministre Bérubé, cette prise de contrôle majoritaire de Gaz Métropolitain et de Gaz Inter-Cité par des intérêts québécois permettra de prendre les décisions au Québec et d'y effectuer 75 p. cent des achats.

Au cours des 10 prochaines années, Gaz Métropolitain et Gaz Inter-Cité prévoient investir plus de deux milliards dans l'amélioration et le prolongement du réseau de distribution. Ce projet entraînera la création de plusieurs emplois et des retombées économiques considérables.

Dans sa déclaration à l'Assemblée nationale, le ministre de l'Énergie et des Ressources fait preuve d'un très grand optimisme quant à l'avenir du gaz dans la province. Il prédit, à toutes fins utiles, un renversement des équilibres énergétiques actuels et prévoit même que le gaz naturel deviendra aussi important que l'électricité.

Certains problèmes majeurs doivent toutefois être résolus pour que l'expansion puisse se faire dans les meilleures conditions. Des mesures sont mises de l'avant pour réduire les excédents de mazout lourd, excédents liés à la pénétration accrue du gaz dans le secteur industriel québécois. Une politique de mise en marché à moyen et à long terme est établie afin de maintenir un équilibre concurrentiel entre l'électricité et le gaz naturel. De plus, certains principes et procédures réglementaires doivent être mis au point pour que le rythme de la pénétration du gaz naturel soit soutenu.

Ce contexte laisse entrevoir l'élargissement des activités de Gaz Métropolitain et commande un nouveau mode de gestion. Dans le but de desservir une plus grande clientèle, la compagnie lance Gestion 80, un projet de restructuration administrative axée sur la décentralisation. L'exploitation envisagée nécessite des investissements considérables : plus de un milliard de dollars jusqu'en 1987. La compagnie estime cependant que cet apport financier produira des retombées beaucoup plus importantes que les sommes investies.

Le projet de Boisbriand est sans contredit l'un des plus ambitieux de toute l'histoire de Gaz Métropolitain. Ce poste augmente de façon très appréciable la capacité du réseau maître de l'entreprise, car il recevra le gaz naturel du gazoduc Trans-Québec & Maritimes. Il deviendra ainsi le poste de distribution le plus important de la société en fournissant 48 p. cent de toute la capacité annuelle du réseau.

En mai 1981, l'entreprise inaugure trois centres d'exploitation pour desservir chacune des nouvelles régions : Centre, Sud et Nord. Ainsi prend forme la première phase du processus de décentralisation. La création de ces régions coïncide avec l'annonce officielle des programmes de conversion des appareils à chauffage et elle permet à la compagnie de s'adapter aux besoins des nouveaux marchés.

Chacune des régions est désormais dotée d'un plan de développement qui lui est propre :

- Dans la région Centre, les conduites de fonte sont remplacées par des conduites de plastique d'un diamètre moindre et d'une capacité supérieure. L'équipe de la région Centre a rajeuni 100 kilomètres de canalisation, dans Outremont, Westmount, Côte-des-Neiges, Notre-Dame-de-Grâce et Montréal-Nord. À la fin de l'année, cette région a recruté 5 720 nouveaux clients.

- En 1982, 155 kilomètres de nouvelles conduites sont installées dans la région Sud qui englobe désormais la ville de Saint-Jean. Plus tard, elles traverseront la rivière

Richelieu pour atteindre Iberville. Entre-temps, de nouvelles conduites sont mise en place à Longueuil, à Greenfield Park et à Valleyfield, au coût de 16 millions de dollars. L'année suivante, ces conduites atteindront Beauharnois, Châteauguay, Saint-Lambert, Boucherville, Saint-Bruno et Sorel.

- Le programme d'expansion du réseau de la région Nord prévoit que 75 kilomètres de nouvelles conduites seront en place à la fin de 1982. Joliette, à l'extrémité est du territoire sera rattachée au réseau, de même que Valleyfield à l'extrémité ouest. Entre-temps les réseaux de Laval, Dollard-des-Ormeaux, Kirkland, Beaconsfield et Pierrefonds subissent des travaux d'amélioration. Une conduite de 2,4 kilomètres est en construction pour desservir la rue commerciale de Saint-Eustache et une autre de 4,1 kilomètres se rend à Blainville. Les travaux effectués l'année suivante permettent d'assurer les services jusqu'à Berthierville, d'où les conduites se dirigent vers le nord pour atteindre Terrebonne, Mirabel et Saint-Jérôme.

Pour bénéficier des retombées du programme énergétique national, Gaz Métropolitain instaure son propre programme de subventions à la conversion pour tous les secteurs du marché. Cette décision survient au moment où Hydro-Québec annonce une hausse importante des prix de l'électricité.

UN NOUVEAU STYLE DE GESTION

CHAPITRE 16

près des années difficiles, Gaz Métropolitain atteint sa vitesse de croisière avec l'arrivée à la présidence, en mars 1982, de Jean Gaulin qui instaure un nouveau style de gestion. Dès son entrée en fonction, il annonce que le développement de Gaz Métropolitain passe aussi par l'amélioration de la gestion interne et par la valorisation du travail de chacun. Le changement ne se fera pas instantanément, mais par étapes.

Depuis sa création, Gaz Métropolitain est en crise perpétuelle. Les affrontements avec le syndicat et les grèves se sont succédé à un rythme effréné. Cette tension permanente a connu son point culminant au début de 1982 lorsque les employés payés à l'heure (CSN) ont déclenché une grève qui, pendant six mois, allait prendre les allures d'une véritable guerre de tranchées.

C'est pendant ce conflit que Jean Gaulin accède à la présidence. Il ne met pas longtemps à évaluer la situation, qu'il juge désastreuse pour l'entreprise et ses employés. Dès ses premières interventions publiques, il affirme sa volonté de mettre un terme à la guérilla que se livrent les dirigeants patronaux et syndicaux.

Le nouveau président n'hésite jamais à rendre hommage aux travailleurs. «C'est la force et l'ardeur de ses employés qui a permis, qui permet, et qui permettra à Gaz Métropolitain de relever les défis posés par sa maturation.»

Et il ne se contente pas de souligner la loyauté des employés de la première heure. Il rappelle souvent l'apport des plus jeunes qui assurent la vitalité de la société. Son attitude a une influence positive sur les travailleurs à tous les échelons de l'entreprise et sur le climat qui y prévaut. Se sentant désormais appréciés, ils redoublent d'ardeur. Les syndiqués accueillent avec enthousiasme cette ouverture d'esprit et collaborent avec les dirigeants pour instaurer un nouveau climat dans les relations de travail.

Au terme de la grève des 535 employés, qui prend fin le 25 juin 1982 — le plus long conflit de l'histoire de la société —, les dirigeants et les représentants syndicaux reconnaissent l'urgence d'instaurer de nouveaux mécanismes de négociation.

À la fin de l'année, la direction et le Syndicat des employés de Gaz Métropolitain s'engagent à participer conjointement au programme de médiation préventive du ministre du Travail. Ce programme a essentiellement pour but d'identifier les besoins de chaque partie. Grâce à une atmosphère de bonne entente et de collaboration, les groupes d'employés, les représentants syndicaux et les cadres expriment ouvertement leurs opinions et suggèrent des moyens d'assainir le climat dans l'entreprise. C'est un précédent qui marque un tournant dans les rapports entre patrons et syndiqués.

Pour la première fois, tous reconnaissent que le rôle du syndicat est, bien entendu, de faire respecter la convention collective et les droits des employés, mais aussi d'établir et de maintenir de bonnes relations avec la partie patronale. De part et d'autre, on utilise un nouveau langage qui inclut désormais les mots «suggestions», «commentaires», «ouverture d'esprit», «respect» et «dialogue», ainsi que «partenariat» et «transparence».

La médiation préventive change radicalement les perceptions tant des syndiqués que des patrons. Le respect des individus, la confiance mutuelle, l'engagement et des rapports francs laissent présager du succès de l'entreprise. Cela suppose bien sûr quelques ajustements et de nombreux efforts, mais chaque partie en ressort gagnante. Les employés sont fiers de constater que Gaz Métropolitain est à l'avant-garde, notamment en ce qui a trait à la formation de ses techniciens. Et l'activité du comité de la condition féminine force le patronat à changer quelques-unes de ses attitudes.

Fidèle à sa volonté d'entretenir un climat de travail propice au développement de l'entreprise et de ses employés, le président Gaulin rencontre, au cours de 1984, tous les employés, par petits groupes, dans leur unité de travail respective.

Des négociations très ardues se déroulent à la fin de cette même année. Une entente de principe intervient peu avant Noël, mais les syndiqués la rejettent majoritairement. Ils jugent que l'employeur n'a pas été assez généreux et demandent à leurs représentants de retourner à la table des négociations. Quelques jours plus tard, ceux-ci parviennent à une entente satisfaisante.

Au début de 1985, le Syndicat des employés de bureau, local 463, affilié à la FTQ, entreprend une campagne de syndicalisation chez Gaz Inter-Cité. Elle est cependant interrompue avant de porter ses fruits quand, en mai 1985, Gaz Métropolitain fait l'acquisition de ce distributeur et intègre la plupart des employés dans ses propres structures.

La philosophie de gestion qui prévaut à cette époque est responsable de l'excellent climat de travail. Pierre Martin, successeur de Jean Gaulin à la présidence, fait preuve du même respect envers les employés. Aussi, la dynamique des relations de travail dans les entreprises québécoises a beaucoup changé. Après les affrontements des années 1970, les dirigeants ont compris que les syndicats pouvaient jouer un rôle positif au sein des sociétés.

Cette nouvelle attitude n'élimine pas tous les conflits, mais elle garantit plus de souplesse lorsque vient le temps de faire les ajustements qui s'imposent. Même si les parties font preuve de bonne volonté pour essayer de se comprendre et de s'entendre, ce n'est pas toujours facile.

Ainsi, les négociations qui débutent en octobre 1986 avec le Syndicat des employés de Gaz Métropolitain sont longues et difficiles. Elles aboutissent cependant, en février 1987, à une entente sans que les syndiqués aient besoin de recourir à la grève. Entre autres gains, ils obtiennent de meilleurs avantages sociaux et, pour les employés temporaires, qu'ils bénéficient du même régime.

En 1988, lorsque Gaz Métropolitain licencie 85 employés non syndiqués et supprime 18 postes de cadres supérieurs — la moitié d'entre eux ont été licenciés et les autres, retrogradés — pour assouplir les structures et diminuer la masse salariale, l'opération se déroule relativement bien. Un centre de réaffectation des travailleurs mis à pied est créé pour les aider dans la recherche d'un autre emploi, et des primes de séparation, établies selon l'âge et l'ancienneté, leur sont versées.

Cette réorganisation administrative amène aussi la société à élaborer et à mettre en place une politique de main-d'œuvre pour chaque unité. Les gestionnaires de l'entreprise procèdent par la suite aux changements qui s'imposent, de concert avec les syndicats. L'efficacité de l'entreprise s'en trouve accrue.

André Caillé, qui accède à la présidence de Gaz Métropolitain au moment où l'entreprise est l'une des plus importantes du Québec, tient à donner aux employés les mérites qui leur reviennent. «Que ce soit par un milieu de travail plus adéquat, par des politiques de gestion du personnel plus humaines ou par l'implantation de techniques ou d'outillage ultramodernes, chacun de nous peut

(*En haut*) Autre épisode de la vie syndicale de l'entreprise: la fin d'un arrêt de travail; de gauche à droite, Jacques Beauchamp, J. H. Archambault et A. E. Sharp. (*Archives de Gaston Longval*)

(*En bas*)Le 16 octobre 1969, le Service de la gestion des ventes résidentielles enregistre une vente record de 313 appareils; de gauche à droite, Jacques Parizeault, le directeur du service qui comptait 26 représentants et 200 marchands associés, André Fréchette et Maurice Marcotte. Plus tôt, au cours de l'été, la Corporation de gaz naturel du Québec est devenue Gaz Métropolitain. (*Archives de Jacques Parizeault*)

En janvier 1971, une grève des
employés de bureau prend fin.
Gaston Longval et L.-P. Lamoureux
unissent leurs efforts pour faire
disparaître toutes traces de cet épisode.
(*Archives de Gaston Longval*)

Génie Gaz avait pris le relai de *Liaison*,
journal d'entreprise bilingue. En 1974,
Génie Gaz est remplacé par *Le Gazetier*.
(*Archives de Gaz Métropolitain*)

L'année 1977 représente à la fois un événement heureux,
le vingtième anniversaire de Gaz Métropolitain, et
malheureux, la fin des opérations de l'usine LaSalle
Coke, connu jadis sous le nom de Montreal
Manufacturing Gas & Company. Plus des deux tiers des
185 employés trouvèrent un poste à Gaz Métropolitain.
(*Archives de Gaz Métropolitain*) Studio O. Allard

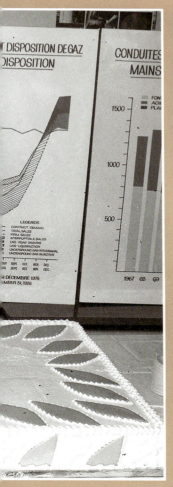

Malgré une perte de 10 000 000 $ liée à la
fermeture de l'usine de LaSalle Coke,
l'entreprise ne songe, en ce vingtième
anniversaire, qu'à l'expansion. Le ministre
des Richesses naturelles, Guy Joron, ne
peut ignorer l'importance du gaz naturel
présent déjà dans 56 municipalités de la
région montréalaise.
(*Archives de Gaz Métropolitain*)
François Rivard

Dans le hall du 1717, rue du Havre, Gaz Métropolitain installe en 1977 le premier centre Flamme bleue, programme visant à promouvoir l'emploi du gaz naturel malgré le triplement des prix depuis 1973. (*Archives de Gaz Métropolitain*)

Jean Gaulin accède à la présidence de Gaz Métropolitain en 1982, au moment où l'entreprise fête son vingt-cinquième anniversaire. (*Archives de Gaz Métropolitain*) Réjean Meloche

En 1982, Gaz Métropolitain adapte au gaz naturel 350 véhicules de son parc automobile. (*Archives de Gaz Métropolitain*)

L'arrivée en 1981 du gaz naturel à Saint-Jean-sur-Richelieu survient au moment où l'entreprise se régionalise. Un an plus tôt, la Caisse de dépôt et placement du Québec a signé une entente avec Northern & Central Gas Company afin de devenir l'actionnaire majoritaire de Gaz Métropolitain. (*Archives de Gaz Métropolitain*)

Nouvel élément de promotion du gaz naturel: Mademoiselle Génie, qui régnera pendant la semaine du gaz. En 1964, sept candidates prétendent au titre.(*Archives de Gaz Métropolitain*)

À la suite d'une réorganisation administrative, M. Pierre Martin, président et nouveau chef de la direction de l'entreprise, annonce en 1986 la création de Noverco dont Gaz Métropolitain sera une filiale à part entière. (*Archives de Gaz Métropolitain*)

Trente ans après sa fondation, 159 employés qui ont vu naître Gaz Métropolitain sont encore en service. Certains de ces pionniers ont débuté à l'usine de LaSalle Coke, d'autres à Hydro-Québec. Parmi eux, John Emrie, 44 ans de service; Lucien Lupien, 43 ans; Donald Hamel et Léopold Champagne, 41 ans; Georges Fournier, 40 ans. (*Archives de Gaz Métropolitain*) Réjean Meloche

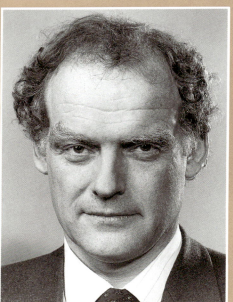

Marcel Danis (au centre), ministre fédéral du Travail et député de Verchères, annonce l'octroi d'une subvention de 6,9 millions pour la création du Centre des technologies en gaz naturel; à sa droite, Kébir Ratnani, directeur du Groupe Datech, et à sa gauche, André Caillé, aujourd'hui président et chef de la direction de Gaz Métropolitain.
(*Archives de Gaz Métropolitain*)

André Caillé est nommé vice-président exécutif et chef des opérations de Gaz Métropolitain le 23 août 1985.
(*Archives de Gaz Métropolitain*)

En 1984 débutèrent les travaux de construction du nouveau siège social au 1717, rue du Havre; dans l'attente de la fin des travaux, la direction de Gaz Métropolitain loge principalement au 32e étage du 1155, boulevard Dorchester — aujourd'hui René-Lévesque — qu'elle occupe depuis 1975. (*Archives de Gaz Métropolitain*)

Les bureaux de la région Saguenay/Lac-Saint-Jean. (*Archives de Gaz Métropolitain*)
Pierre Paradis

Les locaux du district Rouyn-Noranda. (*Archives de Gaz Métropolitain*)

Le bureau régional de la Montérégie. (*Archives de Gaz Métropolitain*)

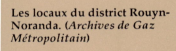

Le bureau régional de l'Estrie. (*Archives de Gaz Métropolitain*)

La région des Laurentides. (*Archives de Gaz Métropolitain*)
Photo Zoom

Région de Québec. (*Archives de Gaz Métropolitain*)

Région de la Mauricie. (*Archives de Gaz Métropolitain*)

Le plan-maître du ministère de l'Énergie et des Ressources a permis l'informatisation du plan du réseau de Gaz Métropolitain, essentiel pour son entretien, indispensable lors de travaux de construction ou d'accidents majeurs. (*Archives de Gaz Métropolitain*) AlainPagé/Alain Gaudreau

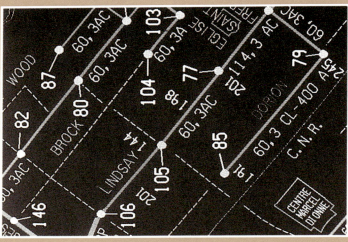

Depuis 1990, le service d'analyse de réseaux dispose d'un plan de l'ensemble du réseau de Gaz Métropolitain accessible par informatique, plan qui indique entre autres la pression dans les conduites. (*Archives de Gaz Métropolitain*) Alain Pagé/Alain Gaudreau

désormais bénéficier de ce progrès acquis à coup d'ajustements et d'expériences», déclare-t-il lors du 30e anniversaire de la compagnie.

Le 29 avril 1991, les 430 employés de bureau de Gaz Métropolitain déclenchent un arrêt de travail de 48 heures pour protester contre les dernières offres patronales et signifier leur mécontentement devant «l'intransigeance» de la direction à la table de négociation. C'est la première grève depuis près de 10 ans, c'est-à-dire depuis le long conflit de 1982.

Après des discussions qui se sont poursuivies pendant plus d'un an, le dialogue est maintenant interrompu. Les travailleurs exigent des hausses salariales supérieures à celles offertes par la compagnie ainsi qu'une formule d'indexation. Ils demandent aussi une réduction d'une heure et quart de leur semaine de travail et contestent plusieurs des modalités d'application de la grille d'évaluation des emplois que la direction tente d'instaurer.

La position de la partie patronale est fortement influencée par le contexte économique qui affecte le pays tout entier, plongé dans une crise dont on ne voit guère l'issue; ses représentants demandent au syndicat de bien vouloir reconnaître la situation. De leur côté, les syndiqués rétorquent que la société n'a qu'à puiser dans ses profits, puisqu'elle a déclaré un bénéfice net de 65 millions de dollars en 1990.

La grève des employés de bureau survient deux semaines avant le début des négociations avec les 550 cols bleus de l'entreprise. Et les arrêts de travail se poursuivent jusqu'en juillet 1991. Ce n'est qu'après de nombreuses manifestations, plusieurs débrayages et une grève de 46 heures que l'on parvient finalement à une entente.

La direction de Gaz Métropolitain qualifie cette négociation «d'incident de parcours» attribuable à la conjoncture économique puisque, au cours des dernières années, les relations ouvrières ont toujours été paisibles et harmonieuses.

UN NOUVEL ESSOR

PARTIE V

Grâce à l'expérience acquise au cours
de ces années difficiles, Gaz Métropolitain
est à même de relever les défis
qui s'annoncent à l'aube du XXIᵉ siècle.

ENFIN
LA PROSPÉRITÉ

CHAPITRE 17

Pendant que la notoriété de Gaz Métropolitain s'accroît, la consommation d'énergie ne cesse de diminuer. En 1984, elle est inférieure de 7 p. cent à celle de 1980. Et il semble bien que cette situation, qu'on a d'abord crue temporaire, risque de devenir permanente. Les campagnes et programmes de conservation d'énergie ont été efficaces et les Québécois sont maintenant conscients de la nécessité de restreindre leur consommation.

L'abolition de la taxe de vente provinciale de 9 p. cent sur le gaz naturel, le 1er janvier 1983, a incité plusieurs industries et grandes institutions à convertir leurs installations au gaz naturel et à signer d'importants contrats avec Gaz Métropolitain.

La société jouit d'une grande puissance financière dont sont conscients les fournisseurs de l'Alberta. Cet atout s'ajoute à la qualité de sa gestion; en 1984, elle déclare des revenus de plus de 730 millions et des profits de l'ordre de 33 millions de dollars.

Classée au 120e rang des grandes sociétés canadiennes par sa taille, Gaz Métropolitain vient au 90e rang pour le rendement. Cette performance dépasse même le taux de rendement — 16,1 p. cent — qu'autorise la Régie de l'électricité et du gaz.

Depuis plusieurs années, on s'interroge sur la nécessité d'une déréglementation des prix du gaz. Sporadiquement, la question fait l'objet de discussions entre les divers intervenants dans le domaine gazier, mais ils ne parviennent pas à s'entendre.

Les producteurs de gaz albertains s'y opposent car ils craignent d'être forcés de vendre leur produit moins cher. Les transporteurs, qui planifient leurs investissements en fonction de contrats à long terme — 15 ou 20 ans — avec les producteurs, redoutent un manque à gagner.

Restent les distributeurs qui, eux, appuient entièrement la déréglementation. Puisqu'ils achètent le gaz du transporteur pour le revendre au consommateur, ils pourraient faire bénéficier leurs clients de toute baisse de prix sans affecter leur marge de profit. Dans ces conditions, il n'est pas étonnant qu'ils adhèrent au projet de déréglementation.

Gaz Métropolitain fait campagne en faveur de cette politique, car elle la croit nécessaire pour augmenter la part de marché du gaz naturel, principalement dans le secteur de la rénovation résidentielle où environ 95 p. cent des nouveaux projets adoptent le chauffage à l'électricité. La déréglementation serait aussi un atout décisif pour augmenter les ventes dans le secteur industriel. Malgré les tarifs préférentiels offerts aux entreprises par Gaz Métropolitain, le gaz ne parvient toujours pas à prendre la place qui lui revient.

Le 28 mars 1985, les gouvernements du Canada et des provinces productrices d'hydrocarbures — la Saskatchewan, l'Alberta et la Colombie-Britannique — signent l'Accord de l'Ouest qui devrait favoriser la pénétration des marchés et donner un net avantage concurrentiel au gaz naturel sur les autres sources d'énergie. Cette entente entraîne notamment la disparition de certaines taxes touchant le gaz naturel et l'ensemble des hydrocarbures.

L'Accord de l'Ouest prévoit aussi la déréglementation du système de fixation des prix du pétrole et l'adoption d'un régime qui entrera en vigueur le 1er novembre 1986 et libéralisera les prix du gaz naturel. Dans cette perspective, les producteurs, les transporteurs et les distributeurs gaziers du Canada se concertent afin d'élaborer des propositions favorables à la croissance de l'industrie gazière. Gaz Métropolitain participe activement à cette démarche.

Diverses mesures sont adoptées: désormais, les distributeurs de gaz naturel pourront négocier directement avec les producteurs; de plus, la tarification tiendra davantage compte de la concurrence dans chaque région du Canada. Ainsi, partout au pays, le gaz naturel devrait pouvoir lutter à armes égales contre les autres formes d'énergie. Cette approche correspond à celle que préconise Gaz Métropolitain qui est, sans aucun doute, en bonne position pour négocier des ententes avantageuses.

Entre-temps, les prix du gaz naturel sont gelés à leur niveau du 1er juin 1985 jusqu'à l'entrée en vigueur du nouveau régime. En décrétant ce gel des prix, la ministre canadienne de l'Énergie, Pat Carney, accorde à l'industrie un délai pour lui permettre de s'adapter aux nouvelles conditions du marché, en évitant ainsi que soient pénalisés les consommateurs.

Cette nouvelle politique comportera cependant un risque. Puisque le gaz sera acheté et vendu dans un marché concurrentiel, son prix connaîtra des fluctuations parfois à la baisse, parfois... à la hausse.

Le ministre de l'Énergie et des Ressources du Québec, Michel Clair, donne l'assurance au gouvernement fédéral que «Québec fera en sorte de laisser aux consommateurs le plein montant de toutes les remises offertes par les producteurs».

Voulant profiter au maximum de la libéralisation des prix, Gaz Métropolitain resserre ses liens avec les producteurs de gaz naturel avec qui elle doit négocier directement ses conditions d'approvisionnement. Compte tenu de l'importance du coût du gaz dans l'ensemble des frais d'exploitation, il s'agit d'une excellente occasion d'améliorer la position concurrentielle du gaz naturel au Québec.

Et pour l'accroître encore davantage, Gaz Métropolitain annonce son intention de continuer à comprimer ses coûts d'exploitation. À cet égard, l'achat des distributeurs gaziers donnera aux dirigeants de la société une plus grande marge de manœuvre.

Mais l'Accord de l'Ouest n'est qu'une première étape et la véritable déréglementation mettra beaucoup de temps à se concrétiser.

La compagnie Inter-City Gas de Winnipeg, actionnaire minoritaire dans Gaz Inter-Cité, annonce son intention de se départir de ses intérêts dans la société québécoise, car elle souhaite concentrer ses activités au Manitoba et dans le nord-ouest de l'Ontario. À cette fin, elle a investi une grande partie de ses liquidités pour acquérir la Northern and Central Gas Company Limited.

Conscient des effets de la déréglementation prochaine, le gouvernement croit que le moment est peut-être venu d'entreprendre une réorganisation majeure de la distribution du gaz naturel. Le président de Gaz Métropolitain, Pierre Martin, favorise l'expansion. Ex-président de la SOQUIP, il prône depuis longtemps que seule la puissance d'une grande entreprise peut donner au gaz naturel la place qui lui revient dans le domaine de l'énergie.

L'utilisation du gaz naturel progresse rapidement au Québec. Le recul de la consommation du pétrole favorise l'électricité et le gaz qui couvre près de 15 p. cent des besoins énergétiques des Québécois, comparativement à 13 p. cent 12 mois plus tôt.

L'année 1985 marque un tournant dans l'histoire de Gaz Métropolitain. Le 7 mai, la société achète Gaz Inter-Cité du Québec, Champion PipeLine et Gaz Provincial du Nord du Québec.

Gaz Inter-Cité du Québec, créée en 1980, distribue du gaz naturel dans les régions de Québec, de la Mauricie, de l'Estrie, des Bois-Francs et du Saguenay/Lac-Saint-Jean. L'entreprise a connu de nombreuses difficultés à ses débuts, mais, au fil des années, ses revenus sont passés de 73 000 $, en 1982, à sept millions, en 1983, et ils devraient atteindre 57 millions, en 1984. La société a du mal malgré tout à pénétrer ses nouveaux marchés, surtout à cause de la concurrence d'Hydro-Québec. Ainsi, elle compte 2 500 usagers alors que ses objectifs initiaux en prévoyaient au moins 7 000. Ses clients consomment toutefois près de 90 p. cent du volume de gaz prévu, grâce notamment aux clients industriels.

Gaz Provincial du Nord du Québec, pour sa part, exploite, depuis 1966, un réseau de distribution qui alimente principalement Rouyn-Noranda et ses environs ainsi que le Témiscamingue, à partir du gazoduc de la TransCanada PipeLines que relie Champion PipeLine. Avec ces acquisitions, le réseau de Gaz Métropolitain dessert maintenant 95 p. cent du territoire québécois où le gaz naturel est disponible, c'est-à-dire tous les usagers de la province, à l'exception de ceux de la région de Hull.

Le montant de la transaction se chiffre à 75 millions de dollars, mais la plus grande partie de cette somme — 70,5 millions de dollars — est consacrée à l'achat de Gaz Inter-Cité. La transaction est financée avec les marges de crédit disponibles jusqu'à ce que la Régie de l'électricité et du gaz autorise Gaz Métropolitain à procéder, quelques mois plus tard, à une émission d'actions ordinaires pour un montant équivalent. Ces actions sont fort attrayantes puisqu'elles sont admissibles à une déduction de 100 p. cent en vertu du Régime d'épargne-actions du Québec.

Cette opération réjouit tout le monde, y compris les actionnaires qui réalisent un gain de 6 p. cent par rapport à la valeur comptable de leurs actions.

Cette transaction modifie sensiblement le paysage énergétique québécois puisque, grâce à elle, Gaz Métropolitain devient une société de « grande envergure ». Son réseau de conduites principales augmente de plus de 1 000 kilomètres d'un seul coup.

Avec des ventes qui passent de 750 millions à 900 millions et des actifs de près de 800 millions, la société est une entreprise de premier plan dans le secteur énergétique au Canada. Principal distributeur gazier au Québec, Gaz Métropolitain est le quatrième en importance au pays. Seules Consumer's Gas, Inter-City Gas et Union Gas sont plus importantes.

Gaz Métropolitain améliore donc sa position sur le marché énergétique et devient « une société plus influente » sur le marché gazier canadien au moment même où s'amorce la déréglementation de l'industrie du pétrole et du gaz.

Le regroupement résultant des acquisitions de Gaz Métropolitain permettra au gaz de faire face à la concurrence sur le marché québécois. Dans la bataille de l'énergie qui fait rage au Québec depuis quelques années — en raison des importants surplus d'électricité —, seul un distributeur gazier influent peut affronter efficacement la puissance d'Hydro-Québec.

Selon Pierre Martin, ces acquisitions aideront grandement Gaz Métropolitain dont la capacité financière et la position concurrentielle se sont améliorées. De plus, elles contribueront à la pénétration du gaz naturel dans tous les marchés. Il prévoit aussi que la part de Gaz Métropolitain dans le marché de l'énergie passera à environ 18 p. cent dans les trois prochaines années.

Avec ses revenus avoisinant un milliard de dollars en 1985 — comparativement à 4,5 milliards pour Hydro-Québec — et sa capacité financière plus importante, Gaz Métropolitain aura les moyens de financer l'expansion du réseau gazier québécois.

Afin de bénéficier le plus possible de ses acquisitions, Gaz Métropolitain intègre Gaz Inter-Cité et Gaz Provincial du Nord à sa propre structure dès le 27 septembre 1985. Quant à l'exploitation de Champion PipeLine, elle se poursuivra de façon autonome.

L'intégration est complétée par l'implantation d'une nouvelle structure administrative comprenant sept bureaux régionaux. Le siège social de Gaz Inter-Cité, à Sainte-Foy, devient l'un de ces bureaux.

Les 300 employés de Gaz Inter-Cité et les huit autres de Gaz Provincial du Nord sont incorporés au personnel de Gaz Métropolitain.

L'intégration de ces entreprises donne lieu à une rationalisation des coûts de distribution et à une uniformisation des tarifs entre les zones Est et Ouest. Ces deux mesures procurent des bénéfices évalués à plus de 10 millions de dollars annuellement.

Malgré la concurrence de l'électricité, les ventes de gaz augmentent considérablement, de même que les profits qui, en 1985, se chiffrent à 41,6 millions de dollars. Une croissance significative.

Grâce à cette intégration, Gaz Métropolitain élargit sa clientèle et réalise des économies sur le plan administratif. Ces économies lui permettront de minimiser les hausses de tarifs au cours des prochaines années tout en maintenant sa position concurrentielle vis-à-vis d'Hydro-Québec.

À l'occasion de cette transaction, la SOQUIP a conclu avec Gaz Métropolitain une entente d'approvisionnement de gaz naturel d'une durée de 15 ans.

Le fait que Gaz Métropolitain soit devenue un puissant monopole de distribution ne crée pas de véritables inquiétudes, même si le rôle grandissant de l'État dans le secteur énergétique peut surprendre, surtout à une époque où l'on favorise plutôt la privatisation et la déréglementation. Tout en faisant remarquer que ce monopole ne remplace pas un marché concurrentiel où les clients ont le choix entre plusieurs distributeurs, les économistes rappellent que la distribution du gaz, comme celle de l'électricité, impose un monopole.

L'État a un double contrôle du marché du gaz : par la Régie de l'électricité et du gaz et par sa participation indirecte au capital de Gaz Métropolitain. Sa tâche est cependant complexe du fait que le gaz et l'électricité sont en concurrence. Ces deux formes d'énergie ne présentent pas toujours les mêmes avantages et la politique des prix imposée par le gouvernement peut faire évoluer la demande dans une direction ou dans l'autre. Le gouvernement du Québec pourrait aussi avoir de fortes tentations de favoriser l'utilisation de l'électricité afin de rentabiliser les investissements considérables qui ont été faits pour le développement de la baie James.

Le gouvernement est cependant forcé de reconnaître que le gaz naturel présente des avantages très nets dans certains domaines, tel le chauffage. Il encourage donc son utilisation dans l'intérêt des consommateurs, même si les surplus d'électricité d'Hydro-Québec sont difficiles à écouler.

En novembre 1986, le président de Gaz Métropolitain déclare que la déréglementation du gaz est une mesure sans grande efficacité. «Les distributeurs n'ont ni la possibilité de faire jouer la concurrence entre les producteurs, ni celle de séparer le contrat de fourniture du gaz de celui de son transport. Le vendeur étant aussi le transporteur, il faudrait deux contrats: l'un pour la vente du gaz, l'autre pour son transport, afin de permettre à l'acheteur de faire transporter du gaz en provenance de diverses sources», déclare Pierre Martin.

Gaz Métropolitain se plaint de ne pas être en mesure de faire jouer la concurrence des producteurs puisque son principal fournisseur, et son unique transporteur, est la TransCanada PipeLines.

LA CRÉATION DE NOVERCO

CHAPITRE 18

e rythme de croissance des dernières années est exigeant pour Gaz Métropolitain. La chute dramatique des prix du pétrole, les efforts de diversification et l'adaptation aux nouvelles règles du jeu dans l'industrie du gaz font de 1986 une autre année d'ajustements rapides. La société doit maintenant consolider ses acquis. Pour ce faire, elle songe à créer une société de portefeuille.

Tout comme Bell Canada ou Canadien Pacifique, Gaz Métropolitain échafaude des projets de diversification qui l'aideraient à diminuer quelque peu le fardeau des contrôles gouvernementaux. Une société de portefeuille lui permettrait aussi de séparer clairement les activités réglementées et non réglementées, de tirer parti d'une plus grande flexibilité financière et de faire profiter les actionnaires des éventuelles retombées d'une diversification de ses activités. Elle pourrait aussi investir dans des secteurs énergétiques déréglementés et obtenir ainsi des rendements de capitaux supérieurs à ceux tirés de l'exploitation du gaz.

L'idée fait son chemin; elle sera dévoilée en mai 1986. Tous les administrateurs de Gaz Métropolitain approuvent le principe de la création d'une société de portefeuille. Mais ils doivent d'abord élaborer une stratégie efficace pour s'assurer que les actionnaires réagiront positivement envers cette nouvelle orientation de l'entreprise.

Dans un premier temps, on crée une filiale — Métro Gaz Marketing — dont les bureaux seront situés à Calgary et à Montréal. Cette entreprise devra jouer un rôle d'agent puisqu'elle achètera du gaz naturel des producteurs et le revendra à des prix très concurrentiels aux clients importants de Gaz Métropolitain. Ainsi, les industries, les hôpitaux et les universités pourront s'approvisionner directement auprès des producteurs de gaz à l'extérieur du territoire du distributeur. D'ailleurs, la société Sidbec, grande consommatrice de gaz naturel, vient de se prévaloir de cette déréglementation pour négocier de meilleurs prix avec Gaz Métropolitain.

Métro Gaz Marketing sera aussi en mesure de fournir une large part des approvisionnements gaziers de Gaz Métropolitain. Au total, on prévoit qu'elle devrait transiger des volumes annuels de quelque 850 millions de mètres cubes de gaz naturel pour atteindre un chiffre d'affaires d'environ 60 millions de dollars. Cependant, ces prévisions sont conditionnelles à l'adoption par l'Office national de l'énergie de règlements plus souples permettant un libre accès aux services de la TransCanada PipeLines.

ne dizaine de jours seulement après l'annonce par Gaz Métropolitain de son intention de créer une société de portefeuille, le conseil d'administration autorise la réorganisation de l'entreprise. C'est surtout la perspective de diversifier les activités qui rend pressante la création de Noverco. D'autant plus qu'à la suite de la chute des prix du pétrole, Gaz Métropolitain reçoit des offres de transaction chaque semaine. « Avec les prix déprimés actuels, c'est le temps d'acheter », dit le président Pierre Martin dans une allocution prononcée devant la Chambre de commerce. Comme la société veut élargir ses activités de distribution, le moment semble propice.

Gaz Métropolitain s'intéresse maintenant à l'acquisition de ressources plutôt que d'équipements de raffinage ou de distribution, même si six mois auparavant elle voulait acheter l'actif de Gulf, incluant la raffinerie de Montréal et les 675 stations-service du Québec et des Maritimes. La direction de Gaz Métropolitain avait été déçue parce que l'offre d'Ultramar avait été préférée à la sienne. Mais cela fait partie du passé, et l'avenir seul importe.

La société procède à sa réorganisation en utilisant un moyen simple qui ne comporte aucun impact financier : les actionnaires échangent leurs actions de Gaz Métropolitain contre un nombre égal d'actions de Noverco, la nouvelle société de portefeuille. Mais pour réussir cette réorganisation, la compagnie doit se conformer à la loi québécoise qui l'oblige à obtenir l'approbation d'au moins 90 p. cent de ses actionnaires.

Le 20 mai, la Caisse de dépôt et placement du Québec, la SOQUIP et IGC Utilities acceptent de déposer leurs actions. À elles seules, ces trois sociétés possèdent 40 p. cent des actions de Gaz Métropolitain.

Dans les jours qui suivent, tous les autres actionnaires reçoivent par courrier une circulaire officielle sur la réorganisation proposée, ainsi que des instructions sur la façon d'échanger leurs actions.

Le président de Gaz Métropolitain ne manque pas d'y rappeler que cette réorganisation marque une nouvelle étape dans la croissance de l'entreprise. Selon lui, la nouvelle entité, Noverco, est appelée à devenir une grande entreprise canadienne d'énergie, œuvrant dans plusieurs secteurs en plus de celui du gaz naturel.

La loi prévoit un délai de trois semaines pour l'échange d'actions, à partir de la date d'envoi de la circulaire. Si Gaz Métropolitain ne réussit pas à obtenir le minimum de 90 p. cent d'actions échangées, elle serait obligée de suspendre son projet de création d'une société de portefeuille jusqu'à l'automne et d'adopter une autre stratégie.

Le 12 juin, la direction de la compagnie est confiante de pouvoir créer sa société de portefeuille, car 82 p. cent des 34 000 actionnaires ont déjà accepté l'échange. Les particuliers qui avaient acheté des titres de Gaz Métropolitain dans le cadre du Régime d'épargne-actions du Québec — et dont les actions étaient sous la garde de leurs courtiers — ont presque tous accepté l'offre qui leur était faite.

Cependant, il ne reste que quatre jours pour obtenir l'adhésion des détenteurs des 8 p. cent d'actions manquantes, soit avant minuit le 16 juin. La société fait appel à toutes les ressources du milieu financier.

Le plus difficile est de convaincre les milliers de petits actionnaires qui détiennent environ 18 p. cent des actions en circulation. Gaz Métropolitain doit persuader au moins la moitié d'entre eux de prendre quelques minutes pour trouver leurs actions et les déposer à temps. Très souvent, ces détenteurs ne sont guère familiers avec les rouages de la finance et ne comprennent pas très bien que le transfert de leurs actions pour des titres de Noverco est avantageux. Le défi est de taille et Gaz Métropolitain doit déployer des efforts considérables pour réussir à acquérir les actions manquantes.

Pierre Martin vante sur toutes les tribunes les bénéfices de cette restructuration, car, en se diversifiant dans des activités énergétiques déréglementées, affirme-t-il, l'entreprise pourra obtenir un rendement supérieur à celui qu'autorise la Régie de l'électricité et du gaz.

Finalement, Gaz Métropolitain réussit son « opération Noverco »; elle lui aura coûté quelque 1,5 million de dollars. Le 17 juin, 96 p. cent des actions ont été déposées et la société peut maintenant réaliser son projet de réorganisation.

La société Noverco est officiellement créée et Gaz Métropolitain en devient une filiale à part entière. La nouvelle société mère détient, à partir du 1er août 1986, 100 p. cent des actions ordinaires, émises et en circulation, de Gaz Métropolitain. Les actionnaires reçoivent alors un nombre équivalent d'actions ordinaires de Noverco.

Dès l'automne, la société de portefeuille lance une nouvelle émission d'actions de 100 millions de dollars dans le but de financer l'acquisition d'autres entreprises. Cette opération rendrait possible la diversification de ses investissements qui, jusqu'à maintenant, se limitent au secteur du gaz naturel.

Depuis décembre 1986, une société de portefeuille formée d'Unigesco et de Canam Manac est le principal actionnaire de Noverco, avec 30 p. cent des actions. La Caisse de dépôt et placement du Québec, la SOQUIP et le fonds de pension provincial possèdent chacun 15 p. cent de la compagnie.

Gaz Métropolitain est maintenant prête à tenter la conquête d'un marché rendu difficile par la concurrence extrêmement serrée entre les différentes formes d'énergie. La société demeure toujours à l'affût de nouvelles façons de stimuler et d'aider le milieu économique. Entre autres, elle favorise l'implantation de technologies gazières d'avant-garde qui permettraient aux clients industriels de consommer moins d'énergie tout en améliorant l'efficacité et la qualité de leur rendement ou de leur production.

En novembre 1986 entre en vigueur une entente de deux ans entre Gaz Métropolitain et ses fournisseurs de gaz naturel, dans le cadre du nouveau régime de déréglementation. Ce régime autorise les acheteurs à négocier les prix du gaz naturel avec les fournisseurs de leur choix. Parce que la déréglementation a automatiquement entraîné une baisse des prix, les distributeurs de gaz sont maintenant en meilleure position pour contrer la concurrence grandissante du mazout et de l'électricité dans le secteur commercial et industriel.

Mais s'adapter à la déréglementation dans un contexte aussi concurrentiel est chose difficile pour Gaz Métropolitain qui doit ajuster ses pratiques commerciales et procéder à une nouvelle répartition de ses ressources en plus de revoir la gestion des approvisionnements gaziers. Initiative et flexibilité sont devenues deux qualités essentielles pour survivre dans le marché des énergies.

Mettant ces principes de l'avant, Gaz Métropolitain accorde l'accès direct aux producteurs à ses clients à grand débit et leur facilite aussi les démarches pour le transport du gaz de l'Alberta jusqu'à leurs usines ou leurs établissements. Elle consent aussi une réduction du prix du gaz à tous les usagers; certains profitent même de rabais supplémentaires.

Au début de 1987, une offensive sans précédent est lancée : l'opération «fièvre bleue». Elle a comme principal objectif d'affirmer le leadership de l'entreprise dans le marché de l'énergie au Québec. Pour consolider les acquis et accroître les ventes, les représentants visitent quelque 5 000 clients des secteurs commercial et industriel.

Gaz Métropolitain entrevoit l'avenir avec grand optimisme. La fin des surplus d'électricité et la majoration prévue des tarifs seront sans doute favorables au gaz naturel qui est maintenant disponible en abondance.

En juillet 1987, André Caillé succède à Pierre Martin à la présidence de Gaz Métropolitain. Détenteur d'un doctorat en physico-chimie et ex-sous-ministre de l'Environnement du Québec, le nouveau président favorise ouvertement le transfert des technologies, tout en faisant preuve d'une préoccupation constante pour la protection de l'environnement.

Une nouvelle politique énergétique du gouvernement provincial, divulguée en septembre 1988, vient renforcer la position de Gaz Métropolitain, car le Québec entend favoriser la densification et l'expansion du réseau gazier ainsi que le développement des gazotechnologies.

Les canalisations souterraines qui sillonnent la province constituent un réseau de distribution moderne qui est assez bien réparti sur le territoire pour ne pas exiger des investissements à court terme. Il est cependant nécessaire de maximiser son utilisation et d'accroître les ventes de gaz naturel.

Le 17 juin 1988, la Régie du gaz naturel du Québec remplace la Régie de l'électricité et du gaz et une nouvelle loi entre en vigueur. Maintenant, la législation québécoise harmonise les règlements provinciaux avec les grands principes de la déréglementation. Ainsi, tous les consommateurs auront désormais accès au réseau de distribution de Gaz Métropolitain pour le transport du gaz qu'ils pourront acheter auprès du fournisseur de leur choix.

Tous ces changements amènent Gaz Métropolitain à redéfinir sa mission, sa philosophie et ses valeurs. Son but ultime: être le distributeur gazier le plus efficace au pays. Pour atteindre ses fins, elle met l'accent sur la qualité du travail et le respect de ses employés et du grand public. Plus que jamais, elle affirme les grands principes d'engagement social qu'elle a énoncés et mis en pratique depuis quelques années. Elle mise en particulier sur la publicité d'entreprise et s'associe au milieu culturel québécois. Bref, elle agit en bon citoyen désireux de contribuer activement au bien-être et au développement de la société québécoise.

utre la concurrence de plus en plus vive du pétrole et de l'électricité, l'économie chancelante du pays oblige les chefs d'entreprise à diminuer les dépenses et à supprimer ou redéfinir certains postes pour améliorer la productivité. Gaz Métropolitain n'échappe pas à la dure loi de la réalité.

En octobre 1988, la direction de la société connaît des bouleversements majeurs. L'allégement de la masse salariale et la mise en place d'une équipe de direction plus souple et plus efficace ont conduit à la réduction du personnel d'encadrement.

La direction multiplie les déclarations publiques pour rassurer ses actionnaires. «Ce n'est pas parce que l'entreprise est en mauvaise posture financière que l'on a supprimé des postes. C'est plutôt parce que les trois prochaines années seront des années charnières et on veut assouplir dès maintenant la structure organisationnelle [...] et, dans ce contexte de libre marché, Gaz Métropolitain veut s'assurer de pouvoir réagir efficacement au changement. »

À peine est-on remis du choc que, deux semaines plus tard, une autre vague de licenciements emporte cette fois 85 employés non syndiqués parmi les cadres intermédiaires et spécialisés. Ce sont, pour la plupart, des chefs de service, des conseillers et des analystes.

La direction de Gaz Métropolitain reprend les mêmes arguments pour justifier cette deuxième compression de postes dont la moitié touche le siège social montréalais et l'autre, les diverses régions administratives. Dans ses communiqués, la société précise que les travaux de prolongement et de modernisation du réseau étant maintenant terminés, il importe que les effectifs soient réduits. Après l'expansion qu'a connue la société au cours des dernières années, il lui faut désormais faire place à la rationalisation.

LE VIRAGE TECHNOLOGIQUE

CHAPITRE 19

Avant 1983, la recherche était peu fréquente, sinon quasi inexistante dans le domaine du gaz au Québec. Le développement de technologies ayant subi un retard par rapport à d'autres pays, un énorme effort de rattrapage s'impose.

Les dirigeants de Gaz Métropolitain sont convaincus que les nouvelles technologies sont un atout majeur pour assurer le développement de l'entreprise. Ils prévoient en retirer, à court terme, de nombreux avantages, dont une utilisation plus efficace du gaz naturel.

La conjoncture — économique et sociale — influence fortement les usagers dans le choix de la source d'énergie. Leur choix ne se fait plus seulement en fonction du prix. Les consommateurs tiennent maintenant compte de l'efficacité énergétique, de la qualité du service et de la protection de l'environnement. L'entreprise n'a donc plus le choix; si elle veut survivre, elle doit implanter des technologies gazières qui facilitent la conservation et l'utilisation rationnelle de l'énergie.

Gaz Métropolitain espère aussi que les retombées commerciales des recherches augmenteront le potentiel concurrentiel du gaz naturel et, par conséquent, contribueront au développement économique du Québec.

C'est dans cet état d'esprit que sont entrepris, en 1983, les premiers travaux, fort modestes, en recherche et en développement. Pour atteindre ce but, elle signe des ententes avec des universités québécoises.

De 1984 à 1989, une étroite collaboration s'établit entre Gaz Métropolitain et l'École polytechnique. Les chercheurs travaillent à plusieurs projets de recherche dont l'analyse des méthodes de combustion, la simulation numérique de la combustion et l'amélioration des performances de différents brûleurs. Ils participent aussi aux travaux de conversion des véhicules au gaz naturel et mettent au point des réservoirs de gaz destinés aux autobus scolaires et urbains.

En même temps, les ingénieurs de Gaz Métropolitain collaborent avec les chercheurs de l'Université du Québec à Trois-Rivières. Ensemble, ils conçoivent et mettent au point une nouvelle méthode de stockage du gaz naturel par adsorption — du latin *ad* — qu'ils feront breveter. Un banc d'essai pour cette technologie, qui ouvre la voie à l'utilisation de réservoirs et de postes de ravitaillement plus pratiques et moins dispendieux, est ensuite établi avec la participation technique et financière du Centre canadien de la technologie des minéraux et de l'énergie (Canmet).

En 1989, Gaz Métropolitain et l'Université du Québec à Trois-Rivières obtiennent un premier brevet américain pour la méthode de mesure de l'adsorption à haute pression.

Ses ententes avec les institutions universitaires sont si fructueuses que Gaz Métropolitain décide, en 1989, de verser 1,5 million de dollars à l'École polytechnique pour aider au développement de nouvelles technologies gazières de pointe et à la formation de personnel spécialisé dans ce domaine. La société espère appliquer ces nouvelles technologies à des fins commerciales.

L'année suivante, Gaz Métropolitain accorde des bourses de maîtrise à des étudiants de l'Université Laval pour la réalisation d'études économiques sur des sujets traitant de la place du gaz naturel dans le bilan énergétique du Québec, du coût de revient et de la tarification.

Malgré les efforts consentis au cours des dix dernières années, Gaz Métropolitain reconnaît bientôt qu'il lui faut faire appel à l'étranger pour accélérer son développement technologique. Pour pallier l'insuffisance de la recherche québécoise, la société choisit de privilégier le transfert technologique. Les ententes qu'elle signe alors avec les plus importantes compagnies gazières du monde lui donne accès à un bassin impressionnant de connaissances.

Comme elle sait que les initiatives de remplacement des anciennes technologies ne viendront pas de l'industrie, Gaz Métropolitain intervient directement. Elle contribue à l'implantation de nouvelles technologies par un apport financier, tout en renseignant les clients sur les bénéfices qu'ils peuvent en tirer.

En mai 1984, la compagnie s'associe avec la SOQUIP pour signer un accord de coopération avec Gaz de France, la troisième plus grande entreprise gazière du monde. Cette société compte 8,5 millions d'usagers et presque autant de chercheurs que Gaz Métropolitain compte d'employés.

L'entente porte notamment sur un projet de stockage souterrain de gaz naturel dans la Mauricie et sur des technologies à haut rendement destinées au secteur industriel.

Le coût élevé de l'énergie a forcé les Européens à innover pour réaliser des économies d'énergie. Comment s'étonner dès lors qu'ils soient à l'avant-garde dans ce domaine.

Quelques mois après la signature de cet accord, Gaz Métropolitain conclut une entente de coopération, cette fois avec Osaka Gas, du Japon. Cette société est la deuxième plus importante compagnie distributrice de gaz naturel du monde et la première société gazière en matière de recherche au Japon. Son budget annuel de recherche atteint 40 millions de dollars.

L'entente porte particulièrement sur l'utilisation et la commercialisation au Canada de technologies japonaises dans les appareils et les accessoires alimentés au gaz naturel. Gaz Métropolitain importera et adaptera ces technologies selon les besoins des marchés québécois et canadien. Ces innovations touchent particulièrement les appareils ménagers et commerciaux ainsi que les systèmes industriels et les systèmes de distribution de gaz naturel.

Contrairement à la plupart des entreprises étrangères, Gaz Métropolitain ne possède pas de centre de recherche. Mais, en 1984, elle investit un million de dollars dans son programme de développement technologique. Ce montant sera triplé l'année suivante et, en 1987, elle devient le premier distributeur gazier au Canada à signer une entente de transfert de technologies avec le géant anglais British Gas. Grâce à ces ententes, Gaz Métropolitain devient le leader canadien dans le domaine du transfert technologique gazier.

a recherche et le développement, amorcés par les ententes avec les universités québécoises et les compagnies étrangères, permettent à Gaz Métropolitain de créer, en 1986, le groupe DATECH (Développement et assistance technologique).

Grâce à cette filiale, Gaz Métropolitain intensifie ses efforts dans le développement et le transfert des technologies gazières. Les projets d'études se multiplient pendant que le budget de Gaz Métropolitain pour la recherche et le développement augmente en moyenne de 28 p. cent par année. C'est encore peu si on compare ces montants à ceux consacrés aux technologies gazières dans d'autres pays, même si les sommes investies par Gaz Métropolitain constituent presque 50 p. cent de toutes celles consacrées à cette recherche au Canada. Elles représentent maintenant environ 3 p. cent des dépenses d'exploitation de la société.

DATECH conseille les représentants des ventes dans leurs démarches auprès de la clientèle industrielle, commerciale ou institutionnelle, et compte des chercheurs qui s'affairent à trouver au gaz des applications innovatrices et à en maximiser l'utilisation.

La filiale subventionne et supervise des projets de recherches dans plusieurs universités, dont l'École polytechnique, l'Université Concordia, l'Université Laval et l'Université du Québec à Trois-Rivières.

Au cours de l'exercice financier qui se terminait le 30 septembre 1991, DATECH a augmenté ses moyens en recherche, en développement et en transfert de technologies en procédant à la mise en place d'un laboratoire.

e fruit de ces recherches, outre leurs retombées immédiates sur le marché québécois, permet désormais à Gaz Métropolitain d'offrir ses services sur la scène internationale. Créée en 1982 par Gaz Inter-Cité, la société Consulgaz avait pour principale mission de concevoir et d'élaborer des programmes de formation portant sur les techniques gazières.

Depuis l'acquisition de Gaz Inter-Cité, elle s'est orientée davantage vers «l'exportation» de l'expertise de Gaz Métropolitain.

Le but de Consulgaz n'est pas de générer des profits, mais plutôt d'augmenter la notoriété de Gaz Métropolitain, qui déploie beaucoup d'efforts pour «vendre» le savoir-faire québécois en Europe.

Consulgaz collabore depuis quelques années avec le distributeur Gas Works of Budapest, en Hongrie. Elle a déjà participé à un programme de protection contre la corrosion du réseau de Gas Works, ainsi qu'à la conversion expérimentale au gaz naturel de véhicules expérimentaux d'entretien de la firme hongroise.

Consulgaz a aussi un mandat de consultation en Algérie et participe à la restructuration de NAFTOGAZ.

Le Centre de technologies en gaz naturel dont on rêvait depuis longtemps au Québec est finalement créé en avril 1992, et doté d'un budget quinquennal de 43,5 millions de dollars. Gaz Métropolitain est le principal partenaire de ce centre qui se consacre à la recherche appliquée et dont les locaux sont situés à Boucherville. On y met au point de nouvelles technologies qui favoriseront l'efficacité énergétique.

Le Centre aide particulièrement les entreprises «énergivores», notamment celles des pâtes et papier, du traitement des minerais et des métaux, de la pétrochimie, du textile et de l'alimentation. Il permet en outre aux universités et aux fournisseurs de matériel de joindre leurs efforts pour mener à bien plus de 50 projets de recherche et de développement.

Le personnel, pour la plupart au service de Gaz Métropolitain, a pour mission d'appuyer les scientifiques et les ingénieurs — plus de 1 000 au cours des cinq prochaines années — qui participent à ces projets.

L e Centre de technologies en gaz naturel est l'héritier des efforts consentis dans le but d'orienter efficacement la recherche et le développement. Pour se doter des moyens nécessaires à la réalisation de ses objectifs, Gaz Métropolitain adopte, en 1990, un plan de développement technologique échelonné sur cinq années. Ce plan comprend des stratégies et des programmes conçus pour maintenir et améliorer la compétitivité du gaz naturel sur la scène énergétique québécoise. Élaboré à partir des besoins concrets des secteurs clés de l'économie, ce plan a également pour but de permettre à la société de prendre le leadership au Canada en matière de technologies nouvelles. Il devrait faciliter l'émergence au Québec d'une industrie manufacturière d'équipements et de matériel liés à l'utilisation du gaz naturel.

Ces éventuels développements technologiques fourniront à plusieurs entreprises les moyens d'améliorer leur productivité dans un contexte de libre-échange et de globalisation des marchés.

En plus de participer au développement industriel, Gaz Métropolitain entend promouvoir la cogénération de l'énergie.

Ce nouvel objectif impose toutefois l'établissement de nouveaux rapports avec son principal concurrent, l'électricité.

L'implantation de la cogénération à la société Cascades de Kingsey Falls, en 1989, laisse entrevoir une mince lueur d'espoir. Elle démontre la faisabilité et l'intérêt économique de la cogénération. Elle permet aussi à Gaz Métropolitain de vanter les mérites de cette technique en matière de protection de l'environnement.

L'application des technologies gazières dans la protection de l'environnement n'en est pourtant qu'à ses débuts; la récupération du méthane des déchets solides, la concentration des boues industrielles et municipales et le traitement des eaux usées sont les domaines les plus prometteurs. L'utilisation industrielle du gaz naturel est une étape importante dans la lutte pour la protection de l'environnement. Le gaz naturel est appelé à y jouer un rôle important.

Autre aspect positif: le développement régional. Dans le cadre du libre-échange, les grandes industries manufacturières du Québec, implantées aux quatre coins du territoire, doivent désormais affronter des concurrents américains qui bénéficient déjà de la cogénération. En alliant leurs efforts, l'électricité et le gaz pourraient offrir un atout majeur dans la mêlée qui oppose entreprises canadiennes et américaines pour la conquête de nouveaux marchés.

L e développement de technologies pour l'utilisation du gaz naturel comme carburant représente également un énorme potentiel. La technologie existe en partie, mais elle doit être perfectionnée pour offrir une véritable solution de remplacement.

Le transport en commun — autobus scolaires et urbains — et le transport de marchandises sont les créneaux principalement convoités, mais, depuis bientôt 10 ans, Gaz Métropolitain fait aussi la promotion de l'utilisation du gaz naturel comme carburant pour les automobiles. En 1982 déjà, elle participait à la création de Gaz Naturel Comprimé du Québec (GNC), une entreprise dans laquelle elle détenait 25 p. cent du capital.

Le programme de développement de GNC prévoyait l'adaptation de quelque 25 000 véhicules dès les cinq premières années. Le marché visé était celui des véhicules à forte consommation d'essence — taxis, autobus, flottes commerciales — dans la région de Montréal. Le gouvernement fédéral a même accordé des subventions pendant un certain temps pour encourager les propriétaires de taxis à convertir leurs véhicules au gaz naturel comprimé.

Quand la compagnie a été créée, il était question d'économie de 50 p. cent sur les coûts de l'essence. Mais la chute radicale du prix du pétrole a rendu moins séduisantes les économies résultant du remplacement de l'essence par le gaz naturel. La différence entre les deux carburants s'est amenuisée tandis que les manufacturiers d'automobiles réduisaient la consommation d'essence de leur véhicule. Ces facteurs n'ont évidemment pas favorisé l'utilisation du gaz naturel comme carburant.

En septembre 1986, GNC était dissoute à la suite de son acquisition par Gaz Métropolitain et ses fonctions commerciales étaient intégrées à celles de la société, qui a poursuivi les efforts pour accroître l'utilisation du gaz naturel comme carburant. La recherche porte principalement sur la mise au point d'un réservoir plus petit et plus léger, grâce notamment aux pastilles de carbone qui agissent comme adsorbant.

Des systèmes de ravitaillement résidentiels sont offerts et les conducteurs de véhicule alimenté au gaz peuvent alors faire le plein au gaz naturel chez eux grâce à leur propre système d'alimentation.

Gaz Métropolitain encourage aussi la recherche pour le contrôle, l'optimisation et le développement de nouveaux appareils et équipements aptes à réduire les coûts d'investissement et à assurer la protection des usagers. Les priorités vont aux nouvelles technologies pour la production de l'eau chaude, du chauffage et de la ventilation ainsi que de la climatisation.

Le marché industriel représentant plus de 75 p. cent du volume de ventes de Gaz Métropolitain, les efforts en ce domaine portent sur les technologies de pointe, tels le rayonnement infrarouge, le chauffage des bains industriels, le traitement thermique, les pompes à chaleur au gaz naturel.

VERS L'AN 2000

CHAPITRE 20

Pour traverser avec succès la décennie 1990, Gaz Métropolitain concentre ses énergies sur les ventes dans les secteurs de marché les plus rentables et s'efforce de maintenir des tarifs qui confèrent au gaz naturel une position concurrentielle. Ajoutées à une politique de service innovatrice, ces orientations placent Gaz Métropolitain en position de force pour franchir le cap du XXIᵉ siècle.

L'analyse du potentiel énergétique québécois confirme que les marchés visés par Gaz Métropolitain — les secteurs industriel, commercial, institutionnel et celui de l'habitation multilocative — sont les plus rentables. Tous les efforts portent donc sur la conquête de ces marchés.

Le gaz naturel jouit d'un contexte favorable, car la crise dans le golfe Persique a mis en évidence la stabilité de ses prix comparativement à l'extrême volatilité de ceux des produits pétroliers. Bien que la concurrence demeure forte, le gaz naturel devrait préserver son avantage par rapport au pétrole et l'augmenter par rapport à l'électricité.

Malgré la lenteur de la reprise économique, le gaz naturel est avantagé par son prix d'achat aussi bien que par la faible augmentation des tarifs du transport et de la distribution. Cet avantage concurrentiel devrait continuer à s'accroître puisque les coûts de l'électricité ont augmenté en moyenne de 7,5 p. cent en 1990, alors que ceux du gaz naturel n'augmentaient en moyenne que de 3,3 p. cent durant la même période.

La faible augmentation des prix du gaz naturel s'explique, entre autres, par la forte concurrence qui existe entre les producteurs gaziers. Cette situation stimule la demande d'achats directs, non seulement dans le secteur industriel, où c'était déjà la norme, mais aussi dans les marchés commercial, institutionnel et même résidentiel.

Pour améliorer davantage le service qu'elle offre à ses clients, Gaz Métropolitain augmente ses capacités de stockage par la mise en service, le 8 janvier 1991, du réservoir d'entreposage souterrain de Pointe-du-Lac qui vient s'ajouter aux installations de l'usine de liquéfaction. L'injection et le soutirage de gaz naturel dans le réservoir souterrain sont effectués par la société en commandite Intragaz, une filiale de Noverco.

En 1991, l'entreprise procède à une réorganisation qui optimise la structure financière du groupe dont elle fait partie. Dans le cadre de cette réorganisation, Gaz Métropolitain a transféré, le 12 août 1991, à la Société en commandite Gaz Métropolitain (SCGM) — formée en octobre 1987 sous le nom de Société en commandite GazPlus — la quasi-totalité de son entreprise et de son actif en échange de parts de SCGM et de la prise en charge par cette dernière de presque tout le passif de Gaz Métropolitain autre que la dette subordonnée émise à son unique actionnaire, Noverco.

Cette opération, qui a confirmé la santé financière de l'entreprise, permet de consolider, à des fins fiscales, les bénéfices et les pertes des entités qui font partie du groupe. L'entreprise a cependant veillé, à chacune des étapes, à ce que la qualité et le coût des services aux usagers soient maintenus et à ce que la structure de capital et la qualité de la gestion de l'entreprise continuent d'offrir les mêmes garanties et les mêmes avantages aux créanciers à long terme de Gaz Métropolitain.

Ce transfert réaffirme sa mission qui est la distribution du gaz naturel. Certaines autres activités, non réglementées, sont complémentaires à la distribution du gaz naturel.

La fusion de Gaz Métropolitain et de sa société mère Noverco — sous la dénomination sociale Gaz Métropolitain inc. — complète, le 1er octobre 1991, la réorganisation.

À la suite de la fusion, Gaz Métropolitain est devenue une filiale en propriété exclusive de Noverco dont les actionnaires sont la SOQUIP, la Caisse de dépôt et placement du Québec et Lévesque Beaubien Geoffrion inc. Ils détiennent respectivement 50, 30 et 20 p. cent des actions ordinaires en circulation.

En fait, le renforcement de la position des actionnaires et l'engagement à poursuivre avec la Société en commandite Gaz Métropolitain la distribution gazière offrent même des garanties additionnelles, tant aux usagers qu'aux investisseurs.

La SCGM s'est également engagée à ce que ses investissements dans les secteurs non réglementés ne dépassent jamais 10 p. cent de son actif total. Cet engagement lui permet d'être considérée comme une entreprise à but unique, sans pour autant nuire au développement des activités connexes et complémentaires à la distribution du gaz naturel. Au nombre de ces activités, on compte présentement la distribution, la vente et le service d'entretien des appareils utilisant le gaz naturel ainsi que le transport du gaz naturel.

Depuis le 1er novembre 1990, tous les clients à grand débit s'approvisionnent directement auprès des producteurs de leur choix. Gaz Métropolitain favorise cette méthode qui permet d'accroître la concurrence entre les fournisseurs et qui procure à sa clientèle les meilleurs prix de gaz possible sur le marché canadien.

Depuis 1989, Gaz Métropolitain a ouvert un bureau d'affaires à Calgary pour se rapprocher des producteurs et mieux conseiller ses clients qui s'approvisionnent directement dans l'Ouest.

Les clients du secteur industriel peuvent négocier leur approvisionnement directement avec les producteurs de l'Ouest canadien ou recourir aux services de courtiers. Ce mode d'approvisionnement s'est étendu aux clients institutionnels et commerciaux et s'applique même déjà à certains clients résidentiels.

L'importance des réserves de gaz naturel et l'augmentation du nombre d'agents négociateurs maintiennent les prix à un niveau très bas, accentuant ainsi la compétitivité du gaz naturel sur le marché de l'énergie.

La déréglementation continue donc de profiter aux consommateurs de gaz naturel, bien qu'elle invite à une plus grande vigilance quant à la sécurité de l'approvisionnement à long terme. Gaz Métropolitain surveille de près cet aspect.

Le contrôle de la capacité de transport depuis l'Alberta demeure un objectif stratégique pour l'entreprise. La récession a cependant obligé à céder temporairement à des tiers une partie des capacités nouvellement acquises. Une fois les séquelles de la récession disparues, l'entreprise prévoit utiliser pleinement la capacité de transport dont elle dispose, voire l'augmenter.

Gaz Métropolitain dessert aujourd'hui 184 municipalités à l'intérieur de son territoire où elle exploite un système intégré de distribution, d'emmagasinage et de transport de gaz naturel par voie de canalisations souterraines.

Ce territoire, qui lui est légalement octroyé en exclusivité, comprend la presque totalité (environ 98 p. cent) des usagers actuels et potentiels de gaz naturel dans la province. Il inclut Montréal et sa région métropolitaine, Québec et sa région métropolitaine, Trois-Rivières et la région de la Mauricie, Sherbrooke et la région de l'Estrie, les Bois-Francs, Chicoutimi et la région du Saguenay/Lac-Saint-Jean, Rouyn-Noranda et Témiscaming ainsi que leurs régions environnantes.

La clientèle de Gaz Métropolitain consomme annuellement quelque 5,4 milliards de mètres cubes de gaz naturel. Avec un actif de l'ordre de 1,2 milliard de dollars, un effectif de plus de 1 300 employés et des revenus bruts s'élevant à près d'un milliard de dollars, Gaz Métropolitain est un acteur important sur la scène économique québécoise. Les immobilisations de Gaz Métropolitain comprennent plus de 6 300 kilomètres de conduites de distribution, 653 kilomètres de conduites de transport, 150 057 compteurs, une usine de liquéfaction, de stockage et de regazéification de gaz naturel située à Montréal et un poste de compression de gaz naturel situé dans la municipalité de Saint-Maurice.

De 7,7 p. cent qu'elle était en 1980, la part du gaz naturel dans le bilan énergétique du Québec a maintenant atteint 15,7 p. cent. Cette progression remarquable, Gaz Métropolitain la doit tout d'abord à ses employés, à la fidélité de sa clientèle ainsi qu'à l'esprit de partenariat qui a marqué ses relations avec tous les intervenants du monde de l'énergie: distributeurs et manufacturiers d'équipements, entrepreneurs de plomberie et de chauffage, courtiers en gaz naturel, ingénieurs-conseils, architectes, promoteurs immobiliers. Enfin, la création récente de l'Association québécoise du gaz naturel, en août 1992, est venue consolider cette collaboration en offrant un forum de rencontres et de discussions pour promouvoir et mettre en valeur le gaz naturel.

Véritable pionnier dans la distribution du gaz naturel, Gaz Métropolitain est aujourd'hui une entreprise prospère, prête à relever les défis de l'an 2000.

Telle était la force de son destin.

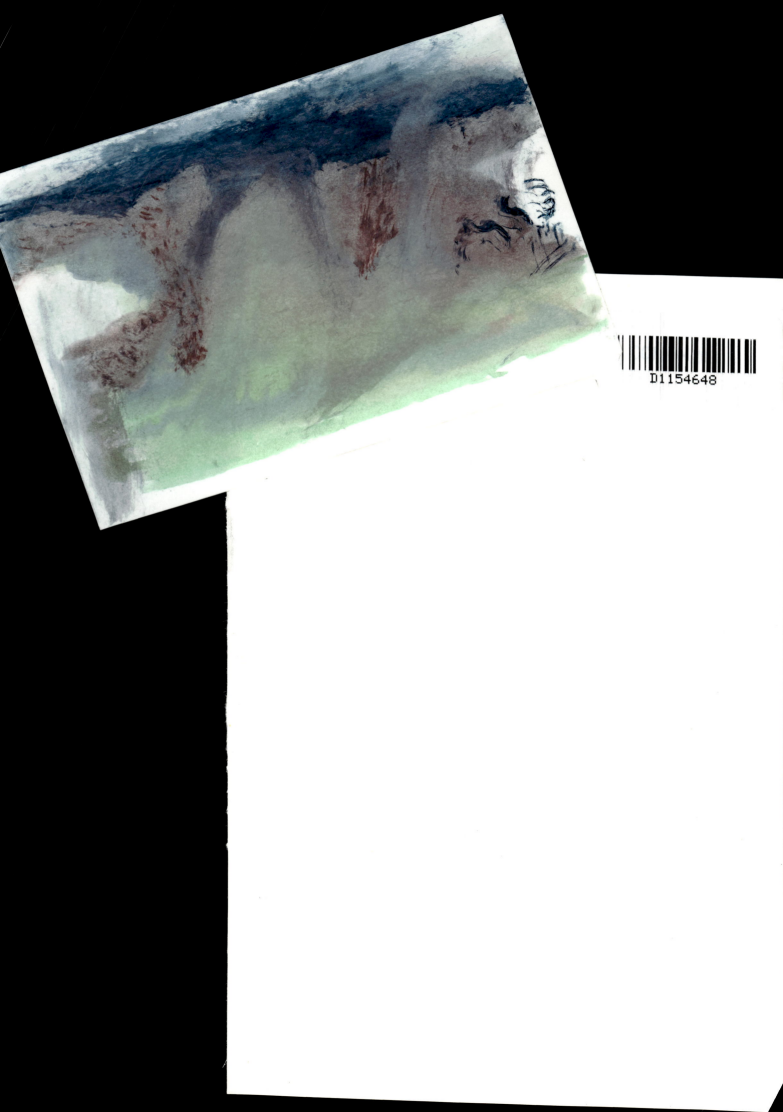

D1154648

"For his first novel, Robinson shows tremendous skill with a variety of pitches: He'll throw a changeup when you expect a heater, and his curveballs are a sight to behold. In Sunshine, he has a deep and likeable franchise star who, alongside a supporting cast that plays their role wonderfully, earns Robinson his first W after coming over from nonfiction!"

—**Justin Leeper**, Author of *Still Man Fights*

"Jon Robinson's *Sunshine and the Full Moon* is a rollicking, lighthearted ride into the unknown, rich with humor and mystery—a promising new path from one of the OGs of video game journalism."

—**Reyan Ali**, Author of *NBA Jam*

Sunshine and the Full Moon

by Jon Robinson

© Copyright 2021 Jon Robinson

ISBN 978-1-64663-278-7

All rights reserved. No part of this publication may be reproduced, stored in a retrieval system, or transmitted in any form or by any means—electronic, mechanical, photocopy, recording, or any other—except for brief quotations in printed reviews, without the prior written permission of the author.

This is a work of fiction. All the characters in this book are fictitious, and any resemblance to actual persons, living or dead, is purely coincidental. The names, incidents, dialogue, and opinions expressed are products of the author's imagination and are not to be construed as real.

Published by

 köehlerbooks™

3705 Shore Drive
Virginia Beach, VA 23455
800-435-4811
www.koehlerbooks.com

SUNSHINE
— AND THE —
FULL
MOON

JON ROBINSON

VIRGINIA BEACH
CAPE CHARLES

To Sunshine and B-Man, love always

CHAPTER ONE: QUEEN OF SWING

We're down 5-2 in the bottom of the seventh inning. If I don't hit a dinger, our tournament is toast. My team, known as the Millbrae Misfits, helps pick me up by chanting one of my favorite softball cheers from the dugout:

"Welcome to the cemetery . . . *da-na-da-na*

This is where your team gets buried . . . *da-na-da-na*

When we swing we swing like thunder . . . *da-na-da-na*

When we're done you're six feet under . . . *da-na-da-na*."

There's a slight pause as the coach from the other team, our rivals from the San Bruno Sting, walks to the circle to talk to his pitcher. He's trying to freeze me out, but I want him to know it's not working, so I belt out another cheer from the on-deck circle.

"My name is Sunshine, and you know what I got?"

"What do you got?" my team echoes back.

"I got a team that's hotter than hot."

"How hot is hot?"

"Grand slams and home runs too. Now you know what Sunshine can do."

I can hear my mom laugh from the stands as all that jackass coach from the other team can do is glare in my direction. I take two puffs from my inhaler and strut to the plate.

"You breathing alright?" my coach, aka Dad, asks, handing me my bat.

"My asthma's fine," I say back with a smirk. "But you know what's in the inhaler, right?"

All he can do is shake his head as I blurt out, "Steroids."

"Give 'em hell, Canseco," he shoots back.

It's the championship game of our fourteen-and-under tournament. Last at bat, I hit a triple. Lined one off the wall my first time up when they tried to fool me on a changeup.

Softball is my life. Been playing since I was four. Take hitting lessons twice a week from a former Stanford star. This is already our third game of the day. The Bay Area wind blows so much dirt on my face, I look twice as tan as when I sit out under the sun.

As I take a deep breath and step in the batter's box, I try to zone out the cheers and jeers around me. The parents on the other team are actually booing a fourteen-year-old kid. Can you believe that? One dad actually says my problem is that I still swing like a girl. *Seriously?* One day, when I'm the Kris Bryant of softball, saying someone swings like a girl will be a compliment. I hear one mom talk crap about my cleats, that they're too flashy. I guess she didn't appreciate that I wrote *Legit Boss* on the heels in honor of my favorite wrestler, Sasha Banks. Or maybe it's the fact that they're about the brightest red you could get to go with my long red socks. *Look good, play good!* That's the motto.

Before the first pitch, the catcher stands and screams, "Two outs, play at any base."

I look through her mask and she gives me a bitchy smirk. Her name is Amanda Rollins. We played together last season, but her dad made her jump teams so she could get more playing time. We were glad to see her go. Nothing but a mean girl trying to take her ugliness (and the fact that she can't hit the ball out of the infield) out on the rest of us. She was always trying to tell everyone how to hit, how to catch, how her dad taught her "the right way," and you're just not swinging, throwing, or bending your knees the way Daddy taught her. Seriously, I hate her. "You got nothing," she says as she gets in her squat.

"If I got nothing, does that mean you're a negative twenty?" I snap back. Savage.

My team continues to shout louder and louder from the dugout.

"I see a hole out there, I see a hole out there, I see an H-O-L-E hole out there. So hit the ball out there, so hit the ball out there, so hit the B-A-L-L ball out there. So we can win the game, so we can win the game, so we can W-I-N yes win the game!"

That song slaps.

First pitch heads straight for my face. I dive to the dirt to barely escape the bean ball and the catcher leaps up to snag it before it sails to the backstop. "You like that, thot?" she says standing over me. The umpire steps in between us, pretending to wipe off home plate, but in reality, trying to play peacemaker.

"Watch your language, ladies," he says, walking back behind the catcher and pointing at me to get back in the box.

I look back toward the dugout and my friend Ari is cracking up at the sight of my entire back and butt covered in dirt. That's cool, though. Just makes me look more like a ballplayer. As I get up, I grab a pile of dirt and rub it between my hands. I saw Buster Posey do this when my dad brought me to Oracle Park last week. That's when Ari yells, "Next time, let it hit you. We got ice."

Thanks. Not a bad idea if a softball was actually soft. But these optic yellow balls hurt, especially when the pitcher is throwing heat at my head from only forty-three feet away.

As I take a practice swing and get back settled in the box, I turn toward Amanda and wink. "I like your new catcher's mask," I say. "Does a great job hiding your face."

She jumps up from her squat and we're face mask to face mask before the umpire steps between us for a second time. "One more word from either of you, and you're both out of the game," he says.

We both roll our eyes, and she jumps back into her squat as the umpire screams, "1 and 0," reminding everyone that the count is one ball and no strikes. Next pitch is in the dirt for ball two. I step out and take another deep breath. The third base coach claps his hands two times and brushes the bill of his cap. The swing sign is still on, but the pitcher isn't giving me much to work with.

Another pitch, another ball in the dirt. 3-0. "You're not going to be the hero today," Amanda says from her squat.

"I thought I said zip it," the umpire chirps back.

They're going to walk me on purpose. I hate that. The girl after me is 0-for-3 today, and has had only one hit in seventeen at bats in the tournament. She used to be a good hitter until she got a boyfriend. Now she tries to impress him and over swings at everything. Their relationship is really starting to screw up our chances of a trophy.

The last two pitches were in the dirt, but I know just what to do. It's something I actually practice with my hitting coach. She likes to bounce tennis balls to me in the cage to simulate hitting a changeup, but the timing is the same here. I see the next pitch bounce in the dirt in front of the plate, and as it rises I make like a cricket player and uppercut the ball, smacking it into the gap in right-centerfield. The outfielders knew they were just going to walk me and weren't even paying attention, so by the time the ball ricochets off the wall, I'm already rounding second and headed toward third. Three runs are in and the game is tied, and I see my coach giving me the stop sign from third. *Hell no!* This isn't time for a triple. This is for the championship. I hear him scream, "On the bag!" as I blaze toward third, but I just keep on racing right through his stop sign. Halfway home, I see the throw come in from the outfield, and as Amanda bends to grab it in front of the plate, I realize the only thing I could do is try and hurdle her. I jump as high as I can just when the ball hits her mitt, but as I LeBron James my way over her, she reaches up to tag my foot. The tag flips my momentum helmet over cleats, and I land awkwardly on my right arm, hitting home plate with an ugly thud. I've never felt pain like this before. I'm rolling on the ground in agony, crying the ugly cry when teammate after teammate jump on top of me in celebration, each one causing me to wince a little louder.

That's when I see it. Amanda dropped the ball. I hit a grand slam to win the game. I sacrificed my arm and the rest of the summer tournament season for that trophy. I guess I need stronger steroids.

CHAPTER 2: DOCTOR'S ORDERS

Doctor Harris says I'm lucky. Broke my right arm, but it could've been worse. One of the moms filmed the whole thing and my flop went viral. First it was a YouTube sensation, then someone took a cutout from the video and replaced my face with the Crying Jordan pic. For a week, I was a meme. They called it the Cry of Victory.

"No softball for two months, at least," Doctor Harris tells me. "Don't pick up a ball. Don't swing a bat. Don't shag grounders. Just let it rest."

I haven't rested since I was born.

"I'm serious, Sunshine," he says. "If you want this to heal right, you need to rest. Why don't you hang out at the beach or read a book or something?"

"For two months?"

"Thanks, Doc," my dad interrupts. "I'll make sure we take good care of her."

"Can I at least run the bases? I gotta do something," I ask in total disbelief with what he's trying to tell me.

"You can run all you want," Doctor Harris laughs. "Just make sure this time, nobody trips you."

Dad drives me home in silence, then when we get to our house, I run into my room and shut the door.

Two months? No softball. No hitting lessons. No throwing the ball against the side of the house. Like I said, softball is life, and now I'm at life interrupted.

I hear a knock at the door. It's my parents. Not in the mood, but at least they brought Hershey's Drops. "I know this isn't exactly how you planned to spend your summer," my dad says, handing me the bag of candy, "but I was talking to this guy at work, and he and his daughter started doing this thing called *geocaching.* Ever heard of it?"

"Do I get more Hershey Drops if I say yes?" I ask, ripping open the package and popping in my first bite.

Dad whips out his iPhone and shows me the screen. "All these people hide things around the city, then you take the geo location and try to find the treasure. It's like a scavenger hunt with technology."

"Sounds like Pokemon GO."

"Close, but instead of finding Pikachu or Charmander, you actually find little prizes and surprises that you can keep. But the cool part of the game is that when you take something, you need to then leave something of equal value behind for the next person to find. There's even a logbook inside each cache to tell everyone who found the spot."

"I'm out of milk," Mom says. "Is there a cache of milk anywhere?"

"No food," Dad laughs. "But I was thinking maybe we can sign up on the site and go on a few adventures together this weekend."

"I hear there's a cache near the softball field if you want to hunt around, then visit your friends after practice," Mom says. "Maybe your dad will even take you for some ice cream after."

I pop three more Drops into my mouth and smile. "I'll sign us up right now," I say. "But screw practice. If I'm not playing, I don't want to be around the field. It will just hurt too much to see someone else playing second base out there. I know they need to replace me, I just don't feel like being replaced right now." Not in the mood at all.

"Sounds great," Dad says. "Any idea what you want to leave behind when we find a cache?"

I think for a second, then an idea suddenly pops in my mind. I have all these hair bows from every softball tournament I played in with all these cool colors and designs and the word *Misfits* scribbled across the ribbons. "How about we leave a bow?" I say, pointing to my collection on top of the dresser. "Let them know a Misfits girl was there."

Mom and Dad smile and nod their approval.

Time for this misfit to cause some mischief off the diamond for once. I grab my iPad and sign up on the geocaching site. Can't wait to see what we find.

CHAPTER 3:
WHEN THINGS GET
DOWN, LOOK UP

All of the geocaches on the site are rated in terms of difficulty, terrain, and size—one to five stars each. My dad and I agree to start slow, and there's a one-star cache about a five-minute walk from our house according to his phone's GPS.

"Looks like it's on Sawyer Trail near the high school," Dad says. "Lots of good options to bury it by a tree or one of those large rocks just off the walking path."

Dad grabs his Oakland A's hat and puts it on before we leave. He walks with a slight limp after years of playing catcher. Bad knees, so bad he winces anytime he crouches to tie his shoes, grab something from the fridge, pick Legos up off the floor . . . whatever. He was on his way to the Majors until a ninth-inning collision at the plate. A dislocated hip ended his career in Triple-A the night the A's called him up to The Show. He should've been the starting catcher on the 1989 A's that won the World Series. He should've been catching Dave Stewart and Dennis Eckersley and Bob Welch, been in the squat warming up the pitcher during the earthquake that almost wiped out the Series and the Bay Bridge. Unfortunately, he was trucked on a dirty play and he watched the World Series from the dugout.

The A's sent him a World Series ring after they won, and everyone expected him to bounce back and be fine the next season, but he just couldn't sit in the squat like he could before the collision, couldn't get down as low as he once did to expertly frame those tight strikes. In a matter of months, his career was over. His World Series ring still sits in a box on the top shelf in his closet behind his scarves and knit caps. He never wears it. Never even seen him try it on. He told me one night that he didn't feel like he earned it since he didn't actually play in that series against the Giants. Sometimes when he's not home, I sneak into his room, take the ring down off his shelf, and try it on. *Bling-bling!* If only he had a diamond necklace to match. That ring will seriously blind you if it hits the light. He sees the ring as what could've been. I see it as who he is to me. A champion. Now he gets to write about baseball for ESPN—when he's not coaching my softball team, that is.

My favorite thing in the world is to play catch with him. Something about the smile on his face when I throw the ball just makes him so happy. He always looks so proud. I feel awful when I throw it into the dirt and make him dig it out, bad knees and all. But he still catches it on one hop with a smile every time. "Don't just throw it to the glove, throw it through the glove," he likes to say, making sure I put enough power behind every fastball. Some dads make their daughters run laps if they make a bad throw. Some dads yell at them in front of the team when they make the littlest mistake. My dad buys me ice cream, win or lose. Double scoop of chocolate on a waffle cone is the way to this chick's heart, and he's a guy who definitely knows how to spoil his girl.

We walk and talk the entire time to the trail. Dad and I like to play a game called Numbers. It started with sports. "Name the best number twenty-two in baseball history," Dad would ask. "Will Clark," I'd shout back. "Top that."

"Jack Clark," he shouts back with a laugh. "Top that."

From there we add stories about the players. I was seriously Googling the most obscure players from the dead-ball era just to try to see the look on my dad's face when I drop names like Mordecai "Three Finger" Brown, then tell him how he lost two fingers in a farming accident, but in the process, developed some of the sickest moving pitches in the history of baseball. Then I move on to Cannonball Titcomb, Boots Poffenberger, Peek-A-Boo Veach, Catfish Hunter, and more recently, Coco Crisp. Love those A's, especially when they remind me of cereal.

But we don't limit ourselves to baseball. I actually got my dad into listening to K-Pop on the way to school. Had him download every BTS, Black Pink, and NCT song on Apple Music, then we listen to our jams in the parking lot before the bell rings. So, after he throws out jersey numbers, I call out band names and make him list the members.

"Can you name three people in BTS?" I ask.

"Rap Monster, Suga, and Jungkook," he says. "I'll throw in Jimin and J-Hope as extras, just so you know I'm paying attention."

During Christmas this year, instead of Elf on a Shelf, he actually printed out pictures of some of BTS and spread them around my room. There was Jungkook on a Book, then Nam-joon on a Moon. He'll do anything to make me laugh.

It only took three numbers and a debate over BTS' best collaboration to reach the trail. The trail runs parallel to the main high school, past a skate park, and up across a stream overlooking the baseball diamond. Dad used to take me here during the high school season when I was about eight. We'd ride our bikes along the trail, then we'd stop and sit on the bench toward the top of the hill and eat tuna sandwiches while we watched the big kids play ball. Today, we have another mission—N 37-degrees 35.636, W 122-degrees 23.670. The cache is called Fireman's Rescue, which is weird because the firehouse is the opposite direction in town, but I figure it's a clue. As we walk the trail, we look down at Dad's phone and we can see that we're getting closer and closer to our cache, but as we scan both sides of the trail, we don't see anything obvious that sticks out or screams treasure.

"Maybe we need to dig," Dad says, "you know, like pirate's booty."

We scan the map on his iPhone and it looks like we're right on top of the mark, so I get down on one knee and begin to sweep away the leaves on the ground. Nothing. I look up at my dad disappointed, but that's when I see it, barely catching a glimpse as I squint up toward the sun. It's not under the tree. It's *in* the tree.

"Boost me up," I yell as I climb on my dad's back, then leap off and grab the branch like a monkey bar with my good arm. "Jeez, Sunny, be careful!" Dad yells. "I don't think the doctor wants to see us back this soon." I swing myself up and straddle the branch, inching closer and closer to a small box that's actually duct taped to the side of the tree.

"What is it?" Dad asks, inching up toward me and trying to catch a peep.

I unstrap the box off the tree and open the lid. "It's a letter," I shout. "Catch me so we can read it together." I jump into Dad's arms and we take a seat under the tree in the shade. The letter is folded into a tiny square, and as I flatten it out, I notice a coin is taped to the bottom.

This is your lucky day, the letter starts out. *Take the lucky coin, then leave behind one of your own and sign the letter to know who's watching your back.*

I flip the letter over, and there's a list of fourteen names of people who have found the box and left coins of their own. I scan down the list and see two names I know from school, and a girl I used to play softball with when I was eight.

"Looks like your luck is turning around," Dad says as we examine the coin, a cool buffalo nickel. "Here's a shiny dime to replace it with," he says. "Take something, leave something. That's what it's all about."

I take the nickel and put it in my pocket, then tape my dad's dime back to the letter before signing *Sunshine.* I throw in one of my Misfits bows for an added surprise, then after a quick boost back up to the tree, I tape the box back for the next person to find.

"Where to next?" I ask, but just then, Dad's cell phone rings. "One second, babe," he says. I can tell it's work. He starts pacing back and forth talking about the Giants trying to make a big move. "I have to run out to Oracle Park. Big trade in the works," he says. "Can we treasure hunt some more tomorrow?"

"I don't mind," I say, "as long as the Giants are finally trading for a right-handed bat with some power."

"That's my girl."

As we walk home, he hits me with number 1.

"Ozzie Smith, the Wizard of Oz, greatest defensive shortstop of all time. Want me to go on?" I say with a smirk.

"Go for it."

"Billy Martin, Bobby Doerr, and my favorite of the group, Pee Wee Reese."

"Why is he your favorite?" Dad asks, puzzled I took Pee Wee over Ozzie, who I know is one of his favorites of all time—any position.

"When Jackie Robinson played on the Dodgers and all the White fans were yelling at him and telling him he didn't belong, Pee Wee Reese walked over and put his arm around Jackie and the fans shut up."

"Everyone needs a friend like Pee Wee," Dad says.

"Reese and Robinson, one of the best double play combinations of all time."

"Are you sure it's not Nam-joon and Suga?" Dad says, putting his arm around me.

Maybe it is.

CHAPTER 4:
PICTURE PERFECT

I feel like I'm the only fourteen-year-old on the planet without my own cell phone. It sucks. Seriously sucks. Like, I feel like I'm the biggest loser on the planet sucks. My parents tell me I can get one for my fifteenth birthday, that I'd get one as a high schooler. Meanwhile before school, during lunch, in the middle of class, everyone I know is on their phone, and I'm in my own corner drawing pictures of K-pop singers and baseball players. It's not like I would ever even talk on the phone, but the phone and air pods are status symbols of whether or not you've got cash. Seriously, at my school, if you even have a wire connected to your music player, they straight up call you poor. "Nice wires, ya bum." I have an iPad, which I love, but you can only fake forgetting your phone at home for so long before everyone starts making fun of you.

And now without a right hand to draw with thanks to this stupid cast, a cast that also prevents me from playing Switch, PlayStation, Xbox One, and Steam (what can I say, I'm a gamer), I'm pretty much down to being in my room and playing with my Monster High dolls. I'm at a weird age where I still love my dolls and playing Legend of

Zelda and Animal Crossing, but then I go to school and all the girls are talking about kissing boys and booty shorts—*yuck*. Last time I invited someone over to my house, this girl Stacey from my team walked in my room, saw my Monster High collection and asked if I had a little sister. Then she ripped Clawd Wolf's head off and tossed it against the wall. I pretended to laugh along, but I started hyperventilating to the point I needed a puff of my inhaler. Needless to say, that was the last time I talked to Stacey about anything other than softball.

Mom told me that sometimes, softball friends are like work friends. Everything is fine at the office, and you might go out with them when you all work at the same company, but once someone leaves they're pretty much gone, and it's extremely rare that they stay in touch. I feel that way with the girls on my team. They all cheer for me when I'm on the field with them, but nobody has come over since I broke my arm. Haven't seen anyone for weeks. It's like if I'm not helping them win their trophy or ring or medal or whatever shiny object they're handing out at this week's tournament, I don't even exist. Like I've been cancelled. Hurts to think about, but at the same time, at least that means nobody is ripping off Draculaura's legs this week, and I can play in my room in peace.

But just when I grab Heath Burns to change his top into the fiery black jacket with flames shooting down the sleeves, my iPad chirps. Geocache sends me a notification about another treasure someone recently posted about in Millbrae. I peep the map and notice there's an icon near the Millbrae Library.

"Mom, can I go geocache without dad? There's one near the library."

"No problem, dear, just be home by dinner."

I pack my iPad into a backpack along with a few Misfits bows and I'm out the door. Heath Burns can get dressed for his date with Frankie Stein when I get back. The library is only about a three-minute walk down Taylor Street and across Magnolia Boulevard, right next to the police station, firehouse, and city hall. One of the nice things about living in Millbrae is, it's a suburb of San Francisco, but it still has a small town feel to it, and everything is pretty close together.

I check the iPad for the tracking info: *37.602-degrees N, 122.3970-degrees W.* A bunch of kids are out in front of the library skateboarding and sipping Jamba Juice as I look around for anything that doesn't quite belong. I know the treasure box has to be around here somewhere. But when I look back at my iPad for the location, I realize the icon isn't in front of the library—it's actually inside. The clue on the website is called Poets' Corner. I know they have poetry readings in the rec room, but I don't spot anything that looks like a cache when I look the place up and down. The room also appears off a smidge when it comes to the geo-coordinates. I'm looking down at my iPad as I inch closer to the icon on the screen, trying to avoid all the old ladies and moms trying to hang onto their kids by the collars as I pass by. I make a left into the aisle, and according to Apple, I'm right on top of the cache's coordinates. It must be somewhere between these books. *Poets' Corner, Poets' Corner . . . damn, what could that mean?*

I look up and down the shelves, and that's when I see it, *C.S. Lewis at Poets' Corner.* I rip the book down off the shelf, and when I open the cover, the pages inside have been cut across the middle and there's a notebook folded up where the center of the book should be. I open the notebook to find the instructions: *Write down your favorite poem or song lyric to inspire the poet in all of us.*

That's an easy one. I unhook the pen that's attached to the top of the notebook and begin to write out the words to my favorite BTS song: *I still believe, even though it's unbelievable. To lose your path is the way to find that path.* I'm so lost in the moment that I don't even realize someone is standing next to me. "Nice cast," is all I hear. When I look up, I realize it's Amanda, the same catcher who knocked my softball summer sideways, inhaling her Juul and blowing the strawberry-bubblegum flavored vape right back into my face.

"What are you doing here?" I ask. "The picture books are in the kids' section."

"By the looks of it, the same thing you're doing. Looking for Poets' Corner." She holds up her phone and I see her geocaching map flashing. I pull a bow out of my backpack and hand it to her. "I guess this is for you, then," I say with a smirk. "Just like old times."

She stares at me and steps back into fighting position, raising her hands and faking a sudden movement my way before pulling back. I drop the book, look down at my cast and shrug as I square up to scrap. This is going to hurt her more than it's going to hurt me. I hope. Never been in a real fight before. I've sparred in my martial arts class using gloves, even practice with the demo swords and rubber nunchucks during weapons class, but that's all for fun, or as my dad calls it, cross-training for baseball season. What's about to go down here is different. This is for real, real. Didn't think I'd need to punch my way out of a geocache, but here we are, about to throw down right here in the poetry aisle.

"Remember when we played on that 8U team together," Amanda says, putting her fists down and taking a deep breath. "It wasn't about who was going to get a scholarship or who led the league in hitting or who won MVP. We just played in the dirt and laughed."

"You played in the dirt. I was running around the bases." I put down my fists and blow the hair out of my eyes.

We look at each other, not really knowing what to do, then we both start laughing. "You know what, Sunshine? I never actually hated you."

"You sure fooled me."

"My dad told me I had to hate you," she says. "He told me that for me to beat you, to be better than you, I couldn't be your friend. That's why I did it. I didn't want to but—"

Amanda stopped, and I could see tears rolling down her cheeks. I wipe her face with my left thumb and say, "I remember when my dad wanted to take us out to ice cream after winning second place in our first softball tournament, and your dad yelled at him and told all the girls that second place is really just a bunch of first losers. Ice cream is for winners. That's all he kept ranting on and on and on while pointing at my dad."

"He's worse at home," she says. "He set up a hitting net in the garage and makes me take five hundred swings a day. I could do four hundred and ninety-nine perfect, but all he'll do is yell at me for the one I messed up."

"I take it you don't geocache together, then."

"This is really my escape," Amanda says. "I've found candy by the train tracks, a plush fish down by the park buried under a picnic table. I even found a pack of cigarettes in the alley behind school."

"Damn, that's crazy. Did you smoke them?"

"Hell no!" she says, snorting out a big laugh. "Oh my god, I'm so embarrassed," she says as she snorts again. "I can't stop." *Snort, snort.*

It's probably the happiest I've seen her since she used to play in the dirt. I bend to pick up the book and notebook that dropped during our earlier main event. "They want you to write down your favorite poem or song lyrics," I tell her.

"How about a softball cheer?" she says. Amanda takes the pen and writes, *Sunshine is a friend of mine. She can hit it anytime. Anytime and anywhere. She's gonna hit it outta here!*

If only we could've had this moment before baby girl broke my arm.

CHAPTER 5:
GOLD COUNTRY

Should I get bangs?

I spend a lot of time looking in the mirror in the most non-diva way possible. I'm just trying to figure my face and hair out. People see me play softball and think I'm a tomboy, but then I get home and love to put on makeup. A lot of girls wear so much makeup to school they look like clowns or unintentional goth queens.

I watch YouTube videos on how to apply eye liner to make my eyes pop, not to be popular. I really don't care about being popular. I'd just as soon spend my school lunch hiding in the bathroom stall than acting fake so I can sit at the cool kids' table. But one thing people do know me for is my long blonde hair. It's down past my belt to the point my mom does some serious braiding before any type of sport. We go online and find some cool designs, from the twisted faux hawk into a low ponytail to Dutch braids into a bun to two braids with a third Y fishtail down the back of my head. I always thought bangs looked cool, but I never wanted them, because when you wear a softball visor or batting helmet, the hair gets pushed down into your eyes, and I don't like that poking feeling while I'm trying to play.

But now, thanks to my new friend Amanda's thuggery on the diamond, I'm off the field for a bit, so I'm thinking of trying it out. I walk into my parents' bedroom to ask Mom what she thinks about me in bangs. I see my dad put something that looks like a cell phone into a bag. "OMG, oh my God, is that for me? Is that a phone?" It's about time.

"Hey Sunny, we need to talk," he says in a *hmmmm,* maybe this isn't a present for me kind of way.

"Sure Dad, what's up?"

"I know I told you we could go look for more caches together today, but work called, and they actually want me to meet up with the Giants on the road. There are a lot of rumors about Buster Posey, that he might be retiring soon, and I'm going to interview him out in New York when they're out there to play the Mets."

"New York! Can I come?"

"I know how much you love Buster, but this one is work only. Sorry, babe."

"So you got me a phone to make up for it?"

"Actually, something better."

"A diamond phone?"

He hands me the bag and when I pull it out, it looks more like a walkie talkie than a phone. "It's a GPS device to help you cache when I'm gone," Dad says.

"My iPad has navigation already," I say.

"But not as good as this. Plus, there's a second part to the present."

"Is it made by Apple or Samsung?"

"It's about Noni."

I haven't seen my grandmother in a couple of years. When I was in preschool, she got locked up in a famous attempted murder case in the Bay Area. I'm talking protestors, *Dateline NBC, 20/20.* Chris Rock even ended up doing a skit about Noni and why it pays to have a crazy-ass grandma. Here's what happened:

My grandparents used to live in South San Francisco, right

underneath the hill that reads *The Industrial City*. Cold, winds whipping at you from all directions, and a home burglary problem that had neighbors walking the street at nights just trying to keep each other safe. One day, my grandparents leave for lunch, they're out eating this huge submarine sandwich (the other thing South San Francisco is famous for), and when they get back, they see sliding glass door in the back is broken, their laptop is missing, some jewelry is gone, and the brownies Noni made for me to eat while we watched *Wheel of Fortune* and *Jeopardy* were left to crumbs on the table. That's right, someone not only robbed my grandparents' house, but ate my brownies. Bastard!

Next day, the neighbor's house is robbed in the middle of the night, and nobody saw a thing. No strange cars, no suspicious people wandering around . . . nothing. But again, the burglar stole a DVD player, some cash that was on the counter, and a plate of cookies. Everyone in the neighborhood started calling the burglar the Sweet Tooth Bandit.

So that's when Noni got an idea. Every morning she baked a fresh batch of chocolate brownies, but she wouldn't let anyone near them. She told me one day when I was over, "Whatever you do, don't eat the brownies." Did she think I was getting fat? But then about four days into her baking, my grandparents went out to a movie, and when they came back, there he was, the Sweet Tooth Bandit sprawled out on their kitchen linoleum. They called 911, and the paramedics ended up rushing him off to pump his stomach. Turns out, Noni baked brownies laced with rat poison, hoping for revenge. Then again, she used to tell me stories about some of my older relatives and the mob when I was little, so I guess you can say it runs in the family. At least the only thing my dad stole were bases. Fun times.

Noni ended up doing a year in prison. Some people called her a hero. Some people think she should've been locked up for life. She tried to move back to the old neighborhood, but it was just too hectic, starting fights between some of the older neighbors who had her back and some of the techies who had moved in since and definitely weren't coming over to borrow sugar. My grandparents ended up buying a small motel up in the mountains in an old gold mining town called Dathanville. Nunu passed away a few years ago, but Noni still runs the business by herself, everything from making beds to cooking breakfast and fresh pastries in the morning and taking care of the hundreds of tourists passing through town.

"Noni is hoping you could stay with her for a couple of weeks. She'd love to see you."

"You want me to spend my summer in Dathanville? Are you serious?" This is no *bueno*.

"You've never even been there."

"You told me when she moved there it's in the middle of nowhere."

"It's more like it's in the middle of the mountains," Dad says. "Think of it as an adventure. Besides, I bet she can really use your help."

"Do I get to keep any gold I find?"

"If it's in the river and you pan it, the gold is yours." Now we're getting somewhere.

"If I find a nugget big enough, can I trade it in for an iPhone?" I ask, folding my arms and raising my eyebrows.

"That better be one big rock, but sure."

I guess if I had to be stuck in Gold Country, might as well try and find some gold.

"Check this out," Dad says as he reaches down and grabs the GPS. "The cell service is spotty up in the mountains, but with this, you'll never get lost when you're out looking for a cache. Just keep your head up and watch out for bears."

Wait, nobody said anything about bears when I agreed to this.

"And one other thing," he says, unlocking the back as he puts in the batteries to see if the GPS works.

"What's that?"

"If you think a cache is under a rock, don't pick up the rock."

"Why's that?"

"There might be a snake."

This summer just keeps getting better and better.

Dad is taking the red-eye to JFK, so Mom is taking me to Dathanville. I grab a Nike duffle bag for my clothes and another one for my Monster High figures, a box of Misfits bows to leave behind for Dathanville cachers, and my Nintendo Switch so I can at least try and play left handed—better than wrestling bears. Before we leave, I log into Netflix and download two seasons of *Luke Cage*, the entire series of *Meteor Garden*, and a couple of seasons of *The Great British Bake Off*. If reception is as sketchy as Dad says, I don't want to be stuck in streaming hell. I'd rather have it all downloaded so I'm not sitting in some mountain town pulling my braids out with nothing to do but dress Clawd Wolfe (although he is looking quite handsome!).

I wake up at seven for a whirlwind of a trip. Packing of the car consists of me heaving my two bags into the back of my mom's Escalade, then grabbing a quick bite of two chocolate chip granola bars (the true breakfast of champions). It's about a four-hour drive to Dathanville, but Mom tries to make it in three. Anyone who has ever been in the car when Mom is driving knows the woman drives like a cross between Vin Diesel in *The Fast and The Furious* and a drunk Danica Patrick, weaving between lanes looking for any opening to hit the gas and pass every Prius on the road. She basically drives like every mile is a fight to the finish and everyone is out to get her. She seriously takes every lane change like a personal challenge. Someone swoops in behind her and she's yelling about how they're on her ass. Anyone pulls in front of her, even if it's like 200 feet in front, and she's shouting about how the jerk keeps cutting her off, even though we've never seen the jerk or his car ever before. That's why I just put my headphones on and watch TikTok dance videos and let her road rage to herself. The only good thing about the drive or the trip so far is we got to stop at the Taco Bell in Sacramento. At least, the Taco Bell sounded like a good idea before we left Sacramento and started our drive through the mountains. I'm cool with driving straight, but once we start twisting and turning our way up the mountain to Dathanville, I start feeling nauseous. Didn't help that it was also 105 degrees in the car. I'm used to the Bay Area fog. I don't do 105.

"Mom, pull over!"

"If you have to pee, can you hold it, we're almost there?" she says, not even looking my way, but flipping off the white Taurus as it heads by us in the other direction.

I can't speak; I'm hunched over and my skin is green. Mom keeps hitting the gas while singing to the Jonas Brothers. Just as she belts out, "You're the medicine and the pain, the tattoo inside my brain," my chicken and cheese *quesarito* starts hurling out of my mouth and onto the floor of her car, disgustingly spraying across her legs and feet. That's enough of a gross tipping point to where she finally pulls over, only to start puking out a couple of chalupas of her own. I don't think I can ever listen to *Sucker* again without vomiting.

"Not quite the summer you imagined, I take it," Mom says as she starts laughing, wiping the chalupa chunks from her mouth.

I grab a bottle of water from inside the car and take a sip, swishing the water around my mouth and taking a few steps away from the car on the side of the road.

"That's alright, when I find some gold this week, I'll post it on Snapchat and everyone I know will wish they spent their summer in Dathanville."

Then again, maybe not as I look up at the road sign welcoming visitors to Gold Country with a cartoon bear warning against forest fires. Only thing is, this bear has red graffiti devil horns over his yellow helmet and a pitchfork drawn into his hands. When Dad warned me about the bears in this town, I didn't know they'd be devil bears. What is my life right now?

CHAPTER 6:
BEAR MEAT

We roll into town, each about five pounds lighter, and I've never seen or heard anything like it. Living in almost-but-not-quite-San Francisco suburbia my entire life, I'm used to car alarms and horns and firecrackers and shouting kids and breaking glass and idiots racing cars and motorcycles down the street at seemingly all hours of the day and night. We pull into Dathanville by crossing a one-way bridge and all I hear is the almost creepily peaceful sounds of the river running below us. We roll through the two-block downtown area and it looks like something straight out of *Tombstone*. I'm your Huckleberry, now show me the gold!

My grandmother's motel is right on the corner of Main Street, and I can see her looking out the window overlooking the entire town as we pull into the motel's parking lot—a giant weed patch where people park hoping their car doesn't backfire and spark a fire. I get out of the car and I'm dripping sweat, and I know I still smell like puke, but Noni comes running out in a flower muumuu and matching head scarf and gives me a tight squeeze, which by the look of sudden disgust on her wrinkly face, she regrets almost immediately.

"What's the hell have you been feeding my granddaughter?" she says to my mom, who just looks at me and rolls her eyes.

"I think that's my cue to go," Mom says. I've never actually heard my mom say she hated her mother-in-law, at least not to me, but I've heard Mom and Dad whisper a little too much whenever the old lady is brought up to not know something is up.

"Aren't you going to stay for dinner? I'm making gnocchi."

"I really have to get back," Mom says. And by *really*, she means not really, but I let her off the hook.

"Mom has to work tonight," I say. "Besides, you know how much she hates the heat."

Mom smiles and winks at me for giving her the opening, then rattles her keys in her hands while reaching over and kissing me on top of my head. Smart. It's probably the one place that didn't get puked on. "Remember, no softball. No acting crazy and falling on that arm. You need to let it heal."

"Don't worry, I plan on using the cast to knock out any bears that attack me in the forest."

"Sunny, I'm serious. And remember what your dad told you about the rocks."

"Yeah, yeah, *hiss-hiss*, there might be snakes."

Just then, I hear the sounds of home and I'm startled. An ambulance blaring its siren blasts through the middle of town and across the bridge as just about everybody from every shop rushes out onto the street to see what's happening. Noni looks on and shakes her head.

"In Dathanville, they have a saying. 'Sometimes you eat the bear, sometimes the bear eats you.' Now c'mon Sunshine, grab your bags and head inside. We've got four beds to make and a bathroom to clean before today's guests check in."

"Wait, did someone really just get eaten by a bear?" I ask.

"It's just a saying, dear. But today, you never know, it might just be true."

CHAPTER 7:
BEAR TRAPS

Noni's Gold River Motel is a beautiful dump. It's footsteps
away from the amazing, hard-charging Yuba River, and all
you hear is the rush of water no matter what room you're in.
I remember when I was about six or seven, I couldn't sleep, so my mom
bought me this CD that had the sounds of nature. It was so soothing
it would knock me out in minutes. I still love listening to it at night to
relax, but seriously, that CD doesn't compare to the sounds of this river
in real life. It's so beautiful that the first thing I want to do is take a nap.

But the river is seriously the motel's main highlight. The rooms
are so small; they're more Rey Mysterio than Braun Strowman.
The TVs only have like three channels and an antenna you have to
basically hold in just the right spot while balancing on one foot and
patting your head to get a channel to actually come in somewhat clear.
Otherwise, the picture jumps up and down. But the weirdest thing
about the motel is its design. Whoever built the place and laid out
the rooms sure didn't care about anyone's privacy. For some reason,
some of the bathrooms are facing the only walking path between the
so-called suites, so if someone leaves the window open while they're

sitting on the toilet, you actually get to see the shocked look on their face as you walk by and say hi.

I actually found this little tidbit out the hard way as Room 3 rang Noni to ask for towels. Meanwhile, the old woman in Room 2 definitely was regretting her lunch choice. I could smell what was going down in the distance, and when I walked by, she looked up and smiled. I said hi, she said hi. The moment I realized she was pants down on the toilet, she realized the same thing, and the look of shame smacked her in the mouth as she slammed the window shut. Joke's on her. There are not any fans in the rooms, so no open window also means no air circulation. She's going to be smelling that lunch all weekend.

I walk back to the main office, still weirded out about the bathroom incident, and Noni is going over inventory in her motel gift shop.

"Can I get a cookie?" I ask, and Noni slides one across the counter my direction.

"That'll be two dollars," she says.

"Two bucks? How about a brownie?"

"A regular brownie will run you three dollars, or you can buy a special collector's edition for five."

I grab the collector's edition to see what's so special and I just shake my head. She's selling special *Sweet Tooth Brownies* wrapped in a photo of her mugshot with the tag line, *Twice the taste, none of the poison.* Wow!

"Is it cool if I walk around town?" I ask, putting her brownie back onto the table with my right hand, sliding a cookie into my pocket with my left.

"Sounds like a good idea," she says. "I think you'll fall in love with the town like I did. It's almost like taking a trip back in time."

"What do I need to find some gold in that river?" I ask.

"Head to Tommy's hardware store across the street. He can fix you up with just about anything you need. Gold pans, fishing rods, bait. It's pretty much a one-stop shop for everyone in town."

"Thanks, Noni. Need anything while I'm out?"

"How about the two dollars for that cookie in your pocket?"

You can't con a con, or an *ex-con* in this case.

"How about I head to the store and buy some cookie dough, then we make fresh a batch for tonight," she says as I put the cookie back on the counter. "Then we can find something the two of us can do together. Any chance you've ever played backgammon?"

"All the time with Dad."

"Sounds like a date," she says. "Nothing better than some fresh chocolate chips and a little backgammon. Since your grandfather passed away, I don't have anyone to play against, so I play a lot on my phone before I go to bed. I can't wait to actually play against another human just so I can look you in the eyes while I beat you."

"If I win, just promise not to make me any of your special brownies out of spite."

"If you win? Oh, Sunshine, I don't think I'll have to worry about that. Noni doesn't give out participation trophies, and I don't let children beat me at board games either. Now go ahead and scoot, I have some laundry to do before our next guest checks in at three."

I start to leave when I hear her shout my name, then just as I turn my head, I see a cookie spiraling my direction before catching it with my left hand just gentle enough to where I don't crush it to crumbs.

"You might get hungry out there," she says. "But stick to the center of town, and whatever you do, don't wander out into the forest by yourself. I don't want to have to call your parents to let them know their daughter was eaten by a bear . . . or worse."

"Wait, there's something worse than being eaten by a bear?"

"Just stick to Main Street, check out the shops, maybe head to the Dathanville Museum or get something to eat at the bakery and you'll be fine. Just don't go wandering off too far," she warns. "There's only about two hundred people who live in Dathanville, and yeah, there are a lot of retirees like me, but we also have just as many people who move up here looking to escape their problems as we do people who are just looking to escape the big city."

"I guess I just have one question then," I say, unwrapping the cookie before I go.

"Shoot."

"What should I do if I actually see a bear?"

"Whatever you do, don't run," she says. "Make eye contact with the bear and keep eye contact the entire time as you slowly back away. If the bear steps toward you, stand on your tippy toes and spread your arms as wide as you can and start screaming, making as much noise as you can. You might just scare it away."

"And if that doesn't work?"

"Pray."

"What about the old saying, 'I don't need to outrun the bear, I just need to outrun you.'"

Noni laughs. "You gonna drag your old grandma down to get away now, are you?"

"You think you can outrun me?" I ask, laughing back.

"You might not realize this, Sunshine, but I'd take a bear bite for you any day of the week. We might not know each other very well anymore since I moved up here, but you and your dad, hell, even your mom, you're family, and you guys mean everything to me, and if I have to get mauled by a bear to prove it, that's just what this old lady is going to do."

I run over and give Noni a hug before heading out the door. Not many people have your back in this world, so when you find someone who say they're prepared to take on a bear for you, it really is something sweet. I break the cookie in two, popping half into my mouth as I take my first steps onto Main Street to see what Dathanville might have in store for me this summer.

CHAPTER 8:
A GIRL ABOUT TOWN

Walk down Main Street, and the sidewalks are made from old wood that actually creaks and squeaks with every step. Feels like I'm about to have a gun fight at sundown just by shuffling down the street. Buildings all have triangle roofs so the winter snow slides to the ground, and the dirt street looks like something more for an O.K. Corral showdown than the side shows I'm used to seeing in the Bay. Down the street, I see a row of old timers gossiping while smoking cigars. The smoke drifts my way and I feel like I need to hit my inhaler. Between the elevation and the smoke, this is not the ideal spot for asthma girl.

Down the street is a tourist trap gift shop, a bike store, the post office, and a pizza parlor. There's also an actual saloon with the swinging doors you see outlaws thrown through in Westerns. A couple of doors down, I spot the ice cream parlor, so I know right where I'm headed after I hit up the hardware store for some gold pans. A girl has to get her phone one way or another. I push the door and walk inside Tommy's Hardware, and as I stroll in, the door sets off a chime to let the bearded, scruffy-looking buff guy behind the counter

(I guess I'll call him Tommy) know he has a customer. There's an old bulldog soaking in his own saliva sprawled out near the door, and three white-haired tourists sweating through their 49ers Gold Rush tank tops and Reebok shorts toward the front of the store trying on T-shirts and Bigfoot masks near a display of fishing rods coated with so much dust, they've probably been on sale since before I was born.

"It's not a bear, it's Bigfoot," one of the men yells as he grabs a shirt marked 2XL and holds it in front of the mirror. "No way there can be this many bear attacks unless every bear out here is stealing *pic-i-nic* baskets."

"I've heard it's not a bear or Bigfoot, but something else," the woman with him says. "For years, I've heard the legend of the Dathanville Devil."

"We have Dathanville Devil shirts on sale today," says the man behind the counter. He grabs a pink shirt for the woman and hands it to her. It says *D-Ville Devil* with pitchforks for the *I's*.

"I'll take it," she says.

"And give me one of these masks," her friend says. "I'll wear it out to the woods. Maybe I'll trick Bigfoot into coming up and saying hello."

"I'll take your money, friend, but I'll also give you a piece of advice. Stay away from those woods," the man behind the counter says. "Whatever is up there—a hungry bear, Bigfoot, the Dathanville Devil—tourists are searching for this thing, but this thing bites back."

"You tell a good story, Tommy," the woman says. "No wonder these things are flying off the shelves."

I make my way over to the cash register and can't stop staring at the posters behind the counter. Dathanville Devil artwork, Bigfoot's gigantic feet, pictures of bears eating cartoon babies. Just above the posters, four samurai swords hang on the wall. Is that how you kill Bigfoot? Chop it up with a sword?

"Can I help you, miss?" Tommy asks, waving at the tourists as they walk out the door.

"My grandmother owns the motel across the street," I say. "She told me you sold gold pans."

"Do you know why silver was more popular than gold?" he asks. I just look at him like, *What are you even talking about?*

"Everyone dug the silver, but panned the gold." I cock my right eyebrow and look down at the dog who lets out a cross between a moan and a bark. "I'll make you a deal," he says, "You answer my one question, and I'll give you the gold pan for free."

"Bring it on," I say with a smirk. Free stuff, now we're finally on the same page.

"What kind of music did the gold nugget listen to?" he asks.

"Heavy metal," I say back. "You know why the miner is always depressed?" I ask back.

"He can never see the light at the end of the tunnel."

We both stop for a second and then burst out laughing. Seems like Tommy is a pun master, just like Mom. Seriously, when Mom makes me breakfast, I can't take two bites without her dropping something like, "You're my butter half."

Tommy reaches down behind the counter and pops back up with a green plastic pan. Looks almost like something Mom uses to drain my mac and cheese. "Dip this into the river, collect the dirt and rocks, then shake the pan back and forth. The more you shake, the more you filter the heavy stuff to the bottom. If you find gold, it's going to drop down to the bottom of the pan. Get the rocks nice and wet, and keep shaking side-to-side. Keep dipping the pan back into the water, then take it out, tilt it toward you, and get back to shaking. When you're left with about a tablespoon of dirt and little rocks, sort through it for those gold flakes."

"Flakes? I'm thinking like Run-DMC gold ropes around my neck, or at least enough to trade in for an iPhone."

"Back in the Wild West days of this town, you might be finding big nuggets like that, and people are out in that river twelve hours a day still thinking they are going to strike it rich," he tells me. "There was a guy up in Jamestown, found an eighteen-ounce nugget worth seventy thousand about three years ago. Ever since then, the river has been flooded with folks thinking the water is filled with these jewels. There are hundred-dollar nuggets out there for sure, but I wouldn't bet on finding any gold rope quality nuggets out in the Yuba River."

"What's up with all this Dathanville Devil crap?" I ask.

"Tourists stopped buying fishing poles a long time ago. I had to switch it up."

"My Noni told me to watch out for bears. She didn't mention anything about Bigfoot or the Devil."

"Your Noni is a smart lady," he says. "I don't think you have anything to worry about. About a year ago, we had some documentary crew out here looking for Bigfoot. Posted a lot of footage of them knocking on trees and howling out mating calls for Sasquatch. Now we have a bunch of yahoos out here thinking they can find Bigfoot up here, and all they're finding are some hungry bears who don't take kindly to people trespassing in their forest."

"Dathanville Devil does have a cool ring to it, though," I say with a laugh, and Tommy tosses me a shirt.

"Wear this around town if you want. Cute girl like you might help drum up some more business if someone sees it on Instagram."

I pet the dog on the way out, and it's finally time I scream for some ice cream. The ice cream and candy shop is about five doors down from Tommy's, on the right. I walk in, and there's only about a dozen different flavors in the freezer, but I ask for a double scoop of chocolate on a sugar cone. She hands me my treat, then I run over and have a seat and try to lick it all down before it melts in the triple digit heat. "Did she get the last of the chocolate?" a voice asks from behind. I turn to see a boy in a red Phillies hat and unbuttoned Bryce Harper jersey standing in front of the register.

"Don't worry, Em, there's more in the back," the woman working behind the counter of The Big Scoop says. "Be back in a minute."

The boy turns and looks at me, then stares at my now one and a half scoops of chocolate, and his eyes get big. "Never seen you around here before," he says.

"First time in town," I say.

"Hey, I'm Emerson," he says, sticking out his hand to shake, but my left hand is dripping with chocolate, so I awkwardly reach out with my cast and he just as awkwardly gives my cast some kind of bro fist bump. "That was really strange . . . sorry."

"My bad," is all I can say back in low-key embarrassment mode. "I'm Sunshine."

"What the hell happened to your arm? Did a bear get you or something?"

"What is it about this town and bears?"

"I guess you saw the ambulance from earlier."

"Yeah, what was that all about?"

"Ever since some magazine wrote an article and called Dathanville *Mountain Biker Heaven,* all these tourists have been coming up here, making trails and being places they probably shouldn't. Next thing you know, they're dragging down bodies, been mauled and chewed up. Some people say they're bears. Some say the bite marks look more like a pack of wolves. I heard a few people say they saw Bigfoot up in those hills back there."

"Or the Dathanville Devil," I say, showing him my new shirt.

"I don't know what's up there, but I'm not really trying to find out," he says. "My brother is the sheriff, and he told me if he catches me out in the forest by myself, he'd do me worse than some bear."

"Don't worry, my Noni said she'd get eaten in my place, so we're good."

"You want me to show you around town?" Emerson asks.

"That would be awesome. I stand up and we both realize at the same time I'm about a full head taller.

"You play basketball?" he asks.

"Softball," I say back. "Second base and catcher."

"Nice. I'm a shortstop and pitcher," he says. "I'm only twelve, but they have me playing up with the fourteens."

"You're like a younger, shorter, boy version of me," I say with a smirk as we open the door and feel the rush of hot air. "Wait, don't you want your ice cream?"

"If I tell you a secret, you promise not to think I'm weird?"

"I promise to act normal, but by your question, I already think it's weird," I say, "but go on."

"I saw you inside and wanted to talk to you. We don't get a lot of new kids in town."

"Not weird at all," I say. "But I have a question for you."

"Shoot."

"Who's the best number twenty-four in the history of baseball?"

"So, what you're really asking me is who's better, Rickey Henderson or Willie Mays."

"I'm so glad we met."

"I'll take Rickey Henderson and those head-first slides all day. How about you?" Emerson asks, adjusting his cap while wiping the sweat from his forehead.

"I guess I'm more of an over-the-shoulder basket catch kind of girl."

"I like your style, Sunshine. Something about you just screams swag."

"You had me at head-first slide."

"Awesome, then come with me," he says, spinning his Phillies hat around so it's facing backwards. "I'll show you where they used to kill people."

CHAPTER 9:
THE GALLOWS

Emerson isn't lying. First stop on my downtown Dathanville tour—the Sierra County sheriff's gallows. It's actually equally creepy and fascinating all at the same time. There's even a park bench so you can sit and look out over town while enjoying the scene of where a twenty-year-old outlaw was executed back in 1885.

"You sure know how to treat a lady, Em," I hear someone say from behind. As I turn, I see a man in his late twenties in a beige sheriff's outfit, complete with badge, gun, and cowboy hat. He has long, light brown sideburns and he's been out in the sun so much that if I had to draw his tan with Crayola Crayons it would be Burnt Sienna on the way to Mango Tango.

"I thought you'd still be up by the bear attack," Emerson says.

"What do you want me to do, arrest the bear?"

"Sunshine, meet my brother, Brenden," Emerson says, turning his head back and forth to look at both of us. "Sheriff Benz, this is Sunshine."

"I feel like I should take a bow or something," I say as I stand up and wave with my left hand.

"Dang, girl, I hate to see what happened to the other guy," Brenden says, grabbing my cast. "Was it a right cross or an uppercut?"

"More like a grand slam," I say with a laugh. "Wait, did you just say your last name is Benz?"

"What about it?" They both blurt out at the same time.

"Emerson and Brenny Benz. I don't know, sounds like you guys are rappers or something. Do you have a sister named Mercedes?"

"Funny, coming from a girl named Sunshine," Emerson teases back. "Do you even have a rap name?"

"I'd go with either Sister Sassafras or MC E-Squared," I say with a laugh. "Gotta rep my boy Einstein." I obviously think about things like this way too much.

The sheriff turns to me and smiles. "Always fun to add some sass to this town. If there's one thing this town lacks, actually, it's sass. Most of the newcomers are mountain bikers, hikers, or hunters. And all that gets us lately is bear food."

"I was going to take her to the bridge next," Emerson says. "I'm giving her the grand tour."

"Sounds like you're going to see all the best spots for a hanging in one day."

"Wait, there are more gallows?" I ask.

"In Dathanville, the sheriff's gallows were only used once, but that wasn't even the most famous hanging," Brenden says. "The town likes to sell itself as being famous for the Gold Rush, but when you look back at the history books, the most famous thing that ever happened was on that bridge right over there by the motel."

"That's my grandmother's motel."

"You're Freda's granddaughter?"

"The one and only."

"Nice lady, as long as you stay away from her brownies," the sheriff says, walking toward the bridge.

"What's so famous about this bridge?" I ask.

"Back in 1851, Dathanville became the first city in California to ever lynch a woman."

"What in the hell happened?" I say, walking closely behind the Benz brothers as the three of us reach the bridge.

"There's been different stories, rumors, and gossip throughout the years. Small town like this, and people like to talk. I'm sure there are already a dozen stories about what you're doing walking through town right now."

"But I came here to get away from the paparazzi," I say, shrugging.

"Anyway, it was Fourth of July, and some of the gold miners were partying a little too hard. One of the men, a guy by the name of Jimmy Kemp, had been harassing a woman in town for months. Kept calling her a witch. Tried to convince the town that she and her husband were some sort of supernatural beings after he said he saw her talking to some kind of beast-like creature out in the woods. So, he's drinking all day and night when he finally gets the liquid courage to confront her and starts knocking on this woman Isabella's door. She's scared, and her husband isn't home, so she doesn't answer. But the stupid drunk won't take no for an answer and ends up kicking in her door. The two get into a fight, there's a gunshot, and when the rest of the miners run over, the man is found slumped over dead."

"Witch, please. Sounds like he got what he deserved."

"That's not how the town saw it. They accused her of murder, and even worse in that day and age, witchcraft. They put her on trial the next day for his murder, and guess who was the jury?"

"Don't tell me, the other miners."

"Ding-ding-ding! She was found guilty by a jury of the victim's friends, but then came the bombshell. A doctor testified that Isabella was pregnant."

"Day-um! She was about to have a little witch."

"The doctor said that they can't hang a pregnant woman, and the jury got up and started beating him right then and there inside the courtroom. Next thing you know, a lynch mob is formed and they lead poor Isabella to the bridge where they had already built a scaffold to hang her from. Isabella climbs up, and when they ask her if she has any last words, she bursts out '*Adios, amigos*' before waving to the crowd, smiling, then jumping off the scaffold to the sound of her neck breaking, swinging herself to death."

"What in the actual fuck," I say, leaning over the side of the bridge and looking down at the river rushing below.

Brenden just shakes his head. "Welcome to Dathanville."

CHAPTER 10:
DOUBLE SIXES

After the uplifting stories about hanging a pregnant woman off the bridge across from my grandmother's motel, I decided it was time to call it a day and head back to Noni's. I told Emerson to meet me at the bridge tomorrow morning at ten for an adventure. He told me he's never been geocaching before, and by the look on the map, there are some cool locations to check out that don't involve gallows or bears (I hope).

"You ready for some backgammon, dear?" Noni says as I walk into the front room. "I already set up the board and made some double chocolate chip cookies. All you need to bring is the milk."

I walk into the kitchen, pour two glasses of moo juice, and it's game on. When I was eight, my dad gave me a book called *Backgammon for Blood*. It's just how our competitive family likes to get down, I guess. You see, most people play backgammon like it's a sprint. Roll the dice, and try to get all of your pieces home so you can take them off the board. But *Backgammon for Blood* flips the game defensive. You see, if your opponent leaves a piece by itself, you can hit it, sending it back to the beginning of the board. So the goal is not to be the fastest to run your pieces to the end; the goal is really about setting up your board to block your opponent, then hit their pieces as many times as possible, preventing them from moving forward as you continue to setup your defense. I prefer the Ace Point game, where I leave two of my checkers in the original first spot, the farthest away from my home bar. Then I setup a blockade back at home, attempting to spread two of my pieces across each space on my home quarter of the board. Set it up right, and when I finally move one of those checkers and hit my opponent (on the board, not in the face), they are unable to even play. No roll. No move. Nothing. Now that's going for blood. This strategy takes what looks like a simple game where you roll two dice and move your pieces across the board, and really leads to frustrating opponents to the point of quitting or outright flipping or throwing the board across the room. I wanted to see how far I could push Noni before she lost her shit.

"Your dad taught you well," Noni says as she examines my defensive strategy. "But you know what happens if you leave those two checkers back there too long?" She rolls the dice and it's double sixes, the highest roll in the game. "You can have your entire row blocked off, and you've done a beautiful job, by the way, but if you play too defensive I'm able to set up my offense to the point where I might never give you the opportunity to hit."

"It's a chance I like to take."

Noni's right. Wait, *Noni's right?* Whenever I do this trick against my dad, he gets stuck and ends up losing badly. But Noni isn't leaving any of her checkers uncovered for me to hit, and she's now moved everyone home and is ready to bear off.

"Just because I taught your dad everything he knows, doesn't mean I taught him everything I know," she says, rolling the dice again and bearing off two pieces.

"If you would've said that backwards, you'd sound like Yoda," I say, rolling a five and a two, curling my lips in frustration.

"Dice, I roll. Attack, I will," she says, rolling another double six, bearing off four more pieces. "You see dear, laying back and playing the blockade route will win you a lot of games, but at the same time, you need to know how to differentiate when it's time to lay back and play the defensive route, and when it's time to go for the kill. Sometimes your best offense is a good defense. It's true. But other times, your best offense is a full out blitz."

I'm screwed and I know it. She only has a few more pieces to bear off, and unless she leaves a piece uncovered for me to hit, it's game over. I roll double fives, moving one of my aces across the board, leaving one checker left back for a desperate play. Noni rolls a three and a one, forcing her to finally leave one of her checkers uncovered. If I roll a one, not only will she take the hit, she won't be able to play since I have my entire home board covered.

"Look at you, Sunshine, you're a fighter. I always liked that about you."

I blow on the dice and roll. Double sixes! Nine times out of ten, that's the best roll in the game. This would be time number ten. "Tough luck, kiddo," Noni says, taking her final roll and winning the match. "Sometimes it all comes down to that one play. Should you have made a run for it here, should you have taken a chance there? Those are the types of things that keep me up at night—how one move could change your entire game."

"You happy with the way your game played out?" I ask.

"I'm sitting here with you right now, so I know one thing for sure, I wouldn't change a thing."

CHAPTER 11:
SHAKE IT LIKE A
POLAROID PICTURE

I wake up around eight and look out the window to see some kayakers paddling down the river. One of them even has a dog standing on the point, soaking wet and shaking, but looking like it's having the time of its life as the raft quickly glides along. I brought some Bluetooth speakers on the trip, so I set up my music playlist for day one:

Shine – Pentagon
Silver Spoon -- BTS
Fantastic Baby -- BIGBANG
As If It's Your Last -- Blackpink
Sorry, Sorry -- Super Junior
Black Swan -- BTS

I basically watch the YouTube videos of my favorite K-Pop groups hundreds of times. I watch the official music videos, I watch concert footage, dance practice, whatever I can search and find just so I can better understand all their moves for when I dance in front of the mirror. The BTS Army posts so many funny videos of the boys, they're like a group of best friends who I never actually talk to, but it feels like they're talking to me. I spend the next half hour dancing in my motel room before heading down for some *wakey-wakey-eggs-and-bakey*, or as the common folk call it, breakfast. By ten, I'm out the door and Emerson is already waiting for me by the bridge.

"See anyone jump off?" I say as I run up, grabbing him like I'm about to launch him up and over and into the water below.

"Not yet, but I've only been here for a couple of minutes."

I show him my GPS device and he raises his eyebrows. "Damn, you're not messing around with this thing."

"My dad won't let me have a phone, so the only way to geocache up here in the mountains is with one of these."

"Where are we off to first?" he asks, grabbing the GPS out of my hand.

"If I didn't have a cast, you'd never be able to snatch that from me."

"Did I just snatch your wig?"

"Shut up, before I throw you over this bridge for real."

I pull out a piece of paper from the back pocket of my jean shorts and show him the clue. "I printed out a couple of the caches from my grandmother's computer," I say. "I did a search for Dathanville, and these were the highest rated."

"Let's do this one," Emerson says, pointing at the clue *Picture Perfect*. "Punch in the coordinates and see what comes up." We look down as it loads the map. "Oh, snap," Emerson says. "It's in the cemetery."

"Looks like it's not too far up the road to the left once we get out of town."

"Yeah, it's only like a fifteen-minute walk," Emerson says, throwing the GPS back at me, then taking off across the bridge. I catch the GPS with my left hand after a slight bobble, then I take off after him. It's hell to run in this heat, but I'm not letting some twelve-year-old boy beat me in a race.

"Damn, you're fast," Emerson says when I catch up to him on the other side of the bridge. "I've never seen a girl move like that."

"That's okay, you're not the first boy I beat, won't be the last."

"How long you staying in town, anyway?" Emerson asks, slowing to a jog.

"Only about two weeks," I tell him, matching his slower pace to jog next to him. "My dad went to New York on business, so he thought it would be a great idea if I could spend some quality time with my grandmother. I haven't seen her in years."

"I wish you'd move up here. This place is usually so boring."

"Yesterday I got here and some dude got eaten by a bear. How is this boring?"

"There's just not a lot of kids around. My school has like forty-nine students."

"In your class?"

"No, that's my entire school."

"Damn. I have twelve hundred people in my junior high."

"I wish I could go to a school like that."

"Actually, you don't."

"Why not?"

"When there's that many kids, all anyone wants to do is be like everyone else. You act too smart or too athletic or you're too pretty or do anything out of the ordinary and everyone kind of just piles on, trying to bring you back down to the group."

"So what happens when you're smart, athletic, and pretty? What happens when you're you?" Emerson asks with a little flirty smile. Look at the kid go.

"I try to hide in the library, but most days I'm hiding in the bathroom stall, trying to eat my sandwich in peace. The cafeteria with twelve hundred teenagers acting a fool just isn't my scene. It's easier if I just find someplace quiet."

"What if someone has to poop?"

"They better hold it, 'cause I'm not coming out until the bell rings."

"That's tough."

"So is the meat they serve at lunch. I guess that's why they need to poop."

We walk up a steep hill, and I spot the Dathanville Cemetery sign up ahead. "Wait, you don't think we're going to dig up a grave or anything to find the cache?" Emerson asks.

"I found one in a library in a hollowed-out book, so I guess you never know until you find it."

"We should come back and do this in the dark. I think it would be a lot creepier."

"Welcome to the cemetery. Da-na, da-na," I chant back. *"This is where you will get buried. Da-na, da-na."*

"You're starting to freak me out."

"It's not even lunchtime yet. It's not like the undead come out before dark."

"Ha, freakin' ha," he says with a smirk. "Now how close are we?"

I stop and look down at the GPS. "It's about two hundred feet up ahead to the right." We keep walking while looking down at the GPS. "Try not to trip over any of these tombstones."

"I think that's like a thousand years' bad luck."

The closer we get, the GPS starts beeping faster and faster. I turn to my left, and we're at the grave of Everette Robinson, a miner who died back in 1871. "I'm not about to dig in a graveyard, I don't care what the GPS says."

"Maybe we're just missing something," Emerson says as we examine the grave. I walk around behind the headstone, and I notice something. There's a batch of fresh flowers covering something underneath.

"Don't you think it's strange that someone is still leaving fresh flowers for a miner who died in 1871?" I pick up the array of yellow daisies and there's a shoebox underneath.

"Maybe someone bought old Everette some Jordans."

I put the flowers back and open the shoe box. Inside is an old-school Polaroid camera along with a dozen or so photos and a letter. "Strike a pose for Everette, and leave the photo behind or risk a haunting from this Wild West gunslinger."

"You want to pose first?" Emerson asks, picking out the Polaroid as I shuffle through the photos.

"Do you recognize any of these people from town?" I ask.

"Ha, that's Delilah. She goes to my school. And there's Jimmy from my soccer team."

Delilah posed throwing up a peace sign by poor Everette's grave, while Jimmy stuck his tongue out to the side and crossed his eyes while doing the woah.

"How should I pose?"

"Whatever seems natural in the middle of a graveyard, I guess."

I drop on one knee like Tim Tebow in a show of respect to the dead and Emerson takes the picture. "My brother used to have one of these when we lived in Portland," he says, taking the wet Polaroid picture and shaking it up and down to dry it into focus.

"I didn't know you lived in Oregon. Just assumed you grew up in Dathanville."

"I was born here, but then we moved around every couple of years. Portland, up in the forests of Washington State, even down in Kentucky."

"Why did you come back?"

"My brother always loved it here, and he had been a cop up in Portland, so when the sheriff's job opened up in Dathanville, he applied, and now here we are."

Emerson hands me the picture and it looks very artsy, much cooler than sticking my tongue out, as the focus is more on the graves around me. I'm just kneeling in the middle of them. "How do you want your photo to look?" I ask.

"I want something that screams Emerson."

We both laugh, and when I raise the camera Emerson lets out a yell. I take a closeup of his face with his mouth in mid-scream. He takes the picture out of the camera and starts shaking it as we dance. *"Shake it like a Polaroid picture. Shake it, shake it, shake it, suga! Now all the Beyonce's and Lucy Lu's, and baby dolls, get on the floor!"*

By the time we finish our best Andre 3000, the photo is done. "It's a masterpiece!" Emerson boasts. "Look at that mouth."

We place our photos on top of the pile, put the camera back in the box, then I throw in a Misfits hair bow just to bless the cache with a bit more of that sass.

"Last thing we need is a ghost following us around town," I say, placing the box back behind the headstone and laying the flowers back on top for the next cacher to find.

"Where to next?" Emerson asks, so I pull out my papers and look for our next adventure. "Here's another cache," I say, punching the new coordinates into the GPS. "Looks like it's back toward Main Street in town."

"It's by the old Dathanville brewery," Emerson says. "Maybe we'll find some antique bottles of beer. You ready to pound one down?"

"I tried taking a sip of one of my dad's beers once when he got up and went to the bathroom during a Giants game. So gross. Too bitter. I ended up spitting it out."

"I've never tried. I think my brother would kill me if he ever saw me."

"I don't know how anyone drinks that stuff. It was seriously gross."

As we walked back toward town, Emerson talked and talked and talked the entire time. I don't think he ever shut up. That's all good with me, though. I don't like uncomfortable silence, and I'm not much of a talker. I let Emerson tell me every story in his head, from his mammoth home run to win his Little League championship, to the time he crashed his bike and fell in the river.

"Busted tire, broken frame, but my friend got it on video so it was worth the pain. I tried to rotate a three-sixty into the river, but I ended up wiping out. Looked cool as hell, though."

The kid is a straight daredevil. "My brother showed me some

stunts from Travis Pastrana and Evil Knievel on YouTube, and I guess I was in over my head."

"You're lucky you didn't drown."

"True that, but I was an instant legend at school and the video got over 10,000 views on YouTube before my brother deactivated my account. He's such a hater."

"He cancelled your account?"

"Said we can't be drawing attention to ourselves like that or something. I just think he didn't want my dad to see it. He still lives back in Oregon, but he stalks us on social media. I'm sure he would've flipped out."

We head back down the hill toward town, and the heat just keeps getting worse and worse. "I wouldn't mind jumping in the river right now," I say, begging to be cooled off any way possible.

"I wouldn't recommend it," Emerson says. "Too many sharp rocks out there. When I crashed my bike, I scraped up my foot really bad. Some of the river is way more shallow than it looks."

"It's hard to tell what's out there."

"Yeah, there's a swimming hole not too far from here where the river empties out, but people nearly drown every damn summer. The rocks are mad slippery, and then it goes from shallow where you're walking in the water, to like fifteen feet deep in a second. I've seen people take one bad step and need to be rescued. It's pretty crazy out here in the wild."

"I guess I'll settle for a cold Coke."

"We can stop at the store, it's on the way to the brewery."

We head back through town, past the bridge and along Main Street until we reach the grocery store. Two Cokes, a bag of Doritos, four donuts, and a pack of Big League Chew later, and we were back on the cache hunt.

"How do you eat so much and stay so damn skinny?" Emerson asks, grabbing a glazed donut and chomping it down in about two bites.

"It has to do with my asthma," I say. "My metabolism is insane, and since I'm always working out for softball—running, throwing, swinging in the cage about a thousand times a day—I can pretty much eat as much as I want."

"I saw during the Olympics, they said Michael Phelps could eat like nine thousand calories a day."

"I'm not quite there yet, but your girl likes to grub."

As we walk down the sidewalk, there's a bulletin board with various business cards, a sign with artwork from a school play six months ago, and a picture of a young girl with the word, *Remember.*

"What's this all about?" I ask.

"I used to go to school with her, back when . . . back before . . . well, back when she was a she."

"She's a dude?"

"No, I mean back when she was alive. Her name was Christine. She died a few years back, and now every anniversary the town meets by the bridge and they talk about all the fun times she had. Some of her friends bring balloons and they let them go, watching them float off into the sky as they sing songs and pray."

"How did she die?"

"She killed herself. Nobody knows why. They had grief counselors at school and everything and now they use the anniversary to also talk suicide prevention. It's weird, though, whenever I saw her at school, the one thing I remember is, she always seemed so happy."

"I guess you never know what's really going on inside somebody's brain."

"Except my brother."

"Why do you say that?

"There's nothing going on in his brain," he laughs, then takes a deep sigh while pointing up ahead. "That's the brewery and restaurant right up there." Emerson motions his hands toward the old two-story building at the top of the hill, looking like a movie director trying to capture the perfect footage of this historic structure that almost looks like it's carved inside the mountain, with the rest of the town built around it. I look down at my GPS, and the next cache is straight ahead.

"You called it," I say, pointing to the restaurant sign perched on top of the building, calling itself The Pearly Gates.

There's a historical marker on the building as you walk up talking about the site's past. "This place was really built in 1854? Damn," I say, reading the history aloud. "Produced the highest-grade beer in town . . . a cave behind the brewery served as a storage refrigerator."

"Ever been inside a cave before?"

"This will be a first, unless you count my dad's man cave. He stores beer in there too, so I'm thinking it's the same thing."

"Without all the dirt and rats."

We walk toward the cave and there's a manhole type cover on the ground with a *Do Not Enter* and *Not Open to Public* signs flanking both sides. I look at my GPS, and it's beeping like crazy when I hold it over the signs. Whatever this cache is, it's definitely down this hole. I just hope it's worth it, and not just an old can of beer. "So, if the Pearly Gates are up above, what do you think is down below?" I ask.

"Hope your shoes are heat resistant," Emerson says with a laugh. "Where we're going, ain't nowhere good. Ever hear the story of Dathan from the Bible?"

"Enlighten me."

"He betrayed Moses, so the Earth basically opened its mouth and swallowed Dathan whole."

"And this is who your town is named after?"

"Well, the town is named after some old gold miner who was named after the Dathan in the Old Testament, so something like that . . . yeah."

We look around, but don't see a soul (damned or heavenly), so Em and I reach down and try to muscle open the top. We almost get it the first try, but the metal is heavy, so I reach into the middle where there is a small gap in the metal to get a better grip with my left hand. We yank and yank, and finally, there's movement. We tug it off the top and roll it to the side. I look down and see metal pedals stuck inside the side of the wall like a little ladder to lead you down below.

"You coming?" I ask.

"Ladies first."

"Such the gentleman," I say. "If you're going to be a pussy, can you at least hold the light for me when I go down?"

I point to the lantern hanging on the wall of the cave, and Emerson grabs it, holding it over the steps as I descend into the darkness below. I can feel the cold, almost damp breeze with every step down, Seven steps, eight steps, nine steps, ground. I can't see shit, but as I squint into the darkness, I see something flinch. It's low to the ground, but definitely, something is moving, and I can hear it maybe even crawling toward me. "Emerson, there's something down here," I whisper loudly, hopefully loud enough for him to hear, but maybe not loud enough for my words to echo off the wall toward whatever I see in the distance.

"Probably just rats or racoons," he says. "Or racoons eating rats."

Or rats eating racoons. Who knows? I try to sneak my way forward in ninja-stealth mode, but four steps in, and something grabs my arm and won't let go. A flashlight flickers on and it's a man with blood running down his face.

"It's not what you think," he whispers, clutching my arm tighter with one hand, while reaching out and grabbing my left hand, forcing it open and putting something inside. He then closed my hand with such force, whatever he put in there feels like it's piercing my skin. I try to wiggle my way free from his grasp, and just when I'm about to whoop him in the head with my cast, he lets out a frightening scream. *"RUN!"*

Just then, I hear a growl behind him and something is running our direction.

"Sunshine, what the hell is happening?" Emerson yells from up above. I have no freakin' idea. I hear another growl, only this time louder, like a full-on roar, and whatever it is latches on to the bloody man and throws him backwards into the darkness. I leap backwards as quickly as I can, reaching up for the ladder as the roar gets louder. Four steps, five steps, six steps up and something hits my foot violently from below. I jump up the last few rungs and Emerson pulls me up back toward the brewery.

"Run," I yell, panicking, grabbing Em by the hand and taking off in a full sprint down the wooden sidewalk. By the time we reach the bridge, I realize nobody is chasing us. Nothing came up after us on the ladder. We are safe. For now. We book it inside the motel, and Emerson uses the phone to call the police station. The dispatcher calls Sheriff Benz and he is on his way. The whole time Emerson is talking, all I could do is stare down at what the man handed me.

A bullet. A shiny silver bullet.

CHAPTER 12:
CANDY CRUSH

"So you're telling me there are vampires down in the cave? Like bats, not rats?" Emerson asks as we wait for his brother.

"You don't kill vampires with silver bullets. You need garlic," I tell him. "Or holy water."

"What do you do with silver bullets?"

"You don't want to know," I say, and just then, Brenden's car pulls up, lights flashing, signaling everyone in town to stop what they're doing to watch our every move as we tell him what happened down in the cave.

"Do you think there was a bear down there?" Brenden asks.

"The man told me it's not what you think, then he handed me this." I give Brenden the bullet and he holds it up to the light.

"A silver bullet? What, are we hunting vampires now?"

I give the Benz brothers a serious eye roll.

"You guys need to read more comics," I tell him. "Or at least the right comics."

Brenden reaches out to grab my hand. I didn't even realize how badly I'm shaking until he makes me stop, and it's like my body convulses and I burst out crying.

"Emerson, take care of her while I go down there and see what I can find."

"Brenden, don't!" Emerson screams.

Brenden runs to his car and grabs a shotgun, pumps the handle and takes off down the street toward the brewery. I can hear him call on his radio for backup, but he doesn't wait, swinging his way onto the steps and sliding down the ladder back into what seems like the ever darkness of evil. Whatever was down there, I just hope that shotgun is enough to take it out, or at least slow it down.

"Should we go back and help?" Emerson asks, worried about his brother.

"You kids are staying right here," Noni interrupts, not letting me say a word, fearing I might want to jump back down there after him.

"I just hope the man down there is alright. He was bleeding pretty bad," I say, still trying to calm down after almost becoming some beast's hot lunch.

Another police car speeds up and slides sideways in front of the brewery. A short, stockier cop with a face that looks like he eats rocks hops out with his K-9. The officer jumps down the hole first, then reaches back up to help his dog. I can hear the dog's barking echo as they search for whatever attacked me in the dark.

I look at Emerson as we wait, then the dog stops barking. The silence is killing me. All of a sudden we hear a loud bang, then what sounds like a round of firecrackers bursting. Before thinking, Emerson and I are in full sprint mode running back toward the brewery, running toward the *bang-bang-bangs*.

We reach the top of the hole and look down just as Brenden is climbing out.

"What was it? A bear? Are you okay?" Emerson blurts out.

"I thought I told you kids to stay away," Brenden replies, then reaches out and hugs his brother, trying to calm him.

"Is the man still alive?" I ask.

"It was dark down there, just like you said," Brenden says. "When the deputy came down with Candy, the dog started acting crazy. It was jumping and barking, then raced ahead of us into the darkness. We shined our flashlight in the distance and ran after her. We finally made it to the other side of the cave, and that's when Candy leapt up and latched onto something."

"Oh my God, is she alright?" Emerson asks, grabbing my good arm.

"Candy ripped and tugged, but then whatever it was fell toward us, so Deputy Davis started firing. He didn't stop until he emptied his clip."

"What was down there?" I ask.

Brenden reaches down into the hole as Deputy Davis hands him something. As Brenden pulls it up, he can't help but laugh. It was a Halloween statue of Bigfoot, now riddled with fourteen bullet holes and a chunk of its arm missing thanks to Candy's bite.

"Looks like someone was pulling a prank on you kids," Brenden says, raising one of his eyebrows as he smirked, ala The Rock.

I didn't smell what he was cooking. "That was not a hoax," I scream. "There was a man down there, he was bleeding."

"I'm not sure what you saw. It was dark, you said it yourself, Sunshine," Brenden tells me. "I don't know if it was teenagers messing with you kids, people from the brewery teaching you a lesson about trespassing, or maybe even Tommy trying to sell some more T-shirts thanks to another big scare by his Dathanville Devil, or whatever the hell he's calling it these days, but there's no man, no blood, no bear, and definitely no damn devil."

"Then who handed me the silver bullet?"

"Like I said, I'm not sure what just happened. All I know is the police department is now on the hook for buying the brewery a new Halloween statue thanks to Deputy Quick Draw down there. I remember speaking to the brewery's manager last year after there was a graffiti incident down in the cave, and she told me they store all their holiday decorations down there. I'm just glad we didn't plug Santa full of holes. Might've made for a messy Christmas."

"So who handed me the silver bullet?" I press. "Can you dust it for prints?"

"Sorry, Sunshine, this isn't CSI Gold Country. There was no crime, other than you trespassing down that hole, but I'm sure I can talk to the people from the brewery and make sure they don't press charges."

"But we were just—"

"Trespassing? Breaking and entering?"

"All we did was—"

"Break the law?"

"Brenden has no chill," Emerson says, stepping between us. That's when Noni walks up from behind and puts her arm around me.

"C'mon, dear," she says. "It's been a long day. Besides, I can use some help back at the motel."

"I'll come by after dinner if you want to grab an ice cream," Em says as I walk away. "I heard they have a new flavor, Cinnamon Snickerdoodle."

"See you at six," I tell him. "But only if you tell me who's your favorite number six all time."

"Easy peasy," he shouts back. "Stan The Man."

God, I love this kid.

CHAPTER 13: DODGER BLUES

I clean two rooms and start a load of laundry to try and get my mind off things, but when you're almost killed in a cave by a beast and have a bloody guy hand you a bullet before having your story and character called into question by the police, it's a pretty tough thing to do. About an hour after being back at the motel, the phone rings and it's my dad.

"Hey Dad, how's New York?" I ask, trying to pretend like everything is alright.

"Buster's hip is still bothering him, but it looks like he wants to keep catching."

"Awesome. He's still a beast back there. Nobody can run on Buster."

"Sunshine, I have to ask you something." His tone is stern, signaling our baseball talk has ended.

"Shoot."

"What the hell were you thinking?"

"But dad—"

"You broke into the brewery's basement?"

"It was more like a cave inside a cave, but yeah."

"You could've been hurt, or even worse. Noni said something attacked you down there."

"That's not what the police think."

"I don't care what the police think, I care what you think. Are you okay?"

"I'm fine."

"There's a flight out of JFK at nine tonight. I can fly into San Francisco and make the drive up there by morning."

"Dad, I'm fine."

"This is bigger than that, sweetie. I just want to make sure you're safe."

"Noni taught me what to do when I see a bear. I think I'll survive."

"Are you sure?"

"I'm sure. Don't worry about me. It was dark down there and I freaked out, but the sheriff checked it out and it's nothing. Besides, I made a new friend."

"Noni told me he's cute."

"Dad, he's twelve!"

"Does he play baseball?"

"Yeah, but he likes the Phillies."

"Could be worse."

"How's that?"

"Could be a Dodgers fan."

We both laugh. I blow him a kiss through the phone and hang up, letting him get back to Buster and his writing. I told him what I needed to so he didn't worry, but I didn't tell him the truth. There's something evil in that cave, and I'm not resting until I find out what it is.

Six o'clock rolls around and Emerson walks into the motel's gift shop right on time. "My brother always told me, 'If you're early you're on time. If you're on time, you're late. If you're late, you're left,'" he says when he sees me checking the clock.

"Be careful out there tonight, Sunshine," Noni yells from the kitchen. "We don't need any more felons in the family."

Just for that, I grab a couple of brownies on my way out. Need a little tide-me-over before we get some ice cream.

"Today was wild," Emerson says as I close the motel office door and we walk back out onto the wooded sidewalk. "I thought we were going to get killed."

"By the bear or your brother?"

"Both. Either. Take your pick," he says with a laugh. "I talked to him after you left and told him what I saw, what I heard, but I don't know if he believed me. He said he was putting the silver bullet into evidence just in case, though, if that makes you feel any better."

"The whole thing was just right out of a nightmare."

"It was so dark, I couldn't even see down the hole," he says. "Then I hear a growl, and you come jumping up out of there like you're Spider-Girl."

"I prefer Spider-Gwen," I tell him. "She's more of a bad ass."

"So what did you see, really?" he asks. "Was there really a bear down there, or do you think it was a prank?"

"I'm telling you, if that was a prank, this is some next-level shit," I say. "The blood was real. The monster was real. Something hit my foot on my way up. Besides, if I was imagining it or making things up, how did I get the silver bullet?"

"I believe you a thousand percent," he says. "But how do we prove it?"

"No idea. And to make things worse, when I jumped up the ladder, I must have dropped the GPS my dad bought me. I can already hear him. 'If you're not responsible enough to find your GPS, how are you ever going to have a phone?'"

"Damn, that sucks."

"I know. Did your brother say anything about the GPS after I left? Maybe he found it."

"We can go over to our house after we get ice cream," he says. "My brother got off work at six, and some of his friends are having movie night. It's Western Wednesday."

"If they're watching *Tombstone*, I'm staying. I stan Doc Holliday."

"I'm more of a Wyatt Earp guy, but that's what makes us a great team."

"You tell 'em I'm coming, and hell's coming with me."

CHAPTER 14:
HANGMAN HIJINKS

Cinnamon Snickerdoodle is the bomb. Case closed. New favorite flavor. I get three scoops on a sugar cone with an extra cup because when you try to eat three scoops in the heat, you get down to about one before you have to flip over the melty mess and eat the rest with a spoon.

"I'm Sunshine in the place to be, two scoops of Snickerdoodle, but I'm working on three!"

"You're gonna start freestylin' now?" Emerson asks with a laugh.

"My Dad took me to see *Hamilton* about a month ago. Can't get it out of my head."

"These Red Coats don't want it with me, 'cause I'll pop-chic-a-pop these cops 'till I'm free," Emerson responds. "American Revolution rap is about as gangster as it gets."

We walk about ten minutes down the riverside, past the swimming hole, and down by what Em calls the best place to catch trout in the state. We finally reach Benz Manor—or at least that's what they would call it if they were rappers. Emerson opens the door and Tommy is standing by the kitchen counter eating nachos, while Deputy Quick

Draw from today is petting Candy and working the remote to turn up the volume on the big screen. Just then, Brenden walks in from down the hall, looks at us both, and smiles.

"So how was your day?" he asks with a grin. "See anything interesting around town?"

I look around the living room and can't help but notice that all of the couches look like they've been attacked by wild animals. "I don't know. Did the dog eat your sofa?" I ask. The deputy gives me a glare.

"Candy wouldn't do this, would you, sweetie?" he says, puckering his lips to give his dog a smooch, only to receive three licks down his face. It's probably the only action this guy has seen in years.

"Should I tell her?" Emerson asks, looking at Brenden as Tommy just shakes his head and laughs.

"It wasn't Candy, that's for sure," Tommy says. "Let's just say the Benz family had a guest living here who wasn't quite what they thought."

"What do you mean by that?" I ask.

"Let's just watch the movie," Brenden says, sitting on the other side of Candy and giving her a quick pet, only to get a little growl in return. "Calm down, girl," he says. "Your food is coming right after the credits."

"So what happened to the cushions? Did you hide honey under the couch and a bear snuck in?" My snark is a mood.

"That would've been better, or at least, a lot less embarrassing," Tommy says. "Go ahead, Sheriff, why don't you tell her what happened."

"Okay, okay, pause the movie," he says, trying to grab the remote from Deputy Quick Draw, before finally turning his attention back to me. "So a couple of months ago, I'm down in San Francisco for a wedding."

"Don't tell me, one of the bridesmaids is the Dathanville Devil," I say, making Tommy laugh so hard he spits out chunks of nacho cheese onto the floor, which Candy is happy to lap up. "Sick."

"Do you want to hear the story or not?" Brenden barks. So I shut up and let him speak, although Tommy still can't stop laughing.

Brenden shoots him an icy glare, the kind you see in a gangster movie before they pull guns. Tommy holds his hand over his mouth and gives him the thumbs up to proceed.

"As I was saying," Brenden continues, "I'm down in San Francisco for a wedding, and after the reception, a couple of my friends and I head down to Fisherman's Wharf to check out the big city under the lights. I'm driving down the street looking for parking, and I see this sick, skinny puppy, and it's whimpering, it's crying out in the road. The poor thing was all wet, so I pulled the car over and picked up the puppy, drying it off with my shirt as it stared up at me with these big eyes. I couldn't just leave it there. The little guy seriously looked like it would starve to death."

"You took it home?" I ask.

"My friends told me I was crazy, that the dog might be diseased or something, but I just didn't want to leave him to die on the street or get hit by a car, so that's exactly what I did. I brought the little guy home."

"Not all heroes wear capes," I tell him. I don't know, just something I read on Instagram one day, but Brenden deserves some love for saving the pup.

"I wish it was that simple," Brenden says, then sits on the couch as he continues the story. "I bring the scrawny little dog home, and first thing I do is give him a bath. I fill up the tub with warm water, make him a little bed in the corner out of blankets and a spare pillow, and I bring our cat Hulk in for an introduction. They both kind of stared at each other, but nobody barked or hissed, so I think we're Gucci. After the bath, I give the little guy some leftover steak from a few nights before, and boom, the pup's asleep, and I mean, he is out like a Thanos snap."

"Was he blipped?" I asked, as only an *Avengers* fan can

"You know what I'm saying, the dog was out cold, and he stayed like that for like thirty-six hours. Every once in a while, I went over to check on it, just to make sure the little guy wasn't dead. Anyway, Tommy comes over, and we go out to the bar to play some pool, and when we come back, the tired pup somehow transformed into Cujo. It was on the couch ripping apart the cushions, then it jumped down and started biting the leg off the wooden stool."

"That dog freaked me out," Tommy says, his eyes widening. "Like, I'm still seriously freaked out."

"I reached down to grab it, pull it off the stool leg, and that's when things got evil," Brenden adds. "The little ungrateful shit tried to bite me, flashing its fangs and actually lunging at my hand. I jumped back and actually drew my gun. I was ready to blast that sucker if it latched on to me, but then Tommy jumped on top of it and was able to hold it down before we stuck it in my cat carrier I used for little Hulk. The puppy started clawing at the carrier walls and was actually trying to bite its way through the cage door."

"This is starting to sound like the beginning of a horror flick," I say. Tommy and Brenden look at each other and shake their heads.

"The next day, I take the world's worst puppy to the vet to see if there's something wrong," Brenden says. "I figure, maybe it's sick, maybe it has rabies, who knows why it went cuckoo for Cocoa Puffs in my living room, all I know is I want nothing more to do with this evil little thing. Anyway, the vet tells me to leave it with him for a few hours as I get back to work, and he'd give me a call with what he found out."

"I bet he found a belly full of couch," I say.

"Worse," Brenden tells me. "The vet calls and he pauses, like he has something to tell me, but doesn't know how to say it. I'm like, 'Doc, what, just tell me. Spit it out, I don't have all day.' So the vet is like, 'Brenden, I don't know how to tell you this, but that dog you brought in, well, it's no dog.' And I'm like, 'What the hell are you even saying?' And then he tells me, 'I don't know what pound sold you this mutt, but it's not a puppy, it's a Mongolian river rat.' I was stunned. Had no idea what to say."

"You gave a rat a bath?"

"Then the vet asks me, 'Brenden, do you own a cat?' And I'm like, 'Yeah, Hulk. You saw her once after she was hit by a car.' But then I start bugging out. I realize that I haven't seen Hulk since I brought the rat home and they stared at each other in the bath. I'm wracking my brain, trying to remember the last time I saw her, the last time she was in the house, but then the vet says, 'I think I found your cat.' And I'm like, 'Where?' And that's when he says it. 'Inside the rat!'"

"Holy crap, the rat ate your cat!?!" I shout.

Tommy loses it again. "I'm sorry Brenden, I know you loved little Hulk, but this shit is crazy."

"Next time we get a pet, I want a parakeet," Emerson says. "At least I know if I bring home a bird, it's not going to eat us all in our sleep."

"So what happened to the rat?" I ask.

"I told the vet to put it to sleep. Cost me $300."

"The price of being a hero," I say.

Brenden looks at me and smirks. "That's tough," he says before raising his glass. "To Hulk!"

"To Hulk!" everyone responds.

"Now can we get back to Western Wednesday?" Brenden says. "You guys are making me soft."

"Ooh, can we watch *Tombstone*?" I ask.

"Yeah, Sunshine has a thing for Val Kilmer," Emerson adds.

"Not tonight, kids," Brenden says. "We're watching *Once Upon a Time in the West.*"

"Is that the one with Leonardo DiCaprio and Brad Pitt?" I ask.

"That's *Once Upon a Time in Hollywood*," says Tommy. "This is the Spaghetti Western from back in the day."

"It's one of the best Westerns ever," Brenden says. "There's a scene where a guy is getting hanged, and the only way for his brother to save him is to stand underneath him and hold his weight. The entire time he struggles he knows that if his legs give out, his brother is dead."

"That's some O.G. type, Scarface gangster shit right there," Tommy laughs. "Henry Fonda is one of the best villains ever."

"The boy who's trying to save his brother is panting so hard, the bad guy walks up and shoves a harmonica in his mouth."

"That's evil. Can we watch?" I say, glued to the story.

We sit to watch the hanging, the struggle, the harmonica. Like Tommy said, Scarface had nothing on Henry Fonda. Love the ending, the big showdown as the kid who had the harmonica shoved in his mouth reveals himself to Fonda years later, they duel, and the brother who suffered through his sibling's hanging, draws first and guns down the bad guy, stuffing the harmonica into the dying villain's mouth for revenge.

"What is it about this town and hangings?" I ask. "When you guys aren't showing me the gallows, I'm over here watching a movie about someone swinging from a rope."

I look over and Emerson is drawing something out on a piece of paper.

"What you got, Em?" I ask.

He flips the paper my direction and there's a stick figure picture with gallows and eight blank spots above. "Want to play Hangman?" he smirks. "It's an eight-letter word.

"I look down and see on the periphery of the paper that Em drew fangs and a bullet. "W," I say, counting out the letters in my head.

Emerson fills out the puzzle. W _ _ _ W _ _ _

"Were you inspired by the silver bullet?" I ask.

"There's no W in vampire," Em says as the adults in the room all just look at us and shake their heads.

"Hey Sunshine, do you think I should start selling silver bullets in my store?" Tommy asks. "I bet if you go around telling everyone what you saw, maybe throw in some extra bits about how you shot a werewolf with your silver bullets, I can sell thousands of these things to tourists."

"Leave the poor kid alone," Brenden says. "The more you keep filling everyone's heads with these myths, the more everyone believes them."

"How else do you think I'm going to get rich. Not a lot of money in selling hammers these days."

"I'm not making it up," I blurt. "There was a man down there, and something attacked him."

"Off the record," Brenden says, "I'm sure you saw something. Maybe it was a prank, maybe a bear actually bit some unlucky drunk from the brewery, and he took off before we got there. Who knows? But the last thing we need is to scare tourists from visiting downtown. We already have a bear problem. We don't need you and Tommy out there spreading stories of Bigfoot and Devils."

"So, can I have my bullet back?" I ask. "If I'm just making stuff up, it's not really evidence, right? If there's no Dathanville Devil, no werewolf, no Bigfoot, then you should have no problem giving me the silver bullet."

"Come by the station tomorrow, and you can take the bullet," Brenden says. "I put it in evidence, but being that there's no crime, you can take it home as a souvenir."

"Anything else?" Brenden asks.

"Can you tell a girl where she can find some gold?" I ask. "I got a new gold pan, and that silver bullet is nice, but if I'm ever going to get a new phone, I need me some of them gold flakes."

"*Bling-bling!*" Emerson yells.

Bling-bling indeed.

CHAPTER 15:
MOB MENTALITY

I wake up at six-thirteen and can't fall back asleep. I put the pillow over my head, flip to my stomach, flip back to my back, but nothing works. When I'm up, I'm up. I take two puffs of my inhaler to kickstart my lungs, then I grab my iPad to do some research. Checkout at the motel is eleven, so Noni needs helps cleaning the rooms and washing the bed sheets from eleven to about three when the new guests start arriving. That gives me about five hours of chill time before I'm summoned for work.

First things first, though. Time to put together a quick morning playlist to get my mind and body moving. I'm going for a mix of K-pop and rap, or as I call it, *Krap*.

Burning Up – BTS
Ten Duel Commandments – Hamilton
Envy Me – Calboy
DDU-DU-DDU-DU – Blackpink
Run Devil Run – Girls' Generation

I Google *silver bullet* to see what comes up, but as I look, I just keep thinking about what the man told me. "It's not what you think." Was he trying to tell me it was a prank and not to be scared? Is the brewery not what I think, like it's a front for something else? Is the creature down there not what I think, like it's not a bear? I just can't figure out what old dude was talking about, so I get back to basics and start with the silver bullet. Merriam-Webster dictionary defines it as, "something that acts as a magical weapon. One that instantly solves a longstanding problem." Wiktionary cuts straight to the chase. "A bullet made of silver, usually with the reference to the folkloric belief that such bullets are the only weapons which can kill a werewolf."

I knew Emerson had it wrong. Silver bullets are for werewolves. Wooden stake through the heart and holy water is what takes care of vampires. Seems some mystic sites claim there is an association between the metal silver and the moon, but just as many other sites cite no link. Other experts talk about silver bullets killing witches, ghosts, and all things supernatural. A kind of "supernatural self-defense" says the BS Historian site. "It's not what you think." Now I don't know what to think.

I'm wiggling my way down the silver bullet rabbit hole pretty deep when it hits me. All these stories and citations are talking about folklore and myth. What I saw was a guy who was probably attacked by a bear underneath a brewery. Maybe it's just a coincidence he handed me a silver bullet. I'm not a gun expert other than watching *John Wick* on repeat, so I look up bullet materials. Copper, brass, lead, steel, rubber. I Google *silver bullets for sale* and see you can buy them online, no problem, but they're more expensive than what you find at Walmart. I'm thinking it can't be a coincidence. Mystery Man handed me a silver bullet for a reason. Then again, after he handed it to me, the beast or bear or whatever attacked again. So maybe he was trying to tell me that the silver bullet didn't work? No idea, and it's starting to hurt my brain.

In fact, the more I think about it, the more it's triggering a panic attack. I remember the first time this happened. I was playing in a big softball tournament when I was nine. We had to win to move on to the championship game. There was a runner at third base and two outs, and all I could think about when I walked to the plate was how everyone was staring at me.

To me, softball was always fun. I stepped into the batter's box like home plate was my home. It's where I belonged. But at that moment, my hands started shaking really bad. I started hyperventilating, and my dad ran out of the dugout with my inhaler, trying to help me catch my breath. He was rubbing my back, but the longer it took for me to breathe normally, the worse my panic got, because now everyone in the entire park was looking at me. The coach from the other team wanted to call an ambulance when I knelt. I started crying, and no matter what my dad said, what my teammates said to try and snap me out of this funk, I was a wobbly mess. It was the only time I ever got taken out of a game. I sat on the bench next to Dad, and he had me breathing in and out of a paper bag. My friend Elodie replaced me and I watched as she struck out.

But then the craziest thing happened. The catcher didn't catch the pitch, so even though Elodie struck out, she was able to run to first on a dropped third strike. The catcher picked up the ball and tried to throw her out at first, but under the pressure, she airmailed the throw into right field and we scored the run to win the game and advance to the championship. Everyone was screaming and yelling, then they all came over to me on the bench for a group hug.

After the game, my dad told me a story of how he used to get panic attacks in the minor leagues, so the team sent him to see a sports psychiatrist. "Whenever you start to panic, and you feel like you're falling out of yourself," he told me, "I want you to look around and try to focus on what's around you. Find five things you can see, four things you can touch, three things you can hear, two things you can smell, and one thing you can taste." I remember looking around at my helmet, glove, cleats, balls, bats. My jersey, shoelaces, ribbon, and the dugout fence. The fans, my mom, the umpire. The hotdogs and mustard. Dirt. Anyone who plays competitive softball knows this, but we always taste the dirt.

So now here I am years later, thinking of silver bullets and bears and bloody men and the brewery and my hands are starting to shake like they did years ago. I take a deep breath and look around my room. Pillows, sheets, my iPad, my cast, the gold pan. My pajamas, my kicks, rolled up socks, a brownie wrapper on the floor. The river, the coffee maker, a bird outside my window. The eggs cooking in the kitchen, the trees. The brownie still stuck in my teeth from the night before. I close my eyes and breathe slowly, and I start to calm down knowing one thing's for sure—I need to brush my teeth.

I roll out of my room with my gold pan and a plastic bag to shield my cast. Noni and Brenden both tell me to walk to the river's curve just under the bridge for my first spot at finding fortune. I take off my shoes and walk out into the river, and good God the river water is freezing. Like toes turning into ice cubes, Elsa and Olaf kind of frozen! But just like the shirt my mom once bought me says, "I persist."

I scoop up some rocks and water with my good arm, trying to keep my plastic-bag wrapped arm as dry as possible, then I shake for flakes. I'd love to find a gold nugget, some kind of flashy rock down here, but with this river being mined since the 1800s, I'm not sure how much of a gold rush I'll actually find. Still, I'm willing to put the work in.

The river is so clear I can actually see trout dart back and forth around me as I try to balance without falling over inside the rushing current. I'm out in the river for about thirty minutes with nothing but dirt and fool's gold, sifting through sediment and eventually finding nothing. So I decide to head back.

"Did you find anything of value?" Noni asks as she sees me walking back up the hill toward the motel.

"Not yet, but there has to be some gold out in that river somewhere," I tell her. "I just need to find it."

"We get thousands of tourists up here every year all after the same thing," she tells me. "You never know what you'll find out there unless you try."

"What's for breakfast?" I ask.

"How about some soft-boiled eggs and rye toast before we get to work," she says. "I will change the beds if you vacuum the rooms on the top floor, then we can switch and do the opposite for rooms two and four down below. I wanted to make sure we get everything done before the vigil tonight."

"Did you know the girl?" I ask.

"She was a darling young woman," Noni says. "Always had a smile on her face. Always wanting to know what she could do to help around town. I just don't get it. How could a beautiful young girl, a girl with a loving family, a girl who had it all, how was she not happy?"

"Smiles on the outside don't always show you what's on the inside."

"You're a smart girl, Sunshine. Just promise me, if you ever feel down, if you ever feel like anything is wrong, you can always come talk to me."

"Thanks."

"No, I mean it," Noni says. "I don't care what you're stressed about, whether it's boys or bullies, I know how to deal with them."

"Rat poison?"

"*Hardy-har,*" she responds, then we both start laughing. "Let's just say, I know some people who know some people who can make some people disappear."

Good to know.

"Whatever happened to Christine's family? Do they still live in town?"

"The girl's death pretty much killed the family all together."

"That sucks."

"Her dad used to own the gold and jewelry store in town, but after her death, he would write these long rants on sheets of cardboard and post them in his front window for everyone to read."

"What did he say?"

"It was all conspiracy theories of how Christine didn't kill herself and how corrupt the town was. He went sideways right off a cliff into La-La Land. One taco short of a combination plate, as they say."

"I didn't see the shop when I was walking through town."

"It's been sold off a long time ago. It's now a mountain bike shop for all the tourists who want to ride through the forest."

"So what happened to the dad?"

"Christine's mom died of cancer a few months after the girl passed, then there was about a year of these long rants in his front window before he just disappeared altogether. I don't know if he left town, jumped off a bridge, ended up in jail, or what. And sadly, if you told me any of those things happened, I wouldn't be surprised. But since he hasn't ever been seen at one of these vigils, and Christine was seriously his whole world, I figure he's been dead now for years."

"Damn!"

"Damn is right," Noni says. "Now let's get back to the kitchen and boil those eggs."

"Sounds like a plan."

We walk back into the motel and I grab the container of eggs out of the fridge. Soft boiled on rye is my favorite. I love spooning the egg onto the top of my toast and eating it like an open-faced sandwich. Mom thinks it's too messy and bad manners, but I learned it from Dad, who learned it from Noni, so what can I say, it's like a family tradition. No turning back now.

When we sit to eat, Noni slides the backgammon board onto the table between us.

"Looking for revenge?" she asks, spinning the black checkers my direction.

"Go hard or go homeless," I say with a wink, rolling double sixes on my first turn and immediately doubling the betting cube to two, forcing Noni to make a quick decision on whether she wants to concede the game or play on.

She takes a bite of her bread and plays on. She rolls a one and a two, and I hit double sixes a second straight time.

"Sometimes you're the pigeon, sometimes you're the statue," she says, folding up the board and giving me the game. "Now how about we get to those rooms and clean this place up?"

"One more game," I say. "Besides, I didn't even finish breakfast."

"Double or nothing?" she says, opening the board back up.

"What's the bet?"

"You win, you don't have to help me clean today," she says.

"And what happens if you win?"

"You mean when I win," she says.

"Then what?"

"You're cooking dinner for the rest of the week."

"Game on!"

Noni rolls the dice first. Five and a three. Not a bad start, as she can already start setting up a blockade before I even take my first roll. I decide to try and distract her with small talk.

"Why don't they call a group of squid a squad?"

"Is this going to be one of those, why do we drive in a parkway and park in a driveway type of conversations to get your old grandmother's mind on something besides beating your butt?"

"Pretty much," I say with a laugh.

"Your father spent years trying to unnerve me with chit chat this, tittle tattle that, but you can call him up and ask him if it ever worked. I'll save you the trouble and the dime, though . . . it didn't."

"What's a dime?"

"A phone call. When I was your age, it cost a dime to use a public phone."

"Public phone? Like before cell service?"

"Yes, there was a time before cell service, missy. A time when your dad had a beeper so your mother could get ahold of him. And before that, yes, people carried dimes to make calls on the corner."

"You really are old," I say, rolling a six and a two, trying to push my pieces forward and avoiding leaving any pieces on their own for her to strike and send back to the beginning.

"You need to wake up pretty early in the morning to outsmart an old lady like your Noni," she says, rolling double fives.

"You know what's better than waking up early?" I ask.

"What's that?"

"Lying awake all night plotting revenge."

I roll double fours, striking two of her pieces, and blocking their return on the board. Next roll is double sixes and I'm all in and about to win.

"You bring some fixed dice or something?" she asks in frustration. "In my day, if someone got caught cheating, they'd end up sleeping with the fishes."

My dad used to tell me how Noni would watch *The Godfather* at least once a week when he was growing up. She's already watched it twice since I've been at the motel, and now she's quoting mobsters in our backgammon game. I guess it comes natural to her, as my great-grandfather actually worked for Al Capone back in the day. Who knows, maybe that's where I get my swagger.

"Tell me more about Chicago and O.G. Nunu," I say. Noni immediately starts to grin. She knows she's about to lose at backgammon and lose her helper for the day, but she can't help but smile when she thinks back about her father.

"When my father, Victor, first came over from Italy, he didn't speak a word of English," she says. "He was seventeen, and after arriving in New York, he spent just about every cent he had to travel to Chicago. He had some relatives arrive a couple of years ahead of him, and that's where they settled. They set him up to go to school, but he dropped out after a month. The other kids picked on him because of his heavy accent and his lack of English. Your great-grandfather might not have been the best student, or even the smartest man on the block, but one thing he could do was strum a mean guitar."

"Is that how he met Capone?"

"Your great-grandfather dropped out of school and couldn't find work, so he sat on the corner playing his guitar all day, every day and people would walk by and drop money in his case. Then one day, here comes Al Capone and his crew walking down the street. They weren't just a part of the neighborhood, *they were the neighborhood*, and they loved it. Capone would always talk to the kids, and for some reason, whatever your great-grandfather was strumming that particular morning hit Capone right in the heart, and he actually stopped, asked for your great-grandfather's name, then handed him three one-hundred-dollar bills. It was the most money he'd seen since he'd been in America. A few days later, one of Capone's men came by and told Victor they had a job for him. All he had to do was bring his guitar to some place called the 226 Club, and they'd set him up from there."

"I still can't believe someone in my family used to work for Al Freakin' Capone."

"Watch your freakin' mouth, *capiche?*" Noni says in her best *Godfather* accent. "Anyway, Victor shows up at the joint and he's introduced to the club's house band. Their regular guitar player was going to be away for three to five, so they needed a replacement quick. And since they all spoke Italian, even singing some of the songs from the Old Country, it worked out perfect. The more he hung out at the club, the more friends he made, and the more he started to learn to speak English."

"How I learned English playing guitar with the mob," I interrupt. "Sounds like a good book."

Noni nods her head and laughs. "The longer he was there, the more he started to learn things. Every night, for instance, there would be a designated song to play if there was a raid by the police. See a cop, play the song, then when the boys in the back would hear the music play, they knew it was their cue to book it out the secret door or hide down into the hidden cellar. They had so many tunnels running under Chicago, the cops didn't know where to look."

"Sounds like all the Dathanville caves and mines," I say, rolling another dose of double fours to finally win our backgammon game.

"You're getting pretty good, little lady," Noni says with a nodding approval. "You should start entering some tournaments."

"I think my dad would be a little mad if I dropped softball to hit the professional backgammon circuit."

"Just because you like one, doesn't mean you need to drop the other," she says. "I'm just saying, I used to play my fair share of old lady tournaments in prison, and you'd give the women in Cell Block C all they could handle."

"I'll remember that next time I'm locked up."

"There better not be a next time or a first time," she says. "Learn from your grandmother's mistakes. Learn from your great-grandfather's mistakes. Sure, it makes for cool stories now, the way Hollywood glorified the mob, but he was there when people were getting shot. People who had families of their own." Noni wipes a tear from her eye with a napkin. "I missed a lot of time with my family for losing my cool and baking that batch of poison brownies. I missed a lot of time with your father, seeing you grow up, missed out on what could've been good times with your grandfather. Now all I'm left with is a bad reputation and some tasty brownies with my mugshot on it for tourists to laugh at."

I look Noni in the eyes, and I could tell she's about to cry the ugly cry. I always saw her as this trash talking old lady who didn't have a care in the world, but now she's really starting to break down in front of me for the first time. I reach out and give her a hug.

"Thanks, Sunshine," she says. "Now why don't you run off and see what Emerson is up to, I'll take care of the chores today."

"Are you sure?"

"You won the bet fair and square," she says, wiping her eyes again, this time with her sleeve. "Just make sure you don't run into any devils or bears or Bigfoot or anything like that. Your dad would kill me if I sent you back in pieces."

CHAPTER 16:
SUICIDE SQUEEZE

I walk down to Emerson's house and ring the bell; nobody answers. On the second knock the front door squeaks open.

"Hello?" I shout, pushing the door a bit harder as I lean my head in and look inside. "Em? Brenden? Anyone home?"

The place is a disaster with Mexican Coke and beer bottles lined up along the kitchen bar and tables, a pile of chicken wing bones that looked like they were suck cleaned, and a half-eaten pizza on the counter with the box top still open like the party just ended a few minutes before I arrived. Maybe they're out back taking out the garbage? I don't know why else they'd leave the door open, unless that's just the up-in-the-country mentality I'm not used to. Who knows?

I'm about to make my exit and close the door behind me, but as I take one last look inside, my eyes nearly bug out of my skull when I see two feet sticking out from the other side of the couch. *Holy shit! A body!* I charge through the door to find Brenden face down on the ground. His chest is moving, so I know he's breathing, but I can't tell if anything else is wrong. I don't see blood, but when I shake him he doesn't respond.

I scan the room for a phone and spot a cordless on the counter next to the pizza. I pick it up and dial 9-1 . . . when I hear a voice in the background.

"How many times am I going to need to charge you for breaking and entering in one week?" I turn around and Brenden is sitting himself up against the couch, rubbing his eyes.

"Oh my God, I thought you were dead or beat down or robbed or something."

"More like a night partying with the boys got away from me," he says. "What time is it anyway?"

"It's like noon. Aren't you supposed to be at work?"

"I'm off today so I can work the vigil tonight," he stammers. "Want some pizza? There's plenty left over."

I look at the burnt crust lying across the four remaining slices. The disgusting smell of spilled beer and anchovies make me want to hurl.

"I think I'll pass," I say, looking around the room to find it in even more of a disaster than I initially thought. "Did I miss the tables, ladders, and chairs match after I left?" I ask. "Just because it was Western Wednesday doesn't mean you're actually supposed to shoot the place up."

"Thanks, Mom," Brenden says, pushing against the couch to finally pick himself up off the floor. "But I have to ask again, what are you doing inside my house?"

"I came over looking for Em," I say. "I knocked, the door was open, and I saw the body."

"What body?"

"Your body."

"I'm not a body . . . I mean, I'm a body, but I'm not that type of body."

"I figured that out, thanks."

"So, where's Em?" Brenden asks, looking around the house like his brother would suddenly appear.

"If you don't know, I don't know who would."

Brenden walks over to the desk by the TV and flips through a notebook. "Today's Thursday, right?"

"The night after Western Wednesday would be Thursday, you are correct," I say.

"Em's at baseball practice in Nevada City," he says. "I actually have to go pick him up at two, but it's about an hour's drive through the mountains if you want to come along for the ride."

"Are you sure you're in any condition to drive?" I ask, looking at him trying to comb the bedhead—make that floorhead—down to a more sheriff friendly style. "Maybe we should call an Uber."

"Uber? Up here? You really are a city girl. Don't worry about me, I'll splash some cold water on my face and I'll be good to go."

"Can I play my jams in the car?"

"If your jams truly jam, I'm all in."

"Prepare your ears, they're about to unlock greatness."

Brenden ran into the bathroom to wash his face, and I set up my playlist for the car. An hour trip through the mountains deserves the best of the best, so I'm bookending BTS.

The Official Nevada City Road Trip Playlist:

Dynamite – BTS
BOOMBAYAH – Blackpink
Airplane Pt. 2 – BTS
What Do You Think? – Agust D
Fake Love – BTS
Say My Name – ATEEZ
BOP – DaBaby
Boy with Luv – BTS featuring Halsey
Good News – Mac Miller
Not Today – BTS

"Do we get to ride with the lights and sirens on?" I ask, after adjusting my playlist on my iPad, getting it ready to sync on Brenden's Bluetooth.

"We'll take my Jeep instead," he says. "It's parked out back. Why don't you go out front and I'll whip it around and pick you up."

I walk out the front door, close it behind me, then turn back around and push and pull to make sure it is locked. Someone around here needs to make sure these boys are safe. I step off the porch and Brenden pulls right up in a red Jeep. I hop in, sync up the Bluetooth, and we're jamming on down the twisty, turning roads of the mountain. Right when *Dynamite* ends, I bring up the monster in the room.

"I still don't understand why you don't believe me," I tell him.

"Here's the thing, Sunshine, between you and me, I believe you, and that's what scares the hell out of me."

"What's up with the scene you made at the brewery?" I ask. "Everyone thinks I'm a liar because of you."

"If I ran out of that hole guns blazing talking about a missing man, silver bullets, and some kind of bloody attack, the entire town would've went into a panic, and whoever did this would know we were hunting for them."

"So you sold me out to trick the bad guy?"

"If that's what you want to call it, then yeah, I sold you out. But when I was down there, before our fine deputy started plugging holes into statues, I knew something wasn't quite right. It was the smell, the way the dirt on the floor looked rustled, I knew something went on down there, I just haven't figured out what, yet. But the less the town knows, the closer I feel I'll get to finding out the truth."

"So what's up with the silver bullet?"

"The bullet actually has some designs on it, like it was engraved. I'm reaching out to some gunsmiths in the area to see if anyone recognizes the craftsmanship. Maybe it's just someone who likes to shoot fancy bullets. Then again, maybe it's not that simple."

"Tommy calls it the Dathanville Devil. Maybe someone else thinks it's a werewolf," I tell him.

"You kids and your movies. Next you're going to tell me the werewolf plays basketball like Teen Wolf."

"He shot baskets, not silver bullets."

"Still, I don't think you should get caught up in all of Tommy's nonsense. We have some hungry bears, some angry wildlife, but everything else is just Tommy trying to make a buck or two or a hundred off gullible tourists. Just because they want to believe, doesn't make it true."

I nod, and it feels good to know that deep down, the sheriff at least believes me. We get back to the jams and I rock out, banging my head and flipping my hair back and forth until we finally pull up at the baseball field.

"Go on ahead, I'll be back in a bit, I just have some errands to run in town," Brenden says as he pulls into the parking lot. I hop out just in time to see Emerson stepping up to the plate. Emerson is wearing a Nationals Juan Soto jersey. Childish Bambino, such a stud. I run over to the side of the fence to get a closer look, and Emerson steps out of the box, he looks surprised to see me.

"Who's that, your girlfriend?" The boy playing third base yells. I can hear laughter from the dugout, from the field, and I feel really uncomfortable, really fast. It's one thing for people to talk trash about me on the field, but I didn't mean for Emerson to get teased.

"Isn't that the freak from the brewery?" the shortstop says, pointing at me, pulling his hat over his face because he's laughing too hard at his own stupid jokes. Boys. Seriously, who trains them to be such little assholes?

"Everyone shut up and get back to practice," an older man in red shorts and a blue hoodie yells from the third base coaching box. "Emerson, get up there and hit the ball like we've been working on, and stop pulling your head off the pitch. I swear, sometimes you want to watch how far the ball flies before you've even hit the thing."

Emerson wipes his nose with the batting glove on his left hand, then steps in the box. First pitch is right down the middle, but Emerson is a bit late on his swing and he hits it foul down the first base line. Second pitch is eye level, but he swings anyway, wildly trying to tomahawk the ball over the fence. He misses pretty badly, causing the pitcher to turn to his defense and waving for them to move in. "You guys might as well go in the dugout," the little prick says. "Not like he's going to make contact."

"C'mon, Em," I whisper under my breath, but then I can't help myself and I yell, "Hit it over their heads!"

"Enough talking!" The coach yells, then turns to me. "Howdy, miss."

"Howdy?" I say back a bit confused and in a strange country accent I never even knew I had, but whatever, there's baseball to play.

Next pitch is right down the middle, but just like the coach said, Emerson pulls his eyes off the ball and misses by a good two feet, his uppercut swing almost spinning him right out of his cleats.

"Told you!" the pitcher yells. "Who's next? How about Emerson's girlfriend? You want a shot?" He asks, looking at me up and down and pointing. I point right back, only using a different finger.

"Ooooh," all the boys yell in unison.

I see Emerson walk into the dugout, and he pulls his helmet down to cover his eyes, throwing his bat against the fence. I walk over to the dugout fence, and I can hear him crying.

"Don't worry about it," I tell him, "it's just one at bat in practice. It's not like it's the championship game or anything. Trust me, I know, I've struck out in plenty of championships."

"I saw you and I wanted to hit it over the fence so bad," he says. "When Mikey called you a freak, I wanted to charge the mound."

"That would've been awesome," I say. "I could've hit him with my cast."

Emerson laughs for a second, pulls up his helmet, then digs inside his bag for some gum. "Want some?"

I take so much it looks like I have a wad of chewing tobacco in my cheek. "Do I look like a squirrel?" I ask. That's how I know I have enough.

"You look like Lenny Dykstra's daughter or something," Emerson jokes. I lowkey love that the kid was crying a minute ago and now busts out a 1986 Mets reference that maybe only the two of us and the coach would find funny.

"Here's the thing about baseball, it's a game of errors. It's a game based on mistakes," I tell him, mimicking the speech I've heard my dad tell me every time I've made a big error or struck out in a big game and felt down about myself. "You get a hit three times out of ten, and you're not just a superstar, you're in the Hall of Fame. Three out of ten. Name another sport, name another anything where you're successful that few times and people actually cheer for you, chant your name, or buy your jersey like you're some sort of god. If Steph Curry made three out of ten shots, they'd run him out of the NBA. If Tom Brady completes three out of ten passes, his quarterback career is over. But Alex Bregman goes out and gets three hits and Astro fans are yelling about how he should be the MVP—even if he did have the help of stolen signs and banging trash cans."

Emerson nods in agreement and blows a bubble that ends up popping midway through and spattering across his nose and cheek.

"Your girlfriend going to give you a kiss and make you feel better?" the pitcher yells from the mound.

"You're lucky I have a broken arm, or I'd take you deep myself," I yell back. "You throw like you're on the B team."

"Oooh!" The boys all shout, a few of them falling down and pointing at the pitcher. "You gonna take that kind of trash talk from a girl?"

"Boy, cut it out!" the coach barks, trying to reclaim some sort of order to his out-of-control practice. "Even if the little lady didn't have a broken arm, you really think she could hit you? She's a girl."

I look across the dugout at the bat rack, check out the sizes on the knob, and pick up a thirty-one-inch Louisville Slugger. It's definitely heavier than my softball bat and has a bigger barrel, so I put it back and pick up a thirty-inch Easton. This ought to do the trick. The bat feels lighter than the Louisville Slugger, so I take it out of the dugout and try some practice swings. Since I broke my right arm, that's my top hand of my grip, but I can still swing with my bottom hand, generating some power while using my right-hand fingers sticking through the top of the cast to get a little extra control. Not ideal, but it will do.

"You can't be serious," the catcher says, looking me like I just left the psych ward as I walk toward the plate.

"Just because you want to date me doesn't mean I can't wreck you or your pitcher," I say. "Go ahead and try me."

"Get out of the box before you hurt yourself, darling," the coach says in his most condescending tone. "This is baseball, not softball."

"Why don't you get off the field before you hurt yourself ducking out of the way of one of my line drives," I chirp back.

"Sunshine, don't do it," Emerson pleads, walking out from the dugout. "This is my fight, and I don't want to see you get hurt."

"I'll be fine, watch," I say, taking a few hard practice swings until the sweat from my bottom hand loses its grip and the bat goes flying toward the third baseman, who manages to just dive out of the way at the last second.

"What the hell was that!" the pitcher yells. "You can't beat us, so you're trying to kill us!"

Crap. "Give me the damn bat, I'll hold onto it this time," I say. The third baseman picks up the bat and starts to walk over, but the coach cuts him off and snatches the Easton right out of his hands.

"I'm responsible for these kid's safety," the coach says. "And there's no way I'm taking the chance that you'll launch an aluminum bat at one of their heads. You had your moment, now get off the field and let the real players get back to practice."

I'm steamed, like I can feel my face turning bright red kind of steamed, and I just wish my arm wasn't broken so I could show these clowns what a real ballplayer looked like. Then it hit me. My legs aren't broken.

"Who's the fastest person on this team?" I shout out.

The boys all look at each other, then point to the pitcher. "Mikey," they all say in unison. Mikey just stands there with a big stupid grin.

He has no idea what's about to hit him, or should I say run circles around him.

"You think you can beat me in a race?" I ask. "My arm won't let me swing a bat, but I bet I can beat you around the bases."

"You're on," he says. "Coach can time us."

I see the coach grab for his cell phone in his pocket, but I stop him right there. "No chance I'm letting him time us. Even if I beat you by ten seconds, you think he'll ever admit that?"

"Who do you want as timekeeper?" Mikey asks as all of the boys start walking toward home plate.

"I bet she wants her boyfriend," says a boy in a cheap old Tim Lincecum Giants shirt, sweatpants, and pink and yellow cleats. "Emerson struck out on the field, but I bet he hits home runs with the girl every night."

I turn to him and give him the bitch/death face. "You're not even wearing baseball pants, 'Big Time' Timmy Jim hasn't been on the Giants in years, and what are those, soccer cleats? Go give your mom her shirt back and come back when you've got a Yastrzemski. Nobody cares what you say, why do you think they had you playing deep right field. I bet your two best positions are right bench and left out."

"Whaaaaa?" he mumbles.

"You're cancelled. Next," I say. The kid suddenly looks like he's going to cry, like all of a sudden he has feelings now that the girl snapped back. This makes Emerson smile bright for the first time since he struck out.

"I'll race you home plate to the center field wall and back."

"What does that have to do with baseball skills," the coach says. "First you want to take a swing against our best pitcher to prove girl power or women's equality or whatever you're here to prove. Now you just want a foot race?"

"I have a broken arm, I don't know what else you want me to do," I say back.

"We have another way to race, while also showing your baseball IQ," he says.

"What's that?"

"You both start at home plate, one facing first base, the other facing third. I'll drop a baseball, and when it hits the dirt, you both take off in opposite directions around the bases. First one to touch home is the winner."

"So let me get this straight, to test my baseball IQ, you want me to run the wrong way around the bases?" I ask, giving him the one raised eyebrow of disbelief and mockery.

"If you don't think you can win, don't race. But if you don't race, you need to run your ass off our field . . . and bring Emerson with you," Mikey says, pulling his shirt off over his head, like making him a T-shirt lighter is going to all of a sudden turn him into The Flash or Billy Hamilton or something. "I'll run the wrong way," he says. "Not like it's going to matter anyway."

"Don't talk to Sunshine like that," Emerson says, stepping up into Mikey's face. Only problem for Em, he's stepping more into Mikey's neck with the size difference. Mikey pushes and Emerson flies backwards into me. I catch him, then step in between them. "Let's run," I say.

"If I win, Emerson sits out the next game," Mikey says, looking at his coach with a wink. "Ain't that right, Dad?"

No wonder the deck was stacked against us the whole time. The little twerp's dad is the coach. Shock of all shocks. *Not.* I swear, just like softball, you find the bad kid and eleven times out of ten, their dad is the coach.

"And if I win?" I ask.

"Name it," Mikey says. "Not like that's ever going to happen."

"If I win, Emerson bats leadoff next game."

"You've got to be kidding," the coach says shaking his head. "Mikey hits leadoff for our team."

"He doesn't if I beat him."

"Dad, don't worry, I got this," Mikey says. "I'm not losing my spot in the batting order to some chump, and I ain't ever losing a race to a girl."

"Looks like you've got a deal, young lady," the coach tells me. "Now everyone clear the field. Give these two some room to run."

Emerson looks at me with the wide eyes of a serial killer. I can't tell if he's pumped up or frightened out of his mind. Either way, he's got my back, and I've got his. "Let's go!" He shouts, clapping his hands and heading over to lean against the dugout fence down the third base line with the rest of his team.

I take a deep breath and look into the stands. A bunch of parents who are here to pick up their kids have walked closer to the field to catch the action. The ten other kids on the team are now in full boys-drinking-too-much-soda-and-acting-like-idiots mode. They're jumping up and down, banging on the ball buckets, and chanting Mikey's name. I bend down to stretch, touching my toes, and Mikey walks into me, bumping me on purpose and trying to knock me over. I barely catch my balance in time, take a bit of a stumble to the left, but then set my feet and stand straight up like I was about to deck him. Emerson might be looking at this blonde-haired buffoon eye to neck, but I'm eye to eye with him, and he doesn't scare me one bit.

"Hey, did you know taco cat spelled backwards is taco cat?" I ask, lining up at home plate.

"Did you know you're freakin' weird?" he says back.

"What are your friends going to think when the weird girl beats your butt?"

"Never gonna happen."

I look down and realize I'm at a slight disadvantage in shoes. We're running the bases on a dirt field. Mikey's waring cleats, and I'm wearing vans. "Em, what size shoe you wear?" I ask.

"Six," he says back. I'm an eight in women's shoes. That's about a six and a half in men's. "Close enough," I tell him. "Kick off your cleats." I flip his cleats upside down and pound out the dirt from inside, then use my fingers to push out some of the caked-up mud that was between the rubber spikes underneath. I slide them on and they're a bit snug, but it's better than slipping while I'm rounding a base and falling on my ass in front of all these jerks.

"You ready, or do you want to do your hair and makeup first?" Mikey says.

"Actually, I'd love to my nails, but they can wait until after I humiliate you in front of your friends."

"I don't know where you got that mouth, but I can't wait to shut it," he says.

"Actually, my mouth comes from my dad. He used to play in the A's organization, so I guess it runs in the family."

"Your dad played ball?"

"And you're about to see his mouth isn't the only thing I inherited."

I looked over at the coach and gave him a nod to let him know I was ready.

"Mikey, you good?" The coach yells to his boy. I guess I don't exist in their world. Not yet, at least.

Coach walks out onto the pitcher's mound, so he's in front of us both. "I'm going to hold the ball above my head, then drop it. When the ball hits the dirt, the race is on. Any questions?"

"Can we hurry this up?" I say. "Mikey just reminded me I want to get my nails done after this and the salon closes in a little bit."

"Mikey?" the coach asks.

"Like she said, let's get this over with."

The coach holds the ball over his head, and just as he's about to drop it, Mikey glances over at me and I blow him a kiss. Mikey looks confused. I don't think he's ever seen a girl's mouth pucker up that close to him in real life. The ball hits the dirt and I take off down the first baseline like the Dathanville Devil was behind me. I glance to my left as I round first base and I can see that Mikey is rounding third base just a few steps behind my pace. We're both charging toward second base and I can see he's taking the inside path, but we're on a collision course and he's headed right toward me, so I run to the outside of second, grazing the top of the base as he rushes hard and hits the inside corner at the same time. We avoid a high-speed collision, but taking the inside of the base cut down my lead, and I rounded so wide on the outside, when I take a glance over my shoulder to see where he's at, I see Mikey hit first base and is already heading home about two steps before I hit third. I can't let that little bastard win. No way. I book it down the third base line as fast as I can, taking one last glance to see that I've caught up. I'm about five steps from home when out of the corner of my right eye, I see something flying toward me. I duck down, sliding into home just in front of Mikey, and when I look up I see a baseball zoom past the top of my head only to strike Mikey right in the face, sending him falling to the dirt in a thump. He's holding his ear like he just got shot from a sniper and rolling around the dirt in pain. It was like *Call of Duty* come to life.

"Daaad!" Mikey cries out, and the coach and the rest of the team come running to home plate.

"Damn, you okay?" I ask as Mikey continues to cry out in pain. "What the hell happened?"

"Yeah, what the hell happened?" the coach yells out to everyone and no one all at the same time.

"You know what happened. We all saw it," Emerson yells back. "Joey threw the ball at Sunshine, she did some *Matrix* shit to get out of the way, and then BOOM! Down goes Mikey."

"Way to make a girl feel welcome," I say, getting up from my sliding position and dusting the dirt off my jeans. I walk over to Mikey and stick out my hand to help him up. "Good race," I say. "You almost got me until you got hit with friendly fire."

He reaches up and grabs my hand and I pull him up to his feet.

"I demand a rematch," the coach says. "Mikey lost because he got hit by the ball. No way a girl beats him around the bases."

"Dad, don't," Mikey says.

"Get your ass back on the baseline and run again or you'll be running foul pole to foul pole the rest of the night."

"I don't think that's what's happening, not unless you want me to call the league, or better yet, how about I call Child Protective Services," a voice says from behind. It's Brenden, and he already has Emerson's baseball bag around his shoulder. "Just because you yell, doesn't mean you're right, Coach, and in this case, you're wrong. Dead wrong. They're just kids. Let them be kids. I can guarantee you that nobody out on this field is going pro."

"Ahem," I clear my throat and look at Brenden.

"Except for Sunshine, of course," he says with a laugh.

"You can't talk to me like that, I don't care if you're the sheriff," the coach says getting into Brenden's face. "I'm trying to toughen these boys up. You need me to help make Emerson a man. He's obviously not learning that from you."

"Let's go, kids," Brenden says, walking into the coach and bumping his shoulder. "And one more thing."

"Yeah, what's that?"

"We quit!" Emerson yells. "I never liked your team anyway."

CHAPTER 17:
LIGHTNING STRIKES

"Did you know you were going to win?" Emerson asks me once we hop inside Brenden's Jeep.

"I was pretty sure, but I'm not going to lie, that kid was fast. Faster than I thought he'd be, that's for sure."

"When you rounded second and almost collided, I thought you lost for sure," Emerson laughs. "I'm surprised Mikey didn't try to clothesline you when you almost crashed into him."

"I thought I was in trouble there for a moment, too, but whenever I start to doubt myself, I just think of Ray Caldwell," I tell him. "If I ever think I can't do something, that's the name that flashes in my mind."

"Who's Ray Caldwell?" the brothers ask.

"He was a pitcher for the Cleveland Indians back in 1919," I explain. "The Indians are playing the Philadelphia Athletics, and there's a terrible storm. Anyway, Ray Caldwell is on the mound, and he's pitching lights out, he's just dominating the game when all of a sudden dude gets struck by lightning and he's knocked out cold, right there on the rubber. Everyone thought he was dead."

"Are you making this up?" Brenden asks.

"Google it," I tell him.

"Did he die?" asks Emerson.

"Not only did he live, but when he came to and regained consciousness, he wouldn't let the manager take him out of the game. The Indians still needed one more out, so Caldwell asked for the ball and told the batter to get inside the box."

"Did he throw some kind of electric spitball?" Emerson asks.

"He threw one more pitch and the batter grounded out. Indians win. Caldwell becomes a legend."

"Imagine Justin Verlander getting hit by lightning during a game, then sitting up like The Undertaker and getting the next batter out. I think it would break the internet," Emerson laughs.

"So to me, if Ray Caldwell can rise from the dead to pitch the last out in a game, I can sure as hell beat some boy running his mouth faster than his legs."

Emerson reaches into his baseball bag and grabs his mitt, then digs through the Jeep's glove compartment for a pen.

"What are you doing?" I ask.

"Reminding myself never to give up," he says. He scribbles something on the inside of his mitt, something he'd be able to look down and see anytime during a game. He throws me the glove. I look inside to see the name *Ray Caldwell*.

"Nice," I tell him. "I just wish I could've taken a few swings against Mikey, I know I could've taken him deep."

CHAPTER 18:
BLESSED

We drive back to town and we have about two hours before the vigil. "Want to go on a cache?" I ask Emerson. Brenden just shakes his head.

"I don't have a problem with you kids exploring as long as you don't break any laws this time around, okay?" he says. "I don't want to see me arresting you two on the news tonight. Not a good look for any of us."

"No problem," I say. "We'll stick to something easy. And if we decide to rob a bank or two on the way, we'll just wear a disguise."

Emerson laughs then pauses for a second. "What if there was a cache inside the bank vault?" he asks. "I'd be all over that."

I start to laugh, but then I can see that we're only making Brenden pissed. "You can drop us off at the ice cream shop," I tell him. "Then we'll find our way from there."

Brenden rolls through town and pulls over in front of the shop. "Besides, we need some of that sugar to fuel our run," I tell him. We hop out, order our ice cream, then I use the free Wi-Fi inside to hunt for our next cache. "This one is going to be a bit trickier," I tell him.

"I don't have my GPS, so we'll have to look up the location here and do our best to search for it."

"Sounds cool to me. Just let me see the map, maybe I know where it is," Emerson says.

I look through the various caches people have posted online, searching for one nearby that hopefully won't get us in trouble, but at this point who really even knows anymore? Not like I expected to call the cops last time out.

"Here's one at the Dathanville Catholic Church," I say, pointing to the cache on the map. The cache description talks about how the church burned down in 1860, but was rebuilt the same year, and it's the same building still standing today.

"This is right by my school," Emerson tells me. "We share the same parking lot."

"Do they keep the church unlocked, or is this another mission we shouldn't tell your brother about?"

"I'm pretty sure they keep it open during the day," he says. "No way I'm breaking into a church."

"Sounds like a one-way trip to H-E-Double hockey sticks to me," I say. It's something Noni used to tell me, and now here I am using old lady lingo to get a laugh.

After we get our ice cream, we walk down Main Street then up Sunnyside Drive to find the Immaculate Conception Parish up on the top of a hill. The front of the white church is a giant old tower, and there's a gravel driveway that curves off to the side of the building. The hint on the geocache site only said *"Pew! Pew!"* Since this isn't the church of *Star Wars*, I figure we're not looking for laser guns or blasters, so I'm thinking something is possibly taped to the bottom of a church pew or bench. Maybe inside a pew by the choir that opens up to keep sheet music. Not sure, but it's time to find out. Pew! Pew!

Emerson tugs at the heavy-looking wood door and it squeaks open. Morning mass has long passed, and I don't see anyone around.

"So where do you want to look first?" Emerson asks.

"I'm thinking it's under a pew," I say, getting down on my hands and knees. "I'll take the right side of the church if you want the left."

"Deal," he says, squatting and ducking his head under the first row of church benches. "If we are looking for twelve-year-old gum I think we hit the jackpot."

"Did they chew gum in 1860?" I ask. "If so, I think I just found a piece from the rebuild."

Four rows up from the back and I finally find something other than what looks like a germy science experiment. "Em, back here," I shout as I slide on my back under the pew and get a closer look. "There's something duct taped under the seat." Emerson runs over and does a sweet feet-first hook slide under the pew and glides his way along the slick floor by my side. Style points at 100, no doubt.

"What do you think it is?" he asks.

"Only one way to find out," I say, peeling back the tape as dust scatters down into our eyes and face. Under the tape is a tiny gift box, sealed with a stamp of what looks like Mary holding a baby Jesus. Emerson and I slide on our backs from out under the pew and take a seat on the kneeling bench, placing the box on the bench in front of us. I carefully peel back the stamp to open the box. Inside is a necklace with a vial marked *Holy Water*.

"Jesus Christ," I mutter.

"What's wrong?" Emerson asks.

"You're telling me that yesterday someone hands me a silver bullet, and today I find a necklace with holy water? What's next, a box of garlic?"

"What's wrong with garlic?"

"Nothing if it's on your pizza, but if this town is full of ghouls and ghosts and vampires and devils, they need to arm the kids a bit better than a bullet and holy water."

"I see you kids have made a discovery," a voice echoes from behind us. We turn around and Emerson drops down to both knees and bows his head.

"Forgive me father, for I have sinned," Emerson says. The gray-haired priest walking toward us looks at me and shrugs. I don't know if it's because I'm sitting or if he used to play basketball, but this has to be the tallest priest I've ever seen.

"No need for forgiveness, Emerson," he says. "Who do you think left the necklace there in the first place?"

Emerson looks up and takes a deep breath. "I thought you'd be mad at us for being in here."

"I'm more upset when there's nobody in here," he says. "Now tell me, who's your friend?"

"This is Sunshine," he says. "Her grandma owns the motel on the corner."

"Your grandmother talks about you at bingo all the time," the priest tells me. "I'm Father Flannery."

I stand up and reach out to shake his hand. "Sunshine," I tell him, brushing off all the dust from under the pew. "Sorry about that."

"What's a little dust in a carpenter's workshop?" the priest says with a wide smile. "So tell me, Sunshine, what do you think of our little town?"

"Since I've been here, there has been a bear attack, I found a bloody guy under the brewery, Em and I almost had to fight a baseball team, and now I found a vial of holy water, which I assume is some kind of protection against an incoming vampire apocalypse . . . so yeah, I've been better."

"And she didn't even mention her broken arm," Emerson laughs.

"Sounds like you've had quite the vacation so far," Father Flannery says, grabbing the necklace, then placing it around my neck. "But as for the vampire apocalypse, I hate to disappoint you, but that wasn't my intention. Sounds like you've been hanging out with Tommy."

"If you didn't leave it to burn vampires, what did you leave it for?" I ask.

"I never said you couldn't use it against vampires, I'm just saying I left it as more of a blessing to whoever finds it."

"You don't have any silver bullets lying around anywhere around here, do you?" Emerson asks, causing Father Flannery's head to whip around, startling Em for a second.

"This is a place of worship, so no, you won't find any silver bullets to shoot werewolves or salt to kill zombies or anything like that. Although I guess it's difficult to turn the other cheek when the monster is ripping the cheek right off your face."

I give Em the same puzzled look he flashes me as the church is deafened with awkward silence.

"You kids going to the vigil tonight?" Father Flannery asks.

"We'll be there," I say. "And actually, we should get going Em. Noni wants me back at the hotel so I can shower and change before tonight."

"Thanks for the holy water, Father," Emerson adds. "If I see anyone with sharp teeth, I'll think of you as I throw it at them."

"Aren't you two forgetting something?" Father Flannery says as we get ready to leave.

"What's that?" I ask.

"You know the rule, if you take something, leave something," he says.

"Oh yeah, I almost forgot." I bend and grab the gift box we found the holy water, then reach into my back pocket and pull out one of my softball ribbons. It's a little scrunched up from my slide into home plate earlier at the field, so I give the ribbons a few tugs, then smooth them out by pressing them against the wooden pew before putting it back inside the box. "Got any more duct tape?" I ask, trying to figure out how I was going to reattach the new cache.

"You can just leave it with me," Father Flannery says. "I think I've got some in the back."

CHAPTER 19:
ME BEING ME

After hitting church, I head back to the motel for a break before the vigil. After the day I just had, I knew I wanted to shower and do my hair, but I'm not exactly sure what to wear. Never been to a vigil before. Never really knew anyone who died so young. So tragic. I figure I'll play it safe and just wear my ripped jeans and a Thor T-shirt. It's still like ninety degrees at night, so I don't want to be out there sweating. I also don't want to look too cute and have people think I'm trying to show up the family or the service. That's the weird thing about being a girl. Everyone wants you to look nice, but if you look too nice, the knives come out and the same people smiling to your face are talking shit the second you walk away. Sometimes, I just want to look cute, and I'm doing it for me, but all of the sideways glances and glares I get the better I look just really leaves me feeling shook, like maybe I'll just wear my baseball hat and a hoodie everywhere I go so nobody even takes notice. Becoming a teenager is just all kinds of weird I didn't expect. I'm just trying to be me, but the *me* everyone else thinks I am or wants me to be isn't anything like who I think I am. Maybe I need a better mirror. Then again, maybe it's not me. I'm just trying to figure this whole thing out.

I'm brushing the knots out of my hair when Noni walks in. "Is that really what you're going to wear to the vigil?" she asks. "I think you need to buy some new jeans, the ones you're wearing have huge holes in them." The cringe factor is high with this one. I guess I can throw her in the crowd of judgment along with everyone else.

"Okay, boomer," I say back "What's wrong with what I'm wearing?"

"Nothing's wrong, per se, but I just thought you'd want to look cuter for that boy who keeps coming over. That Emerson sure is a looker."

"Noni, he's like twelve years old."

"He sure doesn't act his age. I guess he's just a really smart kid."

"Yeah, he's pretty funny, too," I say, continuing to brush out the kinks.

"See, I knew there was a spark."

"I said he was funny, that doesn't mean I want to marry him."

"I'm just saying, you never know when you meet that right someone. I still remember when your dad and mom first met."

"I'm sure she wasn't twelve."

"They were both just out of college and your dad was downtown and had to go to the bathroom really bad."

"Sounds romantic."

"He runs into this coffee shop to use their restroom, and that's when he spotted your mother, working behind the counter, making coffee and lattes and whipping out little hearts in the foam for customers. He didn't even drink coffee, but he wanted to talk to her. Took him about a month of going back to that same Pete's Coffee every afternoon until he finally struck up enough nerve to introduce himself and smile."

"What did Mom do?"

"I think she just continued to spell his name wrong on his cup for another couple of weeks, before she started smiling back."

"Now my dad's addicted to coffee."

"And I don't think he ever even had more than a sip before he saw your mom that day," Noni says, sitting down on my bed. "He just started drinking more and more, and before you knew it, he not only fell in love, but he had a serious caffeine addiction."

I look at myself in the mirror, and I see my mom's face. Damn, I miss her and my dad so much being up here. I've been so busy, it never really hit me until right now.

"So, tell me something, Sunshine," Noni says.

"Shoot," I say back.

"Is that really what you're going to wear tonight? Emerson is going to be there. The whole town is going to be there. I just thought you'd want to look a little, I don't know, cuter."

Ugh. Way to make a girl feel special. I take a deep breath and try not to erupt at the old lady.

"I just mean, when you're trying to impress a boy, sometimes super heroes aren't the best way to catch his attention," she says, shaking her head.

"Noni, he's twelve. If I was trying to catch his eye, and I'm most certainly not, but if I was, I actually think talking about Thor and Korg and Miek is exactly the kind of conversation that would make him interested. It's not every girl who can speak Marvel just as fluently as baseball and BTS. If he thinks I'm special, that's probably why."

"Okay, dear, I didn't mean to make you upset," she says. "I just know how pretty you look when you do your makeup and thought you might want to make a good impression on people tonight, especially after what happened at the brewery."

"Are you telling me the town doesn't like me because some kind of beast attacked me in a cave?"

"I'm just saying when I went to the grocery store this morning, the old ladies who worked there were still yammering on about all the commotion and the shots fired and how the sheriff didn't believe you. Maybe looking pretty tonight will change their opinion."

I lose all chill. "If it takes looking pretty to change their opinion, then their opinion really doesn't matter," I tell her, waving my finger back and forth like *no-no-no.* "My mom always told me to be myself and to not care what people think, and as hard as that is sometimes, and for as much as this conversation makes me want to break down and cry, right now, this Thor T-shirt is me being me." I can feel my hands shake as I get the final words out of my mouth. "If that's not good enough for them, if that's not good enough for you, maybe it's time I go back home."

"Sorry if you think I crossed a line, I'm just trying to help," she tells me, trying to reach in and give me a hug. "I know the people of this town, and I just thought—"

"You thought wrong," I say. I start to pull away from her hug, but I see the look on her face and she's about to cry, so I lean back in and let her wrap her arms around me.

"Don't ever change, Sunshine," she says. "You're a lot stronger girl than I ever was."

"You're not mad I gave you sass?"

"Honestly, it hurt at first, but you're right. Screw the gossip. If you can't be yourself, what good are you to anyone?"

CHAPTER 20:
RIP

Friends, relatives, and looky-loos lined the wooden streets five deep to honor Christine, each wearing purple and green suicide prevention bows pinned to their shirts. In the middle of the bow is a picture of Christine in better times. She had an amazing smile, the kind you see the first day of school when you make a new friend.

Noni and I walk out of the motel, and I notice how bright it was under the stars and full moon lighting up the night as Emerson runs up and hands us our bows. I pin mine to my shirt just above Thor's hammer, then I look out to the crowd to see a group of girls sitting on the curb, face in their hands as they continue to cry. I look to the other side of the street and I see another young girl who looks like she's waving to me, but I've never seen her before. That's when I notice she's wearing one of my orange and black Misfits bows in her hair. She looks at Emerson and mimics the pose he took in the cemetery, and the three of us all laugh before her father grabs her arm and they shuffle back into the crowd.

"That's the mayor's daughter, Jessica," Emerson says. "She goes to my school."

"I can't believe she's wearing my bow," I say. "That's so cool."

"What's a little girl like that doing in the cemetery?" Emerson asks.

"Looks like the same thing we were," I laugh. "I wonder what she left in the box."

"I wonder if her dad knows she's hanging out with dead people. He's like the strictest parent at our school. Everything is about how Jessica needs to set the right example, how she needs to get straight A's, and how anything and everything the poor girl does reflects on him and the town, since he's the mayor. He puts so much pressure on her, sometimes I think she's going to snap."

"No wonder she's hanging out in the cemetery. At least it's nice and quiet up there."

"Yeah, no one to tell you you're wrong."

The music starts to play and I can see a group of people walking down the middle of the street holding signs and balloons and various pictures of Christine playing soccer and picking flowers and kissing her mom. I recognize the song: *Rainbow* by Kacey Musgraves. Damn, that song always makes me cry, even without a dead girl (although, on the real, I prefer Thingamajig's version from *Masked Singer*). Father Flannery is walking in front of the group, making the sign of the cross while sprinkling spectators with holy water as they approach the bridge.

"It's hard to breathe when all you know is the struggle of staying above the rising water line," I mouth along to the song. *"Well the sky is finally open, the rain and wind stopped blowin' but you're stuck in the same old storm again. You hold tight to your umbrellas, well darlin' I'm just tryin' to tell ya, there's always been a rainbow hangin' over your head."*

The group walks onto the bridge and they each release a pair of purple and green balloons into the sky. "We will never forget Christine's beautiful soul," Father Flannery says as everyone looks up to watch the wind catch the balloons and shoot them off into the night. But that's when my eyes start to focus on something else. As I look at the various signs each person is holding, I notice a woman in the back who I hadn't seen earlier. Her sign is a picture of Christine when she was only about four or five, holding hands with an older man.

"Emerson," I say, trying to get his attention, but he's too focused on the balloons to notice me. "Em!" I yell in more of a loud whisper, slapping him across the arm.

"*Ouch!* What?" he asks, turning toward me.

"The man in that picture," I say, pointing toward the woman. "Who is that?"

"That's Christine's dad," he says, "why?"

"I need to get a better look, come with me," I say, yanking on his shirt sleeve as we quickly walk toward the bridge and the woman.

"What happened to her dad? Is he here?" I ask.

"Nobody has seen him in years," he says. "I heard he went crazy, had some big conspiracy theory about the town, and how Christine shouldn't have died this way. Brenden told me he had to arrest him a few times for being drunk in public and yelling in the middle of the street, then he just disappeared. Why?"

"He didn't disappear," I tell him. "That's the man from the cave."

"Wait, you saw Mr. Henderson in the cave?"

"That's who gave me the silver bullet," I tell him. "He had blood on his face, but that's him. I know it!"

It's not what you think. Damn.

CHAPTER 21:
BLUE SCORPIONS

My head is spinning. Why is Christine's dad sprawled out across the bottom of a cave all bloody when nobody in town has seen him in years? What attacked him? And why did he hand me a silver bullet? He said, "It's not what you think," but I don't even know what I think, to be honest.

"I need to tell my brother," Emerson says, as we hustle back to the motel. "He might want to get some sort of witness statement."

"It's not like I know where he is now," I tell him. "But I'm sure from that picture, that was him."

Emerson runs off down the street, and I head inside the motel. I grab a brownie off the desk for later and write a quick *IOU* on a sticky note and place it by the register. Noni can just bill my dad if she's that cheap.

"Noni, I'm back," I yell, but don't hear a response. I guess she's still chopping it up with the old folks by the bridge, probably apologizing for her poor granddaughter with the holes in her jeans. I head out to my room, but when I go to insert my key into the lock, the door pushes open before I even have a chance to turn the knob. Maybe

Noni's back and she's cleaning my room?

"Hello?" I say loudly, stepping into the room and flipping on the light switch. "Noni?"

Silence. I know I locked the door on my way out, but maybe Noni decided to change my sheets or clean my bathroom or snoop around to see what she could find in my room. Seriously, who knows with that woman anymore? "Anyone here?" I ask out loud, looking back and forth, scanning my eyes across the room to see anything or anyone out of place.

What the hell? On my bed, by the pillow, is my missing GPS with a note. I look around the room again, then peep my head into the bathroom and closet just to make sure nobody was hiding there watching me, before I race over to the bed. The note reads, *"Cutthroat Canyon, 10 pm tomorrow night. Come alone."* Next to the words are the GPS coordinates, *39.558200, -120.827000.* I grab my iPad and do a quick Google search. Looks like it's a popular spot for whitewater rafters.

The first Google hit is tourist information rating the rapids. The second hit details four fatalities on the water at that site since 1993. Some call this part of the Yuba River "The Soul Taker." Then I remembered, it's still a full moon. I Google how long full moons are in the night sky, and the typical rotation is about four days. So that means that two days after some missing man hands me a silver bullet and then is attacked in a cave, I'm told to meet someone who broke into my room under a full moon at a location called The Soul Taker? This vacation just keeps getting better and better. Thanks, Dad.

I Google *full moon* to see what else I can be in for. There's actually a 20 percent increase in pet injuries during a full moon. I wonder if that includes Mongolian river rats? Full moons have caused lions to attack humans during the daylight, can make some scorpions begin to glow blue, and there's even a curious case of a deer hunter in these same California mountains getting gored to death by a deer. Makes me want that silver bullet back. Then again, it's not like I'm packing a gun around, so what would I do, throw it at whatever kind of beast tries to attack?

I decide to Google *werewolf,* but I end up typing *aware wolf* by accident. I guess that's a werewolf who is sensitive to his feelings. Looks like folklore has been telling tales of shapeshifters and werewolves transforming under a full moon for centuries. Lunar forces turning weirdos into madmen, or even worse, very hairy whack jobs with sharp teeth and bad breath. I make one more Google search for the night: *Full moon bears.* Turns out, grizzly bears are actually least active during a full moon, saving all of their terror for new moons. At least that's one thing I won't have to worry about when I sneak out tomorrow night. If I have to bet, the person I'm meeting has to be Christine's dad. He was the only one I know of who was down in that cave when I dropped my GPS. But what does he want from me? Does he want his bullet back? How bad did the creature hurt him after he was thrown backwards into the cave? If it is Mr. Henderson, where has he been all these years? My mind is seriously racing right now.

I walk over to my door and make sure it's locked, then I slide a desk chair up against the doorknob just to make sure nobody is breaking through in the middle of the night. Who knows, maybe this guy is a creep who likes to watch little girls sleep. I'm not taking any chances. I lie back down on my bed and enter the coordinates onto the GPS so I won't get lost. It's only about a mile down the Yuba River from the motel, and I know it will be light out, even at ten, due to the full moon, but I don't want to take any chances. I know the note says to come alone, but there's no chance that's happening, not with everything that's gone down so far. In the morning, I'll meet with Emerson and devise a plan. Something better than throwing bullets at a beast would be best, but I'm not even sure what that would be right now. All I know is it's time to scheme up something smart just in case that full moon does more than turn a scorpion blue.

CHAPTER 22: TIME TO SCHEME

Emerson knocks on my door at eight. "I wanted to catch you before your grandmother makes you start mopping the floors, or before she starts making breakfast just in case you have extra," he says, walking inside my room in his Phillies hat, basketball shorts, and a blue shirt that reads, *"When life gives you bad hops, make better plays!"*

"Did you tell your brother about the picture, about Christine's dad?" I ask, slipping on my pink Air Force Ones.

"I wanted to, but he was gone all night, and when I woke up, he had already left for his shift so I called him before I ran over here and left a message."

"What did you say?"

"I just said that you thought the man from the cave was Mr. Henderson and to come find us at the motel."

"There's more," I tell him, pointing to the GPS on top of the desk in my room.

"Where did you find it?" he asks.

"I didn't find it, someone left it for me inside my locked room."

"Holy crap!"

Holy crap is right. I shush him, just in case Noni is lurking down the hall, listening to our conversation. I don't want her to know someone broke into her motel. Or do I? "Do you think the motel has surveillance cameras?" I ask Emerson as he sits at the desk, examining the GPS like he's looking for evidence.

"Why don't you ask Noni?" Wrong answer. If she knows someone broke into my room, she'll camp outside the hall with a shotgun until I go back to Millbrae. Not going to work if I'm going to sneak out tonight and head to Cutthroat Canyon.

"We need to find out without asking, then if she does have cameras, we need to find out where she keeps the footage." I open the door to my room, trying to be as quiet as possible, then I look up to each corner of the hall looking for a camera. To me, cameras are one of those things that are everywhere, but I never really notice them until someone points them out. But once I know a camera is there, it's like I become obsessed with it, telling everyone who walks by, "Did you know there was a camera there this whole time?" I walk out into the hall and continue to search up and down the walls, but if there's a camera here, I damn sure don't see it.

"Maybe she has one in the store," Emerson says. "Somewhere else in the motel that would've caught whoever did this."

"It has to be Mr. Henderson," I tell him. "He's the one I saw in the cave when I dropped my GPS. It has to be him."

"Either that, or someone from the brewery who thinks you're cute," Emerson laughs.

"What do you know about Mr. Henderson?" I ask, going back inside my room and shutting the door behind us.

"All I know is he was really hard on Christine. He was one of those dads who would bitch out his daughter if she got a B on a test, then he'd bitch out the teacher even worse."

I grab my iPad and try to look him up. "What's his first name?"

"Billy or Bobby or Benny or something like that with a B," Emerson tells me. "No wait, Brody. I remember my brother bitching about him one time and I'm pretty sure he was calling him Brody. Sounded like a surfer's name or something."

I Google the name Brody Henderson, and there he is. Front page picture in the *Mountain Messenger*. It's a story about Christine's suicide, and there's Brody with his arm around his daughter in the family picture. I try to look for any kind of social media, but there's nothing on Facebook, LinkedIn, Twitter, or Instagram. It's like he's a ghost. No job posts, no pictures of him on vacation by the pool, no Tweet rants about the 49ers losing. Nothing. I click on the news section of Google and search his name again. There's another story from the *Mountain Messenger*, but from a few years before Christine's death.

"Says Brody is descended from some of the original founders of Dathanville," I say. "He's from some of that original gold money back in the day, and at one time his family owned a couple of different shops in town."

"Why would you walk away from all of that?" Emerson asks.

"I don't know, but I guess if my daughter died, I don't know how I'd react either. Maybe seeing everyone around town just brings back too many memories."

Just then I hear a voice coming from down the hallway. "Sunshine, breakfast!" Noni yells. Emerson looks at me and rubs his stomach, but before he can even say anything, Noni shouts out, "And you can bring your little friend, too."

"Who is she calling little?" Emerson says, scrunching his eyebrows.

"Do you want to eat or not?"

"I'm just saying, I'm height sensitive. I don't need your grandma bullying me before I eat breakfast."

"Kids, c'mon!" Noni yells again.

"Be right there," I shout back. But before we go, I hand Emerson the note that was left by the GPS last night. "There's more to this than just somebody returning my GPS," I say. "Whoever left the GPS behind wants to meet up tonight at ten."

"No way you're going alone," Emerson says. "I've got your back, now what's the plan?"

"Flashlights, GPS, baseball bats, and a backpack full of snacks. That's my plan."

"Damn, we gonna whack Mr. Henderson with baseball bats?"

"That's assuming he's the one who left the note," I tell him. "After seeing what happened in that cave, we can't be so sure."

"Then we should pick up some bear spray at Tommy's," Emerson says with a wink. "My brother used it one time up in the woods and it stopped a bear cold. I figure, even if we don't see a bear, if it works that good on a grizzly, imagine what it would do to a human."

Or even a human with some extra hair. Dathanville Devil be damned.

CHAPTER 23:
GUCCI

Scrambled eggs, hash browns, sourdough toast, and a little misinformation for breakfast as Emerson and I tell Noni we are having movie night at Em's house and Brenden will drive me home after our last Marvel flick of the night. If Em was a girl, it would be easier, and I could just say I was spending the night, but at least with his brother being the local sheriff, it's assumed I'm in good hands, even if we're really headed off to see whoever broke into my room. Am I stupid to go? I'm having second thoughts.

Emerson says he'll talk to his brother and we'll have some sort of backup if things go wrong. Then again, last time I saw Mr. Henderson, he was bleeding, he handed me a bullet, and the deputy ended up unloading his weapon into a dark cave, so I don't see how this can get any worse.

After breakfast, we slyly try and ask Noni about motel surveillance, but she shoots us down quick. "I just got the Wi-Fi to work a couple of months ago, you expect me to pay for cameras? People up here don't come on vacation to be watched and I'm not the lady to watch them." So much for that. I walk Emerson to the front door just in time to do my chores. I have to change two beds, do a couple loads of laundry, and vacuum every room and hall. Should be done by lunch.

"I can help," Emerson offers, but I shake my head no.

"Noni sees this as our special bonding time."

"What do you see it as?"

"There are child labor laws for a reason," I say. "But I can tell Noni's back has been bothering her lately, so it's a lot easier for me to just do this for her than to listen to her complain." Who knows, maybe that's her plan all along.

Just as Emerson starts to walk out the door, Brenden pulls up to the curb in his sheriff's car. "Just the two juvenile delinquents I was looking for," he says.

Noni walks out from the kitchen to give him a wave. "Can I borrow your granddaughter for a couple of minutes? I have some follow-up questions about the brewery incident from the other day," he says in his best cop voice.

"Go ahead, Sheriff," she says, "as long as I get her back to help me clean this place up. The beds around here don't get made on their own."

Brenden nods and I hop in the passenger seat of his car. "Emerson, why don't you go to the bakery and pick me up a large coffee and a blueberry scone," he says, handing his brother a ten dollar bill. Emerson grabs the Hamilton and jets off down the street.

"So, Emerson tells me you recognize the man in the cave."

"I was at the vigil and I saw one of the family photos of Christine with her dad and it all just clicked," I tell him. "The man I saw in the cave is Mr. Henderson, I just know it, especially after I Googled him last night and ran across even more pictures. It's him, for sure."

"Have you told anybody about this? Your grandmother, anybody else around town?"

"I told Emerson, and he said he'd tell you. Like you told me before, we need to keep the investigation quiet if you're going to find out what really happened."

"Okay, good," he says, looking me in the eyes and nodding,

emphasizing the importance of his words. "I'm going out of town tonight to chase a lead on another case, but when I get back tomorrow, we'll do some digging and see if we can find out where Mr. Henderson has been staying."

"Actually, I think I know where to find him," I say, pulling the note that was left on the GPS out of my pocket. "I think he might have broken into my room last night and left this for me."

Brenden examines the note, pulls his phone out of his pocket, and takes a picture. "This changes things," he says. "What are you planning to do?"

"I looked up the location and it's someplace called Cutthroat Canyon," I tell him. "Emerson is going to hide in the trees with some bear spray while I see what he wants. If he tries to pull anything, Em will spray him down with his grizzly repellant."

"I've arrested Henderson a couple of times after Christine died. He was always downtown causing a disturbance. I really don't like the idea of you kids headed out there alone."

"What if you hide in the trees with your brother. Maybe bring that silver bullet in case something happens—like a transformation—that a little bear spray can't handle. There's a full moon and all, you know."

"Jesus, Sunshine, I hear enough of this crap from Tommy," he says, shaking his head. "But you're right, you need backup. I'll get on the horn with Deputy Davis and see if he can follow up with my other case. If he can head to Sacramento for me, then I can be in the woods watching your back, just to make sure Mr. Henderson, or whoever it was who left you this note, isn't out here trying to make any more trouble."

Brenden reaches out his fist, and I give him a fist bump before opening up the car door. Just as I'm getting out of the passenger seat, Emerson comes running up with Brenden's coffee and scone. "We good?" Emerson asks me, reaching inside the window to give his brother the food.

"Better than good, we Gucci," I respond with a smile, hoping to convince myself at the same time.

CHAPTER 24:
BEAR SPRAY TO
SAVE THE DAY

I head back to the motel and end up spending the day dusting, changing the beds, vacuuming, washing dishes (Noni doesn't own a dishwasher!), and helping organize knickknacks in the gift shop. It's actually great to have this much busy work during the day, otherwise all I'd be thinking about is full moons and silver bullets and what Mr. Henderson (or whoever it is) wants to tell me so bad that he busted into my motel room during the vigil. Maybe I'll find out the meaning of the bullet. Maybe he wants to tell me about his daughter since I'm about the same age she was when she passed. Maybe he's just a creep. I'm just glad the Benz brothers will be there, or at least within shouting distance, when this all goes down.

I meet with Emerson outside of Tommy's store after a quick nap and bite to eat. Nobody inside the store but Tommy and his bulldog, both perking up when the bell chimes our existence.

"Let me guess, you want to buy a DVD copy of *Tombstone* and some more gold pans," he says. "Or how about my new shirt." Tommy reaches under the counter and pulls out an all-black tee with white bullet holes around the words *Brewery Cave Dwellers.* "What do you think?" he asks. "I mean, you did help inspire it."

"Brewery cave dwellers?" I say confused.

"Here's another one," he says, reaching down and picking up another shirt that says, *You down with BCD?* He flips it around and the back reads, *Yeah, you know me!* Nobody wants to talk Dathanville Devil anymore," he says. "It's all BCD, all day. It's all the tourists in town are talking about. I heard the brewery was thinking of charging people admission to see where the shooting happened until Brenden told them it was too dangerous down there in the dark. Even if they can't go down there, all of a sudden there's a line out the door to eat at the place. Everyone hoping to catch a glimpse of the BCDs or whatever you saw down there."

"I didn't think anyone believed me," I say.

"Everybody's always looking for the latest and greatest. Besides, that's the cool thing about myths and folklore, the evolution of the story is half the fun," he says, throwing a women's extra small my direction. "People want to believe in the unbelievable. Why do you think there are so many shows about finding Bigfoot or catching ghosts, but not a one bigfoot or ghost ever caught or found? Word got out about the shooting, conspiracy videos flooded YouTube, and the gossip mongers spread the story. Next thing you know, people are coming in here asking about if I ever saw creepy little men patrolling the mines."

"Like Snow White and the Seven Dwarfs?"

"I pictured them more like ogres or deranged murderers. The crazier the story, the more people around here want to believe it."

"This town gets stranger every day," Emerson says, grabbing the bear spray off the shelf and bringing it up to Tommy to ring up at the cash register.

"Does this stuff work?" I ask.

Tommy picks up the spray and pretends to spray it in his eyes. "Argh!" He yells, then looks at us and nods. "I wouldn't sell you something that didn't work."

"Your gold pan didn't help me find any nuggets," I say.

"That's not the pan's fault," he says. "When you make an error on the diamond, do you blame your mitt? When you strike out at the plate, do you blame your bat?"

"So you're saying it will stop a bear in its tracks?" Emerson asks.

"You kids really shouldn't be out in the forest by yourselves these days if you ask me," Tommy says, actually looking concerned about something other than selling T-shirts for the first time. "But if you are going out there, this is the stuff I'd bring. It has thirty-foot range. If you see a bear, spray it like a cloud in front of you, spraying from side to side to form a wall of mist. If the bear breaks through and attacks and it's right up on you, then spray it directly into the eyes and nose like you'd take out a mugger with pepper spray. Same idea, only the bear spray looks more like a mini fire extinguisher and sprays out a lot faster. Like I said, can't recommend it enough. Besides, it even comes with a handy hip holster."

"Have you ever had to use it?" I ask.

"Never on a bear, but one time a stray dog charged in the store when some tourist left the door open and tried to attack little Bully over there," Tommy says. Bully hears her name and slowly walks over before plopping back down by Tommy's feet. I bend down to pet it and it slobbers all over my hand in the cutest and most disgusting show of love possible.

"That dog was vicious, just ran in out of nowhere and next thing you know, it's trying to take a chomp out of Bully, it's barking at customers, and then it stops and looks at me like it was sizing me up for a meal. The dog charged at me, but luckily, I dove out of the way just in time as it leapt onto the counter and tried to bite my face off. I swiped at it with a broom handle, before I managed to crawl over to the hiking aisle and grab a can of this bear spray. Stupid spray is wrapped in this hard plastic, and I couldn't get it open, but one of the customers slides me his knife across the floor. I stab through the packaging, unlock the bottle, and spray that devil dog right in its mean little mug."

"Did you kill it?" Emerson asks, glued to every word of Tommy's story.

"Who do I look like, Michael Vick?" he says. "Of course I didn't kill it. I called your brother, and he threw it in the back of his squad car until animal control could get here."

Just then, Bully lets out a funny little bark of approval.

"Moral of the story, if you're going into the forest for any reason, you need to pack your bear spray. You never know what you might find in those woods."

Emerson and I look at each other, eyebrows raised, then we each shout, "We'll take two!"

CHAPTER 25:
IN A PICKLE

We head to Emerson's house to gear up for the night, and when we walk inside, Brenden is already in the kitchen fueling up. And by fueling up, I mean he's eating the most revolting meal I've ever seen.

"What in the world is that?" I ask.

"What, you've never seen a guy dip Reese's Peanut Butter Cups in mayonnaise before?" Brenden laughs at my sickened face, holds his peanut butter cup in the air for emphasis, then dips in about halfway in the jar of mayonnaise before popping it in his mouth. "Want some?" He asks, knowing I'd rather run to the toilet and take a drink than have a bite of whatever lunatic snack he's chowing down.

"Bro, not in front of the guests," Emerson chuckles, grabbing a candy from Brenden's stash, before popping it into his mouth. "My brother eats mayonnaise with everything," he says. "Chips, artichokes, carrots, bananas, chocolate cake, peanut butter sandwiches. I remember one time he came to one of my baseball games and when I looked out into the stands, there he was, eating mayonnaise with a spoon straight from the jar."

Blekh!

"You think that's bad, just wait until he washes it down with pickle juice," Emerson says, sitting on the bar stool at the counter right next to his big brother.

"You're an athlete, Sunshine, you should join me in a shot of pickle juice," Brenden says, grabbing a jar of pickles from the counter and pouring out three shots in paper cups in front of us. "Pickle juice is packed with antioxidants, it lowers your blood sugar, and reduces muscle cramps."

I give him my best puzzled while at the same time nauseated head tilt and sour face, but he pushes the cup toward me anyway.

"Salute," he says, knocking his head back while quickly taking his shot of pickle juice. "Drink up!"

I look at Emerson and he gives me a what-the-hell shrug, picking up his cup and drinking about half before spitting it out across the counter. "Oh my God, that's so gross."

Brenden is staring at me to see what I'll do, but I'm no wuss. I grab the cup and take the shot like a champ. "That's actually not as sour as I thought it would be," I say, wiping my mouth and slamming the cup down on the counter like I'm some kind of outlaw in a Wild West bar. "Hit me with another shot."

The sheriff's eyes widen, giving me the proud smile I've seen before from my dad whenever I make a good play in the infield or hit the ball over the fence. Brenden pours me another shot of pickle juice, then pours another one out for himself. He raises the cup and we toast to my newfound love of vinegar and brine.

"When you two are done becoming BFFs, meet me outside and we can pick out our bats," Emerson says, walking toward the back door and heading toward the backyard.

"I'll be there, up above the ridge if anything goes down," Brenden says, trying to look reassuring while at the same time picking pickle seeds out of his teeth. "I don't think you guys need to be armed with baseball bats. You might scare whoever it is away."

"All I know is since I've been here, there's been a lot of crazy stuff going down. Tourists attacked by bears, full moons, silver bullets, the brewery cave dwellers."

"Yeah, man, we should be packing guns, not bats," Emerson yells.

"Leave the guns to me," Brenden says, reaching across the counter and pulling a metal lock box his direction. He puts in a four-number combination, and when the box pops open, there are two black handguns inside along with four clips and some stray bullets.

"No way I'm going to let anyone harm either one of you," he says, pulling out one of the guns and cocking back the chamber. "Like I said, I'll be overlooking everything and anyone who heads down the path to the river. There are sharp rocks all around, so it's not like anyone can move down there quickly. If you feel like you're in danger at all, I want you to wave your flashlight up in my direction."

"Then what?" I ask.

"Run like hell," he says. "I'll fire some warning shots in the air to distract them if things go bad."

"And if things are worse than bad?"

"The next shot won't be a warning."

CHAPTER 26:
THE AMBUSH

I head out into the backyard with Emerson. The Benz tool shed looks more like a sporting goods store than anything I've seen since, well, my garage back home. There's at least ten baseball bats in there, three buckets of balls, catcher's equipment, four mitts, batting tees, and a hitting net.

"Holy crap," I say in shock. "I knew you were into baseball, but I think you have more gear than my dad, and he was a professional player."

"Brenden always tells me, 'If you want to be the best, you need the best equipment,'" Emerson says. "But then whenever I strike out, he's always telling me, 'It's not the tools, it's the carpenter.' It's almost like he buys me all this stuff to prove it's not his fault I'm a failure."

"You're twelve years old playing against boys who are fourteen. You're anything but a failure," I tell him, putting my arm around his shoulder. "Seriously, all you need is a little confidence and a little more spin in your hips and legs, and you'll be taking Mikey deep in no time."

I grab the hitting net and take it out of the shed, then I line up one of Emerson's batting tees in front of it. I place a ball on the tee, grab a bat, then get in my hitter's stance. "First thing you want to do is make sure you give the pitch enough time to get deep," I tell him, taking a practice swing, but stopping halfway through to show him the best point of contact. "If you swing too early, you're going to hit it off the end of your bat and it's basically going to dribble back to the pitcher and not go anywhere."

Emerson picks up a bat and stops his swing at the same point, but he doesn't use his lower body, only swinging with his arms.

"I actually noticed this the other day at practice," I tell him. "If you look at the best hitters in baseball, they all got those thick thighs. They have a powerful lower half of their body that fuels their swing. You're not going to hit the ball anywhere unless you fire that hip, pushing your top half with more force so when you hit the ball you send it flying."

Emerson takes another practice swing and I move my lower body with him at the same time. "Fire those hips," I shout, and he takes about five good swings before stepping up to the tee. "Now show me what you've got."

Emerson looks a little nervous, inching his way up closer to the tee in front of the net before taking another all-arms swing, barely knocking the ball forward, not even reaching the net only a few feet in front of him.

"Em, listen to me, if this ball was a bear running toward you right now, you'd be the bear's lunch. Swing the bat like you mean it. Use your legs."

I place another ball onto the tee and step back. Emerson takes a deep breath, then steps backwards, lowering his bat. "Listen to me, I know you can do this," I tell him, looking him right in the eyes with confidence. "You know what happens if you're up to bat ten thousand times and you hit three hundred?"

"You're an all-star?" he says, half answer, half question.

"Not only are you an all-star, but you're an all-star who just got out seven thousand times. Think about it, you get out seven thousand times and people are saying you're one of the best to ever play the game. Don't let one at bat get you down. Make adjustments and try to do better next time. Even if you get a good hit, next time up, you're going to need to make adjustments if you want to get on base again."

I look around and see a black sharpie in the shed on top of some old scorebooks. I walk into the shed, grab the sharpie, then come back and draw my best bear face on the ball.

"What does that say?" Emerson asks, squinting at my artwork.

"*Grrrrr!*" I wanted to make the bear growl. Thought he'd hit it harder if it was mean.

Emerson laughs as he steps back up to the tee. "The bear thinks you look awfully tasty right now, like mayonnaise on some Reese's Peanut Butter Cups. Now hit that son of a bitch back to its cave. You're nobody's dinner tonight."

Emerson swings the bat, pivoting his hips to power his swing, sending the ball flying into the net. He steps back with a shocked look, like he even surprised himself with how much power he put behind the ball.

"Jose Altuve is what, like five-foot-five, and he's one of the best hitters in Major League Baseball," I tell him after giving him a dap. "Play smart, and the strength will come."

"You're the best coach I've ever had," Emerson says, turning to me and giving me a hug. "All my coaches have ever done is yell at me, and now you're over here drawing bears on the baseball and I can finally hit again."

"Next time you step in the box against Mikey or whoever is on the mound, just remember, like Shakira says, the hips don't lie."

Emerson places another ball on the tee and takes another whack, hitting it even harder. "I got my swag back," he says with a smile. "Got any other advice?"

"Every pitcher is always told to get ahead of the batter and to throw a strike on the first pitch," I tell him. "I don't care if it's Little League, the Major Leagues, softball, college ball, whatever. Most of the time, the best pitch you're ever going to see in an at bat is your first pitch."

"My coach told me to never swing at the first pitch."

"And what happened?"

"Most of the time it was a strike and I'm down in the count 0-1."

"Exactly. And when you watch the first strike, now you're in a hole. But you swing at the first pitch and ambush the pitcher, you're going to smash the best pitch you might see all game."

"Ambush the pitcher, I like it."

"Gives me an idea about tonight." I look back toward the house. "If things go wrong, maybe we should setup an ambush of our own."

"I like the sound of that," Emerson says, smashing another ball into the net, this time hitting it so hard it bounces off the net and flies back toward me. I catch it with my one good hand and lob it back into the bucket.

"Where's your laundry room?" I ask. "I have an idea."

CHAPTER 27:
THE SHOWDOWN

It's about a fifteen-minute walk to Cutthroat Canyon from Emerson's house. Brenden wants to drive separately so he can reach the ridge overlooking the river and stay out of site. I walk to the canyon with Emerson, and we agree that he should hide in the trees while keeping a lookout for anything or anyone strange headed my way.

"I'll whistle like a song sparrow," he tells me, showcasing his ability to clench down on his jaw while tweeting out a series of sounds that he swears is the sound of the sparrow. I live in the city, so I wouldn't know a sparrow from a pigeon to be honest, but whatever sound he's making I find to be at the same time beautiful and bewildering.

"Got any other hidden talents?" I ask.

"I can also chirp the alarm call of a black-capped chickadee," he responds.

We walk for about five minutes when I have to stop. I'm starting to get a little light-headed, I'm feeling sweaty, and my hands are starting to shake. *Not a panic attack. Not now!*

"You okay?" Emerson asks, stopping and putting his hand on

my forehead. "You look like I did after I ate thirty-seven wings at this all-you-can-eat pizza shop in Portland. Then I threw up for like three hours straight."

I bend over and try to catch a good breath. Then I remember my trick. Five things you can see, four things you can touch, three things you can hear, two things you can smell, one thing you can taste. Trees, Emerson, rocks, the river, a road sign. The baseball bat, the vial of holy water around my neck, my cast, the squirrel running up a tree. Birds chirping, Emerson talking, the river running. Emerson's pickle breath, the freshness of the forest. I still can't get the taste of pickle juice out of my mouth, even after chewing four pieces of gum.

I stand straight and take another deep breath.

"Let's keep moving," I say. "We don't want to be late." Emerson looks worried, so I try to say something to keep our minds off of the meetup until we get to the canyon. "Who is the best player to wear number five, all time?" I ask.

"Hmmm, I'll go with George Brett or Joe DiMaggio," Emerson says, stopping to get in a low crouch like George Brett before taking a practice swing. "Who you got?"

"Can't argue with those two, but I also love Johnny Bench and Brooks Robinson."

"Ooh, forgot about them," Emerson says with a laugh. "Let's go right up the line in numerical order. You already know my number six. How about you?"

"Like you said, Stan 'The Man' Musial is the only choice there," I say.

"To be the man, you've got to beat the man," Emerson shouts in his best Ric Flair before we both shout *"Wooooo!"* and listen as it echoes throughout the forest.

"Number seven?" I ask.

"Joe Mauer used to be my favorite player, so I'll take him," Emerson says.

"I'm a Mickey Mantle girl all day on this one," I say, "followed by

Craig Biggio. Dude holds the MLB record for getting hit by pitches. Talk about a beast. He'd just get plunked and run to first like, thanks for the base."

Emerson picks up an acorn off the road and throws it at me. I stop and let it hit off my back shoulder. "Just like that. A base is a base, doesn't matter how you get to first, you just gotta get there."

We continue to walk until the road splits off to the left. Emerson points down the dirt hill to the right. "Hop over the guard rail and walk down the path," he says. "This is the North Point of the Yuba River. People drive from all over California and Nevada to ride these rapids. Moves from Class III to Class IV rapids pretty quick, and out of nowhere. My brother and I come down here a couple of times a year and ride with Tommy. Pretty fun until someone falls into the water."

"Ever happen to you?" I ask.

"*Sooo* freakin' cold," he says.

I look down past the guard rail and see bunch of large rocks lining the path.

"I'm going to hide down here behind the trees," Emerson explains, pointing to a spot overlooking the river. "You hear me start chirping, and you know someone is coming."

I reach out with my baseball bat and Emerson does the same with his, like an aluminum high five, then I pull the GPS out of my small backpack and turn on the monitor before hopping the rail. The GPS is making a slow beeping sound, but the closer I get down to the water, the faster it begins to chirp. I'm definitely in the right place. I look around, but as I approach the fast-moving rapids, there's still nobody in sight. I look down at my watch, and I realize I'm about five minutes early, even with the anxiety-fueled pit stop along the way. There are three huge rocks in the middle of the river. I guess that's where the launching point is for the adrenaline junkies with rafts. It's also a good crossing point for people to be able to jump across the rocks to reach the other side of the river. Maybe that's where we're supposed to meet? I look down at my GPS, and I appear to be just a little bit east of the mark. Then it hits me, *Is this the meeting point, or is there a hidden cache for me to find?* The first time I found Mr. Henderson, he was at the treasure point at the end of this same GPS. I take a few brisk steps down river to the east until the GPS basically starts beeping so fast, it's one long ping. I look down toward the spot, but nothing seems out of place in front of me, but when I turn around, I think I see it. There's a pile of smaller rocks built on top of each other that doesn't quite look natural. This isn't something a random bear kicked together. This pile looks man-made.

I take a look over both shoulders to see if anyone is around, but I don't hear Emerson's bird whistle, so it looks like I'm all alone. There are about ten rocks piled together, and as I push the pile to the side, I see something underneath. It's a folded piece of paper and a copy of an old black-and-white photo. I swing my backpack around to the front, place my GPS inside, then pick up the cache and unfold the piece of paper. It's a list of names: Nancy Montgomery, Clara Washington, Paula Thompson, Brooklyn Sanders, Sandra Wright. That's it? I flip the paper over and back looking for anything more, but that's all that's written. I stick the paper inside my backpack and look at the photo. Looks like something taken from the Gold Rush era, but it's an old pic of eight men, looking like a cross between miners and cowboys, I'm not sure, but they're definitely standing on the Dathanville Bridge next to where Noni's motel is today. This can't be what I was sent out here for, can it? I put the pic in my backpack next to my flashlight and pack of Red Vines, then I look up toward the ridge where Brenden is supposed to be. I can't see him, but I know he's up there for protection, so I give him a shrug like, I don't know what the hell is going on, and continue to look for anything out of place. At least I'm not giving Brenden anything to shoot at.

I start to look around my feet and at other rock formations closer to the river. Maybe there's more. I notice another strange rock formation about eight feet from the water. There's a large sharp rock on top of a couple of smaller rocks. Looks like another good spot to stash something. I take another look around, the rush of the river getting louder with every step closer to the rock. It's almost mesmerizing, but I'm locked in to trying to pick up this rock and see what I can find. I put the aluminum bat onto the dirt, then bend to move the sharp stone.

I'm wiggling it back and forth, and when I finally push it onto its side, a snake pops out from underneath, hissing. I stumble backwards, then catch my balance just before falling on my ass. I try to slowly retreat, one half-step at a time, keeping my eyes locked on the snake's evil-looking tongue. The snake just looks at me, but as I step back with my right foot, it quickly arches up, moving its head back and forth looking to strike. For a second, the sound of the rushing water disappears, and all I can hear is the snake hiss and slither from rock to dirt as I continue to step back in the moonlight.

I slowly reach around to my backpack and grab for the flashlight. What the hell am I doing? Even if I signal to Brenden, it's not like he can shoot the snake from hundreds of feet away. Just then, I hear the birds. Not just any birds, but Emerson's bird whistle. I glance right and left, trying not to make any sudden movements as the snake slithers in place, staring at me like it's looking for the best moment to strike. I hear a rustling through the trees from the other side of the river, and out of the corner of my eye, I see something leap from the rocks in the middle of the water. The snake reacts, snapping toward me with its fangs out, ready to clamp down on my leg when something swoops down past me, cutting the snake off and picking it up off the dirt, holding it up as its prize. The whistles grow louder in the background, but I'm too stunned to move, as under the light of the full moon stands an honest to God creature covered in brownish-blonde fur from head to paw, well over six feet tall and ripped with lean muscle. Tommy was right. The Dathanville Devil is real, and he's not a bear. He's a freakin' werewolf!

The wolf looks at me, arches its back and howls as I scramble on the ground and reach for the bat. Just as I grab the handle with my left hand, it's the Devil's turn to make a move, jab stepping toward me, almost like he's trying to fake me out, before stepping back and biting the head off the snake. It's actually standing there and chewing with what looks like a grin as it sizes me up and down for dessert. I quickly slide my backpack off and kick it to the side, gripping my bat with both hands as best I can. The werewolf bites down hard on the bloody snake's body, finishing off its snack, then throws what's left of the tail to the dirt as it continues to chew, keeping its eyes locked on mine.

I move the bat into my left hand, twirling it around like I'm headed to the plate, then as I see the Devil charge toward me, I pull the bear spray from its holster and pepper the little bitch in its eyes. The werewolf lets out a shriek, so I spray it again, stepping back away from the cloud before dropping the spray and getting back into my batter's stance. I can see the Dathanville Devil through the mist as it backtracks a couple of steps, shakes its head like a wet dog, then leaps toward me with its claws thrashing through the air. I take a swing, striking it hard on its left shoulder, but on contact, the wolf reaches up, snatching the barrel and hurling the bat back over my head. No bat means time to run, but before I even take my second step the Devil springs into the air and dropkicks me flush in the face. I stagger backwards before losing my balance, falling onto the pile of rocks where I found the original cache.

I lay there stunned as the creature pounds on its chest and struts toward me like it already won. I begin to push with my legs, sliding on my back past the rocks and closer to the water, my mind scrambling as fast as my feet, but I'm too slow. The Devil jumps on top of me, knocking the wind from my gut. It opens its mouth and I feel its saliva splash across my nose and forehead. That's when the Devil opens its jaws and tries to bite its fangs through my face.

I raise my right arm to block its bite, smashing the creature in the side of its head with my cast. It looks stunned, but chomps at me again, only this time the werewolf clamps down hard with its fangs, biting into my cast with full force. The bite is so fierce, its fangs penetrate the plaster protection and I scream out in pain as I feel the tip of its teeth scratch against my skin underneath. The monster tries to yank its head back to strike again, but its fangs are stuck in my cast. A mix of saliva and blood is dripping down my arm, and the wolf huffs and puffs, blowing snot across my chest in the struggle. I take a few wild swings with my left hand, missing badly, before I reach up and grab the beast's right ear, ripping back as hard as I can.

The Devil howls, then picks me up by my hips and slams me back down to the dirt, clawing at my arm as it tries to pull its fangs out of my cast. I turn my head back and forth to avoid the Devil's fast striking claws, when out of nowhere I see Emerson running toward us. The kid has his bat raised in his right hand like a warrior running to battle while at the same time flickering his flashlight in his left hand to send a signal to the ridge above. Emerson runs up behind the creature, spikes his flashlight into the back of its head, then grabs his bat handle with both hands and swings through with his hips and legs just like I taught him, whacking the werewolf in the back of its neck. The blow sends the creature's face whiplashing into my chest. While the Devil attempts to wiggle its mouth free from my cast, I slide on my back then use my left hand to grab the holy water container from around my neck. I yank down, breaking the chain, before jamming the bottle into its face, breaking the glass into its right eye as the liquid spills out onto its face. The Devil cries out, reaching for its eye and yanking back so hard, it actually breaks one of its fangs off inside my cast before finally ripping itself free.

"Oh shit," Emerson yells, "I told you holy water hurts werewolves!"

"It's not holy water, it's bleach," I scream back. I made the switch back at his house. Talk about an ambush. I scramble back to my feet and then dive to my left to pick up my bat. Emerson and I begin to circle the monster, whipping our bats around like some kind of baseball playing ninjas as blood pours out of the creature's mouth. The werewolf yells into the night, but instead of falling, it licks the blood from its lips and gives me a death stare, sending shivers right through my soul.

"Ruuuun!" I scream, just before the damn Devil leaps at Emerson, knocking him to the ground, before jumping back toward me. I take another homerun swing, striking it across its right knee, but as I make contact, the creature reaches out and claws me across my left arm. I drop the bat and the tears are flowing. I've never felt pain like this before. I'll take a broken arm over werewolf scratches any day. Emerson tries to get up, but the werewolf roars in his direction, sending poor Em tripping back down to the dirt. This gives the Devil enough time to take one final rush in my direction. I'm on the ground, backpedaling as fast as I can to try to create distance, but the creature is just too strong, too fast, and it lands on my left leg, pinning me in place. It looks down at me in triumph, beating its chest with its right paw, then letting out a final roar as it leans down to end me.

I hit its knee with my cast, swinging wildly for life with both hands, but before it could chomp my head off, it hesitates as a *pop-pop-pop* sound explodes in the distance. The monster turns its head toward the river, and when I look, there's a man running across the giant rocks in the water as he shoots his pistol into the sky. Oh my God, it's Mr. Henderson!

"Get off her!" Mr. Henderson yells, changing his aim from the sky to the Dathanville Devil. The monster springs itself into the air, a bullet whizzing by its right ear.

Emerson crawls over to me and grabs my hand.

"How's your arm?" Em asks, looking down at my ripped cast.

"At least I got a new tooth out of it," I say, reaching into the plaster and pulling out the Devil's fang.

We pull each other up and grab our bats, but we're no longer the creature's focus as it charges Mr. Henderson, leaping into the river and toward the rocks. Mr. Henderson takes another shot, but misses low, splashing the bullet into the water. Before he can squeeze off another round, the beast reaches its target, knocking Mr. Henderson on his back and sinking its teeth into his right biceps. The monster lunges forward again, this time biting down on Mr. Henderson's fingers, chomping off a couple of his digits. Mr. Henderson struggles for a second only for the Devil to bite back down across his throat. That's when the man who just saved my life uses every ounce of energy remaining to push himself into the hard-charging rapids, ricocheting off the sharp rocks before disappearing downstream.

"Run, Em, run!" I scream, trying to anticipate the Devil's next move. I grab my backpack and the two of us book it up the hill toward the main road. When we reach the top, we hurdle the barrier separating the road from the forest, then we continue sprinting as fast as we can up the highway. In the background, I hear sirens heading our direction. I turn my head to look behind us, but I don't see any movement through the trees, and I don't hear the frantic steps of anyone or anything trying to chase us. Where did it go?

"Make a right up here," Emerson yells out, "it's the only way up to the ridge. We have to find my brother!"

In all the fighting and bloodshed, I nearly forgot about Brenden. I just hope the Devil didn't get him before he attacked me.

We run up the pathway to the ridge overlooking the river to find the deputy's K-9 unit parked sideways, lights flashing with Candy still inside the car barking feverishly, knocking its head against the glass trying to break its way free to help. In front of the headlights, I see Deputy Davis giving aid to a man on the ground. "Officer down, we need assistance!" The deputy screams into the mic attached to his shoulder. Emerson runs ahead of me and makes it to the other side of the car and collapses. I race to his side only to see Brenden face down on the ground in a pool of his own blood.

CHAPTER 28:
AFTERMATH

"Get Emerson out of here," Deputy Davis yells at me, "he doesn't need to see this."

Emerson is crying uncontrollably as the deputy attempts to administer first aid, pressing down on a wound on the back of Brenden's head. "You'll be alright, buddy, stay with me," he says before looking back at me. "The kid shouldn't see his brother like this, get him the hell out of here!"

I bend over and put my arm around Emerson's shoulder as the sirens in the distance echo through the forest. By the time I take Em to sit down on a cluster of rocks overlooking the river where the fight of our lives just took place, two ambulances arrive on scene. It's crazy, as I look down on the rapids from this vantage point, the only violence I see is in the rushing water itself, and the sound of the water just seems so peaceful when there isn't a werewolf roaring over it.

"Don't worry, Brenden will be alright," I tell Emerson, stroking his hair like my mom does for me whenever I'm upset. It works after a two-error game, seems to be working for Em just the same, even if the stakes are higher.

We turn to see the paramedics load Brenden onto a gurney and roll him into the ambulance. Deputy Davis is standing there, taking deep breaths as he wipes the tears before walking over.

"What the hell happened out here?" the deputy asks. "I was driving by, about to take Candy out for her walk by the river when I saw Brenden's car pulled over to the side of the road. I tried calling him all night, but he never responded. Next thing I know, I hop out of my car and I find him all scratched up and bloody. Looks like he got jumped by a gang of bears or something."

"Did he . . . did he say anything?" Emerson asks, trying not to hyperventilate in his crying attack, but still fighting through the pain to get out the words.

Deputy Davis rubbed his right eye with the palm of his right hand. "When I got here, he was muttering something like 'the devil is real, the devil is real,' or something like that. I tried to ask him what happened, and he just said something hit him from behind during a stakeout. He had these thick scratch marks up and down his left arm, though, so it's not like some drunk hit him with a bottle or something. I don't think he was chasing some criminal up here, because as far as I know, I've never seen a criminal with claws."

"You might need to sit down," I tell him, "because what we're about to tell you might seem a little crazy, but I swear to God it's the truth."

"Oh my God, Sunshine, look at your arm," Deputy Davis says, pointing to my cast. The scratch from the creature's sharp nails have turned my skin underneath blood red. "We've got to get you to a doctor."

"Forget my arm for a second, you need to know what's out there," I tell him, grabbing him by the wrist.

"Don! Jason!" Deputy Davis yells out to the paramedics from the second ambulance. "Come here, quick. These kids need to be looked at."

"Tommy was right," I say before the paramedics reach us. "The Dathanville Devil is real."

"That's what Brenden was trying to tell me? What scratched his arm like that? Is that what attacked you, too?"

"And that's not all," I tell him. "You need to head down to the river. I think you'll find another body."

CHAPTER 29:
CAME TUMBLING AFTER

Worst part about being in a small town? The closest hospital is over an hour away, even by speeding ambulance. "The local medical center closes at five," the chubbier paramedic tells me as he examines my arm. "Any crisis this late, and we need to take you to Nevada City, forty-five miles away. Can I call anyone for you to meet you down there?"

"Her grandma owns the Gold River Motel," Emerson tells him. "Although I'm not so sure how happy Noni will be to hear from you."

Oh crap. I almost forgot about the Noni factor. How am I ever going to explain this? I start coughing, and the paramedic puts an oxygen mask over my nose and mouth. "Take it easy," he says, adjusting the mask for a tight fit. "We'll be there before you know it."

I close my eyes for the rest of the ride and try to figure out how to explain the fact that a werewolf attacked me near the rapids, I need a new cast, the sheriff might be dead, and there's a body somewhere floating down the river . . . all while I was supposed to be having a movie night at Emerson's. I don't know if I'll ever be let out of the motel again, not to speak of what's going to happen once Noni rats me out to my parents. So much for trying to help our local law enforcement.

When we arrive at the hospital, they wheel Emerson and me into the same room and close the curtains. Emerson hops out of bed as soon as the nurse leaves and opens the curtains back up. "I can keep them open if you want me to show you the hand puppets I've been working on," he says, demonstrating a bunny hopping along thanks to the shadow hitting the wall next to the door. Emerson hops back into his bed and lets out a deep sigh. Obviously, the shadow bunny isn't what's really on his mind.

"Don't worry," I tell him, "I'm sure Brenden will be alright. Seems like a tough dude."

Emerson looks at me and smiles. "I remember this one time in town, there was some drunk causing problems at the brewery, he started smashing plates and throwing beer mugs against the wall because some woman ghosted him at the bar. They call up Brenden, and he's supposed to wait for backup, but Deputy Davis is having a hard time getting Candy in his car or something, so he's running behind. Brenden could hear all the commotion inside, so he decides to burst through the door. The drunk sees him and grabs a glass off one of the tables and chucks it right at Brenden's face. He tried to duck but wasn't quite quick enough and the glass smashed him in the forehead."

"Oh damn."

"Damn is right. He's bleeding all over like one of those old school Mick Foley death matches. The drunk starts laughing, then he grabs another glass and cocks back like he's going to throw another one at Brenden's head, but Brenden staggers over to the dart board against the wall, grabs one of the darts and chucks it right into the guy's eye. The guy falls down and is rolling around on the floor, so now he's all covered in spilled beer and peanut shells. Brenden cuffs him and calls an ambulance before Deputy Davis even arrives. I still remember, I was eating ice cream when I heard someone yell Brenden was in a fight, so I ran over to the brewery just in time to see his badass aim with that dart."

"That's a million dollar throw right there."

Emerson sits up in bed and laughs. "The paramedics arrived and one ran over to the drunk, the other ran over to Brenden," he says. "I remember the paramedic with Brenden picks up the broken glass that the drunk threw at him, the one that smashed into his forehead, and he said anyone else would've been knocked out cold. I guess we're lucky that the Benz boys come from a long line of hardheads."

We continue talking until the doctor finally comes in to give us a quick look over. She's tall with red hair and the large-framed glasses of a librarian. "Looks like you kids took quite the tumble," she says. "I just spoke to your brother and he told me everything."

Everything? Like furry beasts and flying bullets? "You're lucky to only have a few bumps and scrapes after falling that far down the trail," she says. "You kids need to be more careful being out in the mountains at night. Even if there's a full moon, some of those paths aren't well marked and can be dangerous, especially if you see a bear." Emerson gives me his scrunched eyebrow look. What the hell is she even talking about?

She walks over to me and gives what's left of my cast a quick glance. "We can replace this for you tonight," she says. "Your grandmother is on her way and has already given us the authorization to get started."

Great, but not really. A male nurse comes in the room with a little saw and shows me the blade. "This isn't going to hurt a bit, we just need you to keep your arm still," he says, pushing the blade into the top end of the cast. "Looks like your cast got eaten by a cougar or something," he says with a laugh.

I give him a fake, *"haha"* and a half smile and hope we can move on from there. "How about those A's?" I ask as he slices the cast open.

"Oh man, you have some cuts inside the cast, we need to make sure this isn't infected," the doctors say, shining a light onto my arm. "It almost looks like claw marks. Have you been scratching your arm?"

"It's just so itchy," I lie, not wanting to explain the whole Dathanville Devil scenario actually playing out inside my head. "Once the cast started to open a little, I couldn't help myself. I guess I scratched a little too hard."

The nurse rubs some kind of cream on my scratch marks, then starts measuring me for my new cast. Just then, I hear her. Noni has entered the building, or at least, my wing of the hospital. "Where's Sunshine?" She yells from down the hall. "What have you done with my granddaughter?"

Noni is just about to walk into our room when she's quickly cut off by a patient with a giant bandage wrapped around his head. I can only see him from the side, but I can tell that deep bass voice anywhere when he starts speaking.

"Brenden!" Emerson yells, jumping out of bed and racing over to give his brother a hug. "I knew you weren't dead! Like I was just telling Sunshine, you might have the hardest head on the planet." Brenden rubs the top of Emerson's scalp then uses both hands to mess up his hair. Emerson steps back, hair sticking up all crazy like he just stuck his finger in the light socket.

"Let me talk to Mrs. Robins really quick," he says, looking down at his brother. The bandage around the top of his head almost looks likes the beginning of a mummy Halloween costume. Emerson sprints back into the room and jumps on his bed, giving me the thumbs up sign. I try to take a closer look at Brenden and see how he's doing, but the nurse has already started applying the cast on my arm, and it's making it tough to see what's going on beyond his enormous shoulders. Luckily for me, I can still make out what Brenden is telling Noni by the door.

"Ma'am, I just want to apologize for what happened, it's all my fault," he says.

"I gave her permission to go to your house and watch a movie," Noni yells back. "That doesn't give you permission to take her out into the mountains and do God knows what. I don't care if you're the sheriff around here, that just doesn't give you the right."

"You're one hundred percent correct," he says back, trying to explain his way to forgiveness. I can't wait to hear how he spins this. "And you're right, we were watching a movie, but the full moon was out, and it was just so bright and beautiful, I asked the kids if they wanted to go on a little walk. Next thing you know, we lost track of time. We were just having so much fun showing Sunshine the beauty of these Sierra Mountains. I thought she might want to check out the rapids, see the life of this river, why all these tourists come up to Gold Country now that the gold has dried up, you know?"

"Go on."

"So we're walking on this narrow path near the ridge, and I guess I just lost my balance and started to slide down the side of the hill. Emerson and Sunshine tried to grab me, tried to save me, but instead, all three of us went rolling down the hill. We must've ricocheted off some of those sharp rocks near the river, because I was knocked out cold. The three of us got separated after we fell, and when I was unconscious, it looks like a racoon or something scratched me up looking for food. Must've smelled the Three Musketeers bar in my shirt pocket. By the time I came to, I had all of these scratch marks up and down my arm and body. I tried to find the kids, so I walked up to the top of the ridge, but then my head started spinning from one of those rocks to the head or something, and I guess I passed out. Next thing I knew, the paramedics were loading me in the ambulance and everyone is telling me how lucky I am to be alive."

"All three of you could've been killed," Noni barks. "Next time, you just need to let me know where you're going to be. The worst thing about all this, well, besides you almost dying, is just not knowing. You three could've been eaten by bears, and nobody would've ever known what happened to you unless one day a hunter found a random foot in the woods. Next time, somebody needs to give me a call."

"Maybe if Sunshine had her own phone—"

"Did she tell you to say that?"

"No, ma'am. Sorry, ma'am. Not trying to sass you."

"Leave the sass to my granddaughter. She has enough sass to fill this entire mountain."

"Ain't that the truth," Brenden says, belting out a quirky high-pitched laugh.

At least now I know the story we're going with. I don't know how that will explain if anyone finds Mr. Henderson floating downstream, but I guess we'll deal with that detail when/if it ever happens. For now, we fell down the hill and that's good enough for me.

CHAPTER 30:
THE NAME GAME

Once my new cast was sealed and the doctor determined I didn't suffer a concussion or any other serious injuries, I was good to go. Emerson was released about an hour ahead of me, and I overheard a couple of doctors say that Brenden checked himself out early, taking Emerson with him.

"That's one tough son of a bitch," the doctor says as Noni and I walk by on our way out. "I wouldn't want to try to take him in a fight, that's for sure."

Once we get in the car, I closed my eyes and pretend to fall asleep before Noni could ask me any questions. I don't want to lie to her, I don't want to try and make up more to the story or have her hand me her phone and talk to my parents, so I figure the best bet was to snore loud enough where no questions are asked. And it works. I even hear her mutter "poor baby" as she drives through the curvy mountains on the way back to the motel.

By the time we pull into Dathanville, Noni rubs the top of my head and hair to wake me and help get me out of the car. Damn, my arm went from itching to burning. Some of those scratches the Devil hit me with through my cast are really starting to throb, and the cast is just making it all the more uncomfortable.

"What the hell happened?" Tommy asks, opening the front door to the motel and letting us in. I just give him a glare, not knowing what Brenden or Deputy Davis might have already told him. I'm not sure what story to tell, so I stay silent.

"Had to get a new cast, but I'm alright now," I say, rushing by him and heading through the kitchen and down the hall to my room.

"Thanks so much for watching the place while we were gone," Noni tells him. "That's the one great thing about this town, I know I can always count on everyone to pitch in and help when it's needed. You were a real life saver tonight, sweetie."

I get to my room, unlock the door, and fall face first on the bed. That was the craziest night of my fourteen-year-old life. I could've died. Emerson could've died. Brenden could've died. I think Mr. Henderson actually died. All the talk about bear attacks and how Tommy made up the Dathanville Devil to make a living selling T-shirts to tourists, and I saw the beast right in front of me, scratching and biting, and damn, did it smell. I thought wet dog was bad, but man, wet werewolf is like stage ten of ten in terms of reeking. I didn't even think about it during the fight; I was so locked in to trying to survive and beat him away. But now that I think back about the blood and the dirt, and I run my fingers down all the little cuts on my legs and arm, all I can think about is that smell. Fur and river water and bear spray and blood and sweat and dirt. Throw in some decapitated snake and it's a recipe for stank.

I sit up and pull the piece of paper I found by the river out of my pocket. Nancy Montgomery, Clara Washington, Paula Thompson, Brooklyn Sanders, Sandra Wright. What do these names have to do with anything? I pull out my iPad and Google the first name on the list. I see a Nancy Montgomery who is a dentist in Ohio. There's an IMDB listing for an actress from *The Vampire Diaries*. I check Facebook and there are hundreds of Nancy Montgomerys listed from all across the country. Never realized how common of a name it is. I'm looking for anything related to Dathanville or even California, but I come up empty. I do a search on LinkedIn and find the same thing. Over a hundred women with that name, spanning everywhere from Ohio to Texas to Oregon. Nobody from Dathanville, though, and the only woman with that name from California who I see listed is an ad exec from Los Angeles. Doesn't seem to fit with anyone who might be listed on a piece of paper found under a rock before a werewolf fight.

Next up, Clara Washington. The good news with this search is Clara Washington is not as common of a name, so it narrows the window of who I'm trying to find. The bad news? Half of the Google search is filled with basketball scores between Santa Clara and the University of Washington. No time for hoops, this is serious shit I'm trying to find right now. There are actually only two Clara Washingtons listed on Facebook, but they both look like they're in their seventies. There's also a listing on Legacy.com for an obituary. I click the link and there are two pages and about fifty obituaries. Buffalo, Miami, Dallas . . . again, across the country, and I'm not even sure what I'm looking for, so I just start to read through them all. A secretary who was hit by a bus. A dentist who fell off the roof of her house taking down Christmas lights. Heat stroke, heart attack, shot by a home invader . . . attacked by a bear . . . wait. What? Clara Washington found in the Oregon woods. Authorities estimate she had been dead for three days before anyone found her. *Loving daughter of James and Jasmine Washington, granddaughter of Jimmy and Jannae. Left this life far too early on July 5, 2005. Friends and family request your presence at the memorial at St. Matthew's Church. In lieu of flowers, donations can be made to the Dathanville Museum, Dathanville, California.* So, wait, this woman was killed by a bear somewhere in Oregon, but the family requests donations are made in Dathanville. Next thing I Google is Clara Washington, bear attack, Oregon. *Ding! Ding! Ding!* We have a winner.

There's a news story from the Portland Tribune. *Twenty-one-year-*

old woman found dead in the Mount Hood National Forest. Authorities
cite an attack from a black bear, as evidence suggests the deceased, Clara
Washington, was attempting to feed one of the black bear cubs when the
mother bear attacked, mauling the young woman near the Hood River.
Conspiracy theorists are quick to claim that black bear sightings are rare
in the area, and that the area along Oregon Route 224 is also known
to locals as the Oregon Bigfoot Highway. A Bigfoot hunt was organized
in the area to find the creature that killed the hiker, but there were no
signs of either Bigfoot or the black bear family in question."

Damn, the girl was attacked, and some say it was a bear, some
say it was Bigfoot? It's like something straight out of Dathanville.

I attempt a few more Google searches but can't find any other
connection to the town other than the obituary. There's no other link,
no other addresses that come up other than her Portland apartment.
Hmmm. I guess I'll come back to her later.

Next name, Paula Thompson. I find a writer from Berkeley, a
spiritual healer from Los Angeles, a therapist from New Orleans.
I try searching for Paula Thompson, Dathanville, but that doesn't
get me anywhere. There are over 500 people with the name Paula
Thompson listed on LinkedIn, way too many with the same name
on Facebook, and about seventy-five on Twitter. I start reading every
profile I see, but none seem to fit. Then I get an idea. I go back to
Google and search for *Paula Thompson, Bear Attack.* Figure it's worth
a try, but no luck. So then I type in *Paula Thompson, Death,* and I get
a few hits on Legacy.com. Worked for Clara Washington, so I start
reading every obituary listed under that name. I have to say, this is
the most depressing way to search for clues. All these dead women
from cancer, from car crashes, from brain aneurysms. None of them
woke up that morning thinking it was going to be their last day, and
now there are hundreds of posts in memory of the lives they led, the
lives they changed along the way.

I read through about thirty-seven obituaries before I find something
that sticks out. It's not listed under Paula Thompson, but it came up in

the search anyway. A Mary Thompson passed away in 2016, but in one of the Guest Book posts about her death, one of her friends talks about how Mary just wasn't the same since the untimely death of her teenage daughter, Paula. Mary Thompson lived in Louisville, Kentucky, so I take a chance and do a Google search for Mary and Paula Thompson, Louisville. An article from the *Louisville Courier-Journal* pops up with the headline, *Teenage Girl Found Dead in Mammoth Cave National Park.* I read the story to discover that Paula Thompson was killed while camping in the Green River Valley in Central Kentucky. Her body was found by hikers after what looks like a random attack by unknown wildlife. The article says, *"While black bear sightings are on the rise in Kentucky, the coroner can't say for certain if it was a bear attack or some other form of wildlife that killed the teen. 'There was saliva that is consistent with a black bear,' states coroner Max Munfield, 'but the bite marks and teeth marks left behind on the victim are inconsistent with anything I've ever seen before.'"*

The pattern is starting to take shape. So far, two out of the three names died out in the wild with possible bear attacks, but in both instances, it's more like authorities are pinning it on the bear because they don't have any other natural conclusion. But what if the conclusion isn't natural? What if the Dathanville Devil isn't alone? Can there be more of these creatures out there? Holy shit! What in hell am I uncovering?

My hand is shaking as I punch in the next name, Brooklyn Sanders. First search yields nothing but Bernie Sanders campaigning in Brooklyn stories. Well, that's a bust. I figure I'll cut out the random Facebook and LinkedIn inquiries and cut right to it. I enter, *Brooklyn Sanders, Death.* I see a pattern with a couple of the other names, so right now I'm sensing all of the women on this list are dead. Unfortunately, when you type in the words *Brooklyn* and *death* in the same search, all you get is a bunch of articles about people from Brooklyn, New York, who've recently passed. I actually thought since this woman's name was more unique, it might be easier to find some clues, but because her name is also a city it's causing nothing but problems. I can't even find her name on Legacy.com, like nobody with the name Brooklyn Sanders has died, or even ever exists. Maybe that's a good thing. At least whoever it is hasn't been ripped apart by a bear.

I move on to the last name on the list: Sandra Wright. I find an opera singer, a concert pianist, and a soul singer who put out an album called "Wounded Woman." Seems like the theme of the day. Could it be a clue? Looks like it's just a coincidence as I add to the search by typing the word Dathanville and I get an eye-popping hit. A sixteen-year-old girl was found dead along the Yuba River in 2012. Cause of death—suicide. They found her hanging from a tree. A story from the Mountain Messenger says, *"The teenager was found by fishermen at 5:30 am on Tuesday after they saw a strange shadow from the hill above. The fishermen attempted to cut the girl down and provide CPR, but by the time Yuba City paramedics arrived on scene, she had been deceased for at least an hour. 'It was the worst thing I've ever seen in my life,' cried one of the fishermen, local hardware store owner, Tommy Sinclair."*

Tommy found the body! I run out of my room to see if he's still inside the motel talking to Noni, but by the time I reach the kitchen, I can already see the motel is dark for the night. I bend over and grab my knees as I try to catch my breath. Another name on the list, another dead girl, and this time, the connection works across the street. I don't know what to make of it, but I'm about to find out.

CHAPTER 31:
DAY AT THE MUSEUM

I tossed and turned all night, sleeping in about forty-five-minute spurts. I finally hit my deepest sleep about six, then next thing I know Noni is knocking at my door.

"Sunshine, it's time to wake up," she says with a three quick knuckle taps. I roll over and look at the clock. Damn, it's already ten-fifteen. I slept way longer than I wanted.

I hop out of bed and open the door and Noni is standing there with a tray of two fried eggs, sourdough toast with butter, and a tall glass of moo juice. "After last night, I figure you might need a day off from helping the old lady around the motel," she says, stepping into my room and placing the tray on top of the end of my bed. "Might be a good idea to take it easy today."

"Yeah, I was thinking about heading over to the Dathanville Museum later," I tell her, grabbing a piece of toast and shoving half of it into my mouth like it's my first time ever seeing food. "A nice slow day learning more about the town."

"Sounds like a great idea," she says, leaning her back against the door jam. "When you walk in, ask for Miss Betty. She runs the place. She's probably the smartest person in town and she can tell you whatever you want to know about Dathanville, the Gold Rush, and pretty much everyone who ever lived around here in the early days of town."

Just the person I need to talk to. I pick up a fork and stab the yolks, forcing the yellow goodness to run down the plate so I can sop it up with my bread. Something about dipping toast in egg yolk makes my stomach smile.

"We didn't really get a chance to talk about what happened last night, and I really just want to make sure you're okay. How's your arm?"

"Itchy," I tell her before sipping my milk. "Other than that, I'm good."

"I just want you to promise me that you're going to be more careful out there along the river. As you found out last night, it's not like walking around the city where there are streetlights, and sometimes, even when you're walking along a path, some of those paths run out and next thing you know, you're stumbling and bumbling down a hill."

"Don't worry, Noni, besides, I even had a police escort."

"Yeah, and you see where that got you." Noni rolls her eyes and laughs, grabbing the doorknob and pulling it shut behind her as she walks out. "Bring the dishes into the kitchen so I can wash them before you see Miss Betty," she yells from down the hall. "And don't forget to tell her you're my granddaughter. I've been bragging about you for years."

That last line set me back. Noni has been up here in Dathanville for so long, but I never thought she was up here talking about me. I'd get birthday cards here and there, maybe my dad would force the phone on my ear after a softball game, but I guess I never really thought about her loving me. I grab my iPad and hit Apple Music for today's playlist. There's only one song I can chill out to right now, and it's my go-to chill vibe when I need it song—BTS' *Serendipity*. To me, it's just something about Jimin's voice in this song, it's so beautiful, I swoon every time, and no matter what's going on in my life, it's the one song that mellows me out and gets my mind right.

I play the song on repeat as I finish my breakfast, then I jump in the shower and change into my blue and red Champion shirt and jean shorts with my white and blue Adidas kicks. Just because I'm going to a museum doesn't mean I can't look fresh. Before I leave, I Google *Body Yuba River* to see if anything is being reported in the news about last night, but nothing comes up. Is Mr. Henderson alive? Did he swim to safety or did nobody find him yet?

I put the dishes in the sink on my way out, and when I open the front door to the motel, I notice a closed sign is up at Tommy's Hardware. I walk across the street to check out the note he left on the door—*Sick dog, be back after lunch.* Poor Bully. I guess I will circle back to ask Tommy about Sandra Wright when he gets back. Strange that with everything going on, from the vigil to the bear attacks, nobody ever mentioned her name as another victim.

I continue walking down Main Street past the ice cream shop and grocery store until I get to the Dathanville Museum. It's an old stone building, and from the outside you can see these giant blue iron doors and window shutters. A sign outside says the building was built back in 1852 and was donated back in 1932 to house the town's museum. I walk inside and there are artifacts and oddities at every turn, from old whiskey bottles from the late 1800s to a dress with a thousand buttons and charm strings. As I examine one of the dusty bottles on the first shelf, I hear footsteps followed by a wood stick hitting the hardwood floor. I turn to see a woman in her eighties walking toward me with a cane.

"How can I help you, young lady?"

"Are you Miss Betty?" I ask with a smile.

She squints and adjusts her glasses as she gets closer. "In the flesh," she says with the type of smooth voice you'd expect more from a radio DJ than a museum manager. "Sorry, it takes me a minute to get around these days." Miss Betty reaches out her hand and grabs my left arm. "I might be getting old, but I always say, any day you're still looking down at the grass and not up at it, well, that's a good day."

"My grandmother wanted me to say hi." I take another small step closer to Miss Betty and can't get over her beautiful green eyes. If she wasn't wearing glasses, I'd swear the old lady had colored contacts.

"Now, you wait a minute. You wouldn't be the famous Sunshine I've been hearing so much about, would you?"

"Depends what you've heard."

"You come here right now and give Miss Betty a hug," she says, putting her arms around me. She smells like oatmeal cookies and coffee. "Your Noni tells me you're quite the softball player, that we might see you playing one day in the College World Series or even the Olympics."

I hold up my broken arm. "I'm on injured reserve."

"Yeah, and from what I hear they should've named you Hurricane instead of Sunshine the way you wreak havoc on that field. The way your Noni talks, there ain't nothing that can stop you once you put your mind to it."

I mean, I did just fight off a werewolf. I give her a grin and look around the museum. There are some really cool old black-and-white photos from the Gold Rush, and I'm scanning the walls for the picture I have the copy of in my pocket.

"Why don't you come back here?" she says, pointing to a back room. When I walk in, there's a diorama model of the town that takes up the entire middle of the floor. "This is what the business district looked like around the turn of the century." I see the museum, the general store, the same motels and Main Street I've seen throughout my vacation. On the wall to the side is a stack of gold bars.

"Those real?" I ask.

"Honey, if those were real, I'd already be in Vegas," she says with a high-pitched laugh. "They're replicas from the Gold Country mines. Imagine digging your way down deep to find enough gold to melt into one of those bars."

"That's a lot of nuggets."

"Child, you ain't lying."

"I'm actually wondering if you could help me out with something," I tell her, reaching into my back pocket and pulling out the folded-up picture. "I found this old photo and I was wondering if any of these men looked familiar or if there is any type of significance to the meeting or the time period or anything you can think of."

I hand her the picture and her eyes immediately light up.

"Come right this way," she says, grabbing me by my arm again, and pulling me back into the front room. She points at the far wall, across from the dress with all the buttons. "Third picture on the right."

There it is! I quickly walk over to get a better look. I'm hoping for a caption with names or a location or something that didn't get printed with my copy, but the only thing hanging on the wall is what I already had in my hand. I pucker my lips to the side and turn my head in disappointment.

"What did you want to know about these men?" Miss Betty asks, sensing my frustration.

"Do you know who they are?"

"I sure do," she says. "Miss Betty has been cooped up in this museum for the last forty-eight years. There are days that go by, not a soul walks in, but I'm still here, and at this point, I know just about everything there is to know about just about every darn person, miner to merchant to man about town, who has ever lived along the Yuba River."

She's a charming old lady, I'll give her that. "I'll buy you an ice cream cone if you can tell me about the men in the picture."

"Girl, you've found my weakness. I could never be a spy. All they'd have to do to get any information out of me is bribe me with chocolate."

"Same."

"Let me see," Miss Betty says, taking the picture off the wall and comparing it to the copy I gave her. "Yep, this is it right here. It's a picture from July 1st, 1851. It's a picture that was taken right down the street near your Noni's motel. Just down the path near the river."

"Anything that makes it stand out as important?"

"Have you ever heard the name Isabella?" she asks.

"Is that the woman who was hanged?"

"That's the one," Miss Betty tells me. "This guy right here in the middle, that's Isabella's husband. He was one of the original miners in Dathanville, and some of the men surrounding him were his old partners in one of the town's first mines."

I walk over to her to get a better look, and she hands me the framed photo from the wall.

"Such a tragedy what happened that week. This is such a beautiful town, but first thing you see in the history books when you look up Dathanville is how it's the first place in California to ever lynch a woman."

"Who are the other men? Do you know their names?"

"I actually have the names written down in my notebook. I keep everything written down in case anyone asks. Miss Betty's memory ain't exactly what it used to be," she says. "Funny thing about this photo is, none of these men knew how the next few days would change their lives, and the town for that matter, forever."

"What do you mean?"

"After Isabella was hanged, the lynch mob wasn't through. They went and burned down her house, trying to erase any of the supposed witchcraft and evil she brought to the town. Her husband was never seen again, and look here," Miss Betty says, pointing to the shortest man in the photo with the longest beard. "This was the judge who sentenced her to death. About a month later he was found dead out in the forest. A bear ripped him to shreds, but people in town thought Isabella's ghost must've had something to do with it, or she cast a haunting spell over some grizzly before she died, because there are pictures around here of how they found the judge's remains, and child, let me tell you, it ain't a pretty sight."

Miss Betty walks over to her desk, unlocks the top drawer with a small, antique-looking key, then pulls the drawer open to reveal a series of what looks like six or seven notebooks. She flips through a couple before pulling out a third, this one marked with Post-it Notes on the side. "I believe this is the one I was looking for." She slides her hands down the yellow notes. "Ah ha!" Inside is a photocopy of the picture from the wall, this time with markings and names listed above each man's head. *Billy Montgomery, Ronald Washington, Terry Thompson, Dolph Sanders, Elmer Wright, Russell Robinson, Victor Cole, and J.R. Scott.*

I almost have to do a double take when she says the names. *Montgomery, Washington, Thompson, Sanders,* and *Wright* are last names on my list. Are they related? Family from another generation? Why only those five? Who are the other three?

Miss Betty points to the photo again. "Russell Robinson, he was the judge I was telling you about," she says. "Victor Cole was one of the early investors in the town. Started one of Dathanville's first mines right down the street near the brewery."

"What about this guy?" I ask, pointing at J.R. Scott.

Miss Betty lets out a laugh. "I almost forgot. You're not from around here. J.R. Scott is the great-great grandfather of our current mayor, Sebastian Scott. Each generation of the Scott family has held some sort of office in town, but Sebastian might be the most popular of them all. He's done great things to revitalize the area, making it a go-to destination for mountain bikers and rafters. The town was on its last legs, was truly looking like a ghost town until Sebastian stepped up and made it appeal to the next generation."

"Does he live in town?"

"Oh yeah, his wife teaches algebra and geometry up at the school, and they have the sweetest little girl running around. If you go to the ice cream store enough times, you're bound to run into Jessica. Jess is a spunky one, to say the least."

"What else can you tell me about Victor Cole?" I ask, looking at his finely waxed mustache and high-top hat in the photo.

"Victor Cole, now there is a mystery," she says, pointing to a few other pictures on the wall showing him riding horses and drinking beer in the saloon. "He might not have been the mayor, but he was more like the man behind the man. The man without the title, but the guy who was really in charge of the town. At one time, he owned most of downtown."

"What happened?"

"There was a mine collapse and eighteen workers died. They all suffocated in the dirt. One of the worst tragedies in Dathanville history."

"Did Victor Cole die in the collapse?"

"No, but the families in town all blamed him for his recklessness. He was so busy cashing in all his gold he never really fortified the walls. The deeper they started digging, and the more they started digging under Main Street, the more dangerous it became, but he didn't care, and it eventually cost eighteen lives."

"Sounds like they should've lynched Victor Cole instead of Isabella."

"I think that's what Cole was worried about," Miss Betty says, shaking her head. "After the collapse, he basically disappeared. Legend has it, he packed as much gold as he could onto four horses, headed south to Mexico and changed his name. Some say he was cut to pieces by bandits before he ever crossed the border. Others say he moved to San Francisco and started a speakeasy. Nobody really knows what happened to Victor Cole, but his wife, Maggie, well, that's another story."

"What do you mean?"

"Victor Cole fled town as fast as possible, leaving Maggie and her infant son behind. From the stories I've heard, people in town really liked Maggie, and they felt sorry for how Victor just up and left her with the kid. He took the money, there was no more mine, and she ended up selling off the other property in town for ten cents on the dollar. They moved out of town when the child was about six. Not sure what happened to them after that."

"Any idea where they moved?" I ask, taking a second look at that bastard Victor Cole in the photo.

"I think your best bet would be to head to the library up on Pearl Street, just a few minute walk up the road," she tells me. "You'll probably have to dive into the microfiche and scroll through old newspaper clippings, but you might be able to find something."

"Okay, thanks. I'll give it a try." Luckily at school, we had a class in library science. Thought it was a waste of time when we can simply Google most things, but when it comes to finding out information from the 1850s, it looks like you need to go old school to get that old information. While I'm there, I should see if they have any geocache hits. Maybe I can find something inside one of their books like I did back in Millbrae.

"You never did say, Miss Sunshine, why you're so interested in this picture. Are you related to any of these men? I never heard any mention of this from your grandmother."

Damn. Not sure what to say. I blurt, "My mom found something on Ancestry.com. I'm just trying to follow up."

"Oh, dear, I hope you're not related to Victor Cole. They might throw you and your Noni out of town. People around here are still bitter over that mine collapse."

"Don't worry about us," I tell her. "There's no Cole blood running through these veins."

I give her a smile and tell her I need to head out. It's off to the library for me. There are a couple of names here that I need to investigate.

CHAPTER 32:
LIBRARY SCIENCE

The hundred-degree heat smacks me straight in the face as I leave the museum. Luckily, it's a short walk to the library, but man, I can already start to smell myself as I sweat my way up the hill to Pearl Street. I open the door to the library and the sudden burst of air conditioning hits my body all at once, actually making me shiver in sheer joy only two steps inside the door. I rub the goosebumps on my arm and look around. There's a group of six children sitting in a circle while a young woman with blonde hair and a purple streak running down the side stands in the middle, reading them a story. "How many trucks can a tow truck tow if a tow truck could tow trucks." She reads in a soft voice as the children giggle and roll on the floor to the rhythm of her words. My mom used to read me this story when I was little. I high-key want to join the circle and listen to the rest of the rescue mission, but I have too many names to research to worry about the adorable little tow truck right now.

I walk across the library to the computer terminals and I see the microfiche monitor up against the wall by the copy machine. At school, they taught us to look up the names on the computer, find the newspaper article, then request the microfilm from the librarian. I don't know how people lived before the internet. Seriously, it takes so long to do a simple search, and even when you find something, sometimes when you find the newspaper article, it's the correct name, but the wrong person, like the wrong Nancy Montgomery, so you're back to square one. There are five people I want to research everything on: Nancy Montgomery, Brooklyn Sanders, J. R. Scott, Victor Cole, and Maggie Cole.

"Can I help you?" I turn around and see the woman with the purple streak standing in front of me. She's wearing gold Birkenstocks and a sun dress. Definitely not like any librarian we have at home.

"I'm trying to look up some information on a list of names, people who used to live in Dathanville," I tell her. "I've used microfiche before back home, so I just wanted to check and see if it's cool if start to look them up and give you the dates of the newspapers I'm looking for?"

"Of course. We have all of *The Mountain Messenger* microfilm dating back to 1853, and the *San Francisco Chronicle* going back to about 1865."

"What if I need something earlier, like 1851?"

"Are you looking for stories on Isabella?" she asks, raising an eyebrow. "She's one of my favorite subjects around here. Men see a strong woman and next thing you know, she's a witch."

"Was there a newspaper in town before the *Mountain Messenger*?" I ask.

"Take a seat," she says, pointing me at the computer at the end of the desk. "We now have access to something called the California Digital Newspaper Collection. Before 1860, the state of California had over fifty newspapers. This online collection will help you search through a lot of those early prints, from the *Alta California* to the *Placer Times*."

The woman sits next to me, clicks a few buttons and we're at the search page. "I'm Pam, by the way," she says.

"Sunshine," I tell her. "Nice to meet you."

"I only have a few minutes before I start reading the next book to my young readers group, but check this out, it's just like most search engines you'll find. Let's look up the old paper called *The San Francisco Call*. Type Dathanville, for instance, and you'll see four hundred and thirty-two results. Everything from a robbery back in 1895 to an automobile theft in 1912. Scroll through and see if you find what you're looking for. If not, I'll be happy to help after I read *Pinkalicious* to the girls."

"I love, love, love that book."

"Feel free to come over if you want, but you look like a girl on a mission, so I don't want to step in your way."

"Maybe later," I tell her. "Right now, I have some names to sort through."

Pam gives me a smile before getting up and walking back to her group, corralling runaway kids and fast rollers on her way back to the circle.

So many old newspapers to search. *The Sacramento Daily Union, The Morning Union, The Marysville Daily Appeal*. There's more than a hundred in this online database alone, with the *Chronicle* and *Mountain Messenger* available on microfilm. This might take longer than I originally thought.

First name up—Nancy Montgomery. At first, I search paper by paper, one at a time, but then I realize you can change the search parameters at the top of the database, selecting all of the newspapers in the dropdown menu at once, and all of a sudden, I'm back in business. There's a Nancy Montgomery who is a high school track star in 1977 from Coronado. Where the hell is Coronado? Quick Google search and I see it's in San Diego. Hmmm. Maybe her, maybe not. I keep looking and find a Nancy Montgomery involved in a lawsuit back in 1911. She's suing over the estate of Wallace D. Rambo in Tehama County. I look it up, and Tehama County is only about two hours north of Dathanville. This sounds more like the woman I'm looking for, or at least the right area of the state.

I narrow my search to the *Red Bluff News*, the paper that featured the article about the lawsuit, and instead of the 14,500 hits I had on the Nancy Montgomery name across all news, my search is narrowed down to thirteen articles. Looks like after Nancy eventually won her lawsuit, she was killed in a fire in 1915. No known cause of fire. No survivors. Damn, that's another name on the list dead under mysterious circumstances. Another name linked to that photo, another family member of someone in that picture who was murdered. What am I getting myself into? I take a deep breath. Do I even want to keep looking? Part of me wants to just run back to the motel, but to be honest, it's just a small part. My mom had me growing up on shows like *Law & Order* and *Chicago PD*, reruns of *Murder, She Wrote*, and *Hallmark Mysteries*. No way I was missing out trying to solve a case on my own.

I spend the next hour searching these names up and down California newspaper clippings of the last 169 years. Looks like Victor Cole did flee town and open a bar in San Francisco, but the bar ended up burning to the ground and Cole lost everything. His ex-wife, Maggie, and their son didn't fare much better, unfortunately. I found records of Maggie remarrying a few years later, but according to *The Sierra Citizen*, Maggie, her new husband, and the little boy all died in a horrific stagecoach accident back in 1854. According to the report, the stagecoach driver said an animal jumped out onto the road, scaring the horses, and causing them to swerve into the side of the mountain rocks. The stagecoach became unhitched, sending the coach flying over a hundred feet down a cliff and into the river, killing all passengers. The stagecoach driver held on to the horse's reins and was dragged for over half a mile. By the time he came to and found the coach in the river, he said the bodies had already been ravaged by wildlife. "It's like the devil himself cursed these poor people," the driver, Henry Jacobs, testified.

The Dathanville Devil was born.

I change my search to Dathanville Devil, and throughout the years, people say they saw Bigfoot, say they saw a creature in the woods, say the bears are possessed. But the sightings seem to skip years, sometimes decades at a time. There are clusters around the time of Isabella's hanging and just after. There are strange sightings of similar creatures in other parts of the state, but because nobody knew what they were looking for, none of these sightings or mysterious deaths were ever linked. Now I have this list of names that goes across state lines and across the country, and it all ties back to this tiny Gold Rush town in the middle of nowhere. Throughout my search, the only name I can't really find much on is Brooklyn Sanders. Not a common name, but it's like there just isn't a public record of her for some reason. Maybe it's nothing. Or maybe I'm still just not looking in the right place.

I scratch my head and wipe the chill off the side of my cheek before doing one last search. I hit up the geocache site and look up the Dathanville Library. There's a hit with a cache called Horror King. The coordinates simply take me to the front door of the library, though. The clue on the site says, "We can all learn something from this master storyteller."

"Find everything you're looking for?" Pam the librarian says, startling me from behind.

"You ever find any geocachers looking around the library?" I ask.

"Every once in a while, I see people in here looking around, and they're definitely not here to read," she says. "At first, I didn't know what was going on, but then I asked this teenage girl once, and she told me about the site and the clues. There actually hasn't been any cache in here for at least a year that I know of, though."

I show her the screen. "The clue was posted today," she says, looking down at her watch. "Like thirty minutes ago. I had no idea. I didn't even see anyone out of the ordinary come in. Did you?"

I look around the library to see if I notice anyone hanging around, but all I see are the same kids. "Horror King? Like Stephen King?" I ask. "I saw *It* at my friend's house. Now I don't want to go near clowns or red balloons ever again."

"I can show you to the horror section," she says, walking up ahead of me, then going down an aisle to the left by the staircase.

"In Millbrae, I found the clue inside a cut out book," I tell her.

"God, I hope that's not true. We don't have enough budget to replace books because of a kid's game."

"Kent, Ketchum . . . King!" I say excitedly, wondering what we'll find.

I examine all of the books on the shelf one by one, but he has like fifty books. Way more than I expected. *'Salem's Lot, Misery, Bag of Bones, Firestarter, Cujo, The Dark Tower*. I pull out each book, but nothing seems to be inside any of them.

"He really is the master of horror," Pam says. "Made me frightened of everything from evil dogs to clowns to werewolves . . . even cars."

"Did you say werewolves?" I ask.

"Yeah, he wrote a scary novella that was made into a movie called *Silver Bullet*." That has to be it. I look up and down the shelves until I find something called *Cycle of the Werewolf*.

"That's it," Pam says. "Hollywood changed the name, but this is the book it's based on."

I grab the book and flip it open, expecting something to fall out, but as I go page by page, there's no note, no pictures, no instructions, no cache. "Are his books in any other section?" I ask, sliding the werewolf book back onto the shelf, but as it slides back, I realize it's not quite sliding back as far as the other books in the section. I push harder, and it's pressing up against something. I take the novella back out and stick my left hand behind the row of books to find a small box. Almost like a ring box.

"This is so exciting," Pam says, slapping me across my arm. That was strange, but whatever. "I've never actually found one of these caches before," she smiles, eyes wide as I slide the top of the box off to find something wrapped in tissue.

I unwrap the tissue and inside are the tips of two human fingers. Pam jerks back and almost passes out before puking all over books by authors R and S on the other side of the aisle. I drop one of the fingertips on the floor out of reflex and watch it bounce twice on the ground before I notice something else folded up and taped to the bottom of the box. I pull out the piece of paper and unfold it. It's a message written in what looks like the same blood from the bouncy finger.

"THIS IS FOR THE TOOTH."

My eyes bug out of my skull. This isn't just any cache. This was meant for me. Holy shit! I've been officially warned. I dry heave three times, then pick the fingertip off the carpet.

"We need to call the sheriff!" Pam yells.

"Don't worry, I know just where to find him," I say, putting the finger back in the box and hurrying past the worried-looking kids still sitting in their circle, rushing out the door and fueled by adrenaline.

CHAPTER 33:
WHERE BROOKLYN AT?

"**S**unshine!" I hear behind me as I run down the middle of the street, trying to make my way back toward the motel. I turn around to see Emerson in the door of the ice cream shop. I head back his direction, Euro-stepping past a couple of tourists and giving the kid a hug.

"Where's your bother?" I ask frantically. "I have to show him this."

"I haven't seen him all morning. When I woke up, there was a note that he had an early shift and he was already gone."

"We need to find him."

"What did you find?" Emerson asks, pulling me inside the shop. "Have a seat," he says, pointing at the two sundaes on the table.

"How did you know to order two?" I ask. "Are you meeting someone?"

"They're both for me," he laughs, "but I'll share. It was a rough night."

I grab two menus and place them on the table as I sit, leaning in and whispering so nobody can see what we're talking about. "I was doing research in the library on the list of names I found by the river, and when I was done, I decided to see if there was a cache in the library."

"Cool, what did you find?"

"Mr. Henderson's freakin' fingers!"

Emerson puts down his spoon as his jaw almost drops to the table. "Can I see?"

"Hell no!"

"Why not?"

"Why would you want to?"

"I don't know, I've never seen a finger before."

"You have ten," I say, grabbing his hands. "Besides, it's more like his fingertips, anyway."

Emerson picks his head up and peeks over the menus to see if anyone is listening. "C'mon, I'll be your best friend."

"You're already my best friend," I say, clutching the box tighter. "Besides, I don't want you to puke up all of this ice cream."

"Wait, really?"

"Yeah, that's gross."

"No, I mean, I'm your best friend?"

"I don't know anyone else out here battling supernatural beings with me, so yeah, we're in this together."

"Cool, so can I see the fingers?"

"Bro, you're killing me." I slam the box down and open the lid. Emerson hovers over the top and looks inside.

"That's so sick," he says before grabbing the spoon and taking another big bite from his chocolate sundae. "How do you know it's from Mr. Henderson?"

"There was a note."

"The werewolf can write?"

"I mean, he's a shapeshifter, right? Maybe he wrote it when he was back to being a human."

"You're right. We need to find my brother."

"But that's not all," I tell him, showing him the list of names. "All of these people have some kind of connection to Dathanville, and they've all been found dead. I don't think anyone realized there was a connection until now because it happened over so many years, and all across the country—Oregon, Kentucky, Washington, California."

"Funny, I've lived all those places," Emerson laughs. "Maybe I'm the Dathanville Devil and you never knew. *Grrrrrr!*"

"Don't make me check to see if you have all your teeth," I say, grabbing him by the chin."

"I'm missing some of my baby teeth, but my fangs are still here," he mumbles as I press on his cheeks. "Wait, that's weird," Emerson says, backing away and pointing at the list. "Brooklyn Sanders is the name of a girl who used to babysit me back in Portland."

"You know Brooklyn Sanders!"

"I mean, I used to know her. She died when I was like five."

"What the hell happened to her?"

"She died in a car accident. Her parents were taking her camping, but the car swerved off the road and they ended up crashing down at the bottom of a cliff."

"And you're sure her name was Brooklyn Sanders?"

"One hundred percent. I used to have the biggest baby crush on her."

"Do any of these other names look familiar?" I ask.

"Nothing off the top of my head, why?"

"There was another woman here who lived near Portland," I say, flipping the paper over to where I took notes. I show him what happened to each person on the list, from bear attack to fire to the hanging, and his face starts to turn as white as the vanilla ice cream in front of him. "Are you okay?" I ask.

"I knew Brooklyn. I lived in these cities. Brenden used to take me camping at Mammoth Cave when I was younger," he says, dropping his spoon and grabbing my hand. "We need to find my brother!"

"Wait," I say as he jolts up from his seat. "There's one more thing."

"What's that?"

"Tommy is in a newspaper article talking about how he found

one of the girls," I tell him.

"Tommy came by our house late last night. I didn't see him, didn't see Brenden either, but I could hear them when they came home."

"Maybe Tommy knows where Brenden is now," I say. "Let's go to his shop."

"Or maybe Tommy is the Dathanville Devil."

We both stop and stare at each other for a second. "Can't be," I tell him. "He was at the motel when Noni brought me home, and I'm pretty sure of one thing."

"What's that?"

"He had all of his teeth."

CHAPTER 34:
NOTHING BUT
THE TOOTH

Emerson and I kick it into high gear and race toward Tommy's Hardware. The closed sign still hangs on the door, but I can see a light on in the back near the register. We pound on the glass door, causing Bully to saunter our direction, and give us his howl of disapproval.

"Sorry, baby," I tell the dog. "Now go get Tommy! Shoo! Shoo!"

"I don't think dogs speak English," Emerson tells me, still catching his breath from the short run.

"They know enough. How do you think Lassie knew how to rescue all those people?"

"Who the hell is Lassie?"

I roll up my left fist once more and take four more pounds on the door before Tommy walks over and turns the key to let us in. "Okay, okay," he says. "What you kids looking for, more bear spray or something?"

Emerson steps in front of me, takes a long stare at Tommy's teeth, then turns and gives me a nod.

"I told you they were all there," I say, walking through the door.

"I wasn't going to open back up until after I ate lunch, but I figure with all the ruckus you kids were making, it had to be important," Tommy says, turning the key behind us to lock the door, then pulling the shade down to block the heat from the outside. "I don't want anyone else thinking I'm open."

Emerson walks to the back counter, bending to give Bully a quick pat as the dog finds the coolest spot on the floor, circles its shadow twice, then plops for a quick nap. "I hear you guys had quite the night," Tommy says, following us close from behind before walking around the corner and sitting down on his stool. He picks up his triangle half of the tuna sandwich by the register and takes a bite.

"What did you hear?" I ask, not sure of how much to actually tell him.

"Don't worry, Brenden filled me in," Tommy says, taking another bite, then a swig of soda to wash it down. "I can't believe you came eye-to-eye with the Devil itself and lived to tell about it."

"I think the bear spray helped, but if we see it again, we might need something stronger," I say, looking around the shop.

"Yeah, like a shotgun," Emerson blurts.

Tommy spits out his drink. "You're going to have to ask your brother about that one," he says. "No way I'm giving two kids guns, even if they are fighting a monster. If someone found out, they'd run me out of town."

"What can you tell us about Sandra Wright?" I ask. Tommy stops eating mid-bite and turns his full attention to me before looking up at the ceiling and taking a deep sigh.

"That's one name I haven't heard in a long time," he says. "Worst day of my life, finding that poor girl."

"Anything stick out to you about that morning?" I ask.

"Everything about that morning was weird, to be honest," he says.

"What do you mean?"

"I hadn't even planned on going fishing that day, but then I get a call at four in the morning from Bobby, you know, Deputy Davis, and he's telling me that a group of guys are going trout fishing and asked me if I wanted to come. Bobby and I used to fish together as kids, but he hadn't asked me to go with him for a good five years before that day."

"I would've kept sleeping," Emerson says, walking back down the aisle by the bear spray.

"I wish I would've slept through the ringing, to be honest. Would've saved me from a lot of nightmares later on," Tommy says, wiping his right eye. I could tell he is starting to cry. "We meet up by Goodyear's Bar and end up walking along the Yuba River for a bit to find a less crowded spot to fish. We're walking and talking, and just when we find a spot we all agree on, a spot with some nice rocks to sit on as we cast into the river, for whatever reason, I turn back toward the forest behind us and I see something in the trees. At first, I wasn't even sure what I saw, I thought maybe someone was playing a prank on us or something, but I put my rod down to go check out what I saw swinging from the tree only to find the girl's body."

Tommy takes a deep breath and looks down at his feet. "I would do anything to save that poor girl," he says. "I yelled out to the other guys in the group, and luckily someone had a knife, so we cut her down and I tried to CPR, but it was too late. Bobby started crying, and then Brenden ran to go get some help."

"Wait, my brother was there?" Emerson stops, dead in his tracks.

"His name wasn't listed in the newspaper article I read," I tell them.

"Yeah, I'm not sure why the reporter made me the star, everyone there tried to help," Tommy says turning toward Emerson. "Your brother included. I can see why he never mentioned it to you, though. It's not a day any of us want to relive."

I look at Emerson and I can tell he's in deep thought before asking Tommy about last night. "Did you stop by my house after Brenden got back from the hospital?"

"Yeah, after I heard from Sunshine's grandmother about what

happened, I knew I wanted to check on the Benz brothers, make sure you guys were cool."

"How was Brenden?" I ask. "I haven't seen him since last night."

"Me neither," Emerson says, moving his way back toward the register.

"He was pretty banged up, to be honest," Tommy tells us. "I was trying to get him to draw me a picture of what you guys fought out there, so I could design a new shirt, but he wasn't in the mood for art, not when I saw him, at least."

"Sunshine saw it the best, anyway," Emerson says. "It almost killed her until Mr. Henderson started shooting."

"Mr. Henderson? Like the father who went missing, Mr. Henderson?"

"The very one," I say, hopping up on the counter to take a seat.

"Brenden didn't mention him at all," Tommy tells us, seemingly blown away by the revelation.

"I think my brother must've already been knocked out before Mr. Henderson showed up," Emerson interrupts. "Have they found the body yet?"

"Who's body? Mr. Henderson is dead?" Tommy asks. "Actually, I already thought he was dead for years, and now you're telling me he's alive and dead again? It's like he died twice."

"So, did they find the body or what?" I ask.

"I haven't heard a thing about a body floating down the Yuba," he says, "and I just saw Bobby, and the good Deputy definitely would've told me if they fished somebody out of the river."

"What else did Brenden tell you about last night?" I ask.

"Like I said, he wasn't in the mood to do much talking, especially with his mouth all bandaged up the way it was."

"What do you mean by that?" Emerson asks, looking at me with the most scared look I've ever seen from the kid.

"I guess you haven't seen him, but somebody smacked him pretty good in the head when they knocked him out," Tommy says. "And I think when he fell, he must've landed teeth first because his mouth had all this dried blood and it looked like he was missing a tooth."

Fuckity-Fuck-Fuck!

"Show him, Sunshine!" Emerson yells.

"I don't want to."

"Just show him!" Emerson kneels and starts to cry.

"What's wrong? What do you need to show me?" Tommy asks, walking out from behind the counter to rub Emerson's back.

I reach into my pocket and pull out the tooth, holding it up in front of my face for Tommy to see.

"Is that, is that what I think it is?" Tommy studders.

"It's the damn Devil's tooth," I tell him. "He bit down on my cast and it ripped off during the fight."

"Holy shit, you had a werewolf's tooth in your pocket this whole time and you didn't tell me. You know what we can do with this? T-shirts, necklaces with replica fangs, we can sell the DNA to the military so they can make super soldiers."

"I think you're missing the point," I tell him.

Tommy looks at me, then looks down at Emerson and it all hits him at once. "Oh my God," he says. "Brenden."

CHAPTER 35:
MOONLIGHT RAIN

Tommy quickly glances around his store and I can tell he's having second thoughts about giving us guns. "If Brenden is the Dathanville Devil or a werewolf or a shapeshifter or whatever the hell he is, and he thinks we know, he's coming after us next."

Emerson shakes his head. "My brother is not a murderer . . . no way. He's the one who raised me since Dad's been in a wheelchair."

"If it's not Brenden, then who?" I ask. "You told me yourself, you lived in all of these places where the women were killed."

"What women?" Tommy asks. I fill him in on all of my findings for the day.

"*You have Mr. Henderson's fingers in a box?*" Tommy screams. "First the tooth and now this. What's other body parts are you hiding?"

"I swear, nothing else," I tell him. I would laugh if I wasn't already so scared. "You wouldn't happen to have any silver bullets in the back, would you?"

"I sell all kinds of silver," he says. "Necklaces, pendants, even liquid silver, but no bullets."

"What's liquid silver?" I ask.

"It's called colloidal silver," he says. "Tourists come in all the time asking for it, saying it has some kind of special healing power. I thought it was all a crock. Then again, I thought the same thing about the Dathanville Devil."

"What about all your shirts?" Emerson asks.

"Just another tourist trap money maker," he says. "If I thought it was real, no damn way I'm living in this dusty town."

"Or going to its house to watch westerns and eat pizza," I say.

Just then we hear a knock at the door. What if it's Brenden? "Quick, hide," I whisper, but the knocking wakes Bully up, and the dog slumbers over to the door with a whimper. "Go to the back room," Tommy tells us. "I'll see who it is and get rid of them."

Emerson and I get down on our hands and knees and crawl behind the long black curtain separating the store from storage. Tommy sees that we're finally tucked away, so he unlocks the door. "Hey there, Mayor," Tommy says. "How can I help you?"

"You haven't seen Jessica running around here by any chance, have you?" he asks. "She was supposed to be home for lunch, but nobody has seen her."

"Can't say that I have," Tommy responds. "But if I see her, I'll let her know to head home."

"Thanks," the mayor says. "It's just not like her to run off like this."

I'm trying to peek through the curtain to get a better look, but it's tough to see with the shades pulled down in the front of the store.

"Did you hear that? The mayor can't find his daughter." Silence. I turn to ask Emerson if he saw her by the ice cream parlor, but by the time I turn around, he's already flung the back door open, taking off down the road back toward his house. I hear Tommy shut the front door and turn the lock before I yell, *Tommy, come quick!* He runs to the back to see what's happening. "I think Emerson is headed back home. We need to stop him before he tries to fight his brother . . . or worse."

Tommy grabs two backpacks he has for sale off the wall and starts to fill them up with supplies. "Not without us, he's not."

Just then, I point up at the samurai swords on the wall. "You think I can borrow one of those?" I ask.

"Those things could barely open an envelope," he says. "They're all for show. All for tourists to remember my rinky-dink shop."

"We need something stronger than bear spray," I say, looking around for anything else in the shop we might be able to use in a fight.

Tommy reaches around the backside of the counter and pulls out a wood walking cane, whittled down by the handle with a cool engraving up and down the stick that looks like rain drops.

"It's called Moonlight Rain," he says, holding it up for me to see.

"If you think that cracking a werewolf with a wooden stick is going to stop him you're insane."

"Maybe using it as a baseball bat isn't the answer," Tommy says, yanking the wood case from the bottom of the cane to reveal a silver blade, "but maybe this is."

"Feed Bully for me while I bring my car around," Tommy tells me, wiping the sweat from his forehead and taking a deep breath. "Hopefully we'll see Emerson running toward his house and pick him up before he does anything too stupid."

Stupid, like trying to take down a werewolf who has already taunted me by sending me fingers it bit off in a bloody fight?

I pour out some kibble into Bully's bowl, and I get a big lick of gratitude. I bend down and give the little guy a hug and quick pet on its forehead before picking up my backpack, then taping up a sign for the front door Tommy had scribbled out before he left. *Out sick. Beware the Dathanville Devil!* I shut out the lights and close the door behind me, locking it with the key Tommy gave me before he left to go get his car. As I'm waiting for him to pull up, I see Noni walk out of the motel lobby across the street.

"Going somewhere?" she asks, pointing to the backpack.

"Just helping Tommy clean up a little," I lie, but what am I supposed to say? Not like I could tell her we planned on trying to stop a werewolf from killing any more people around town.

"Did you hear about the mayor's daughter?" she says. "You haven't seen her around town today, have you?"

"I wish I did," I say. "I bet she's just off fishing or doing a geocache or something like that."

Noni crosses the street and gives me big old hug. "I just get so worried about you kids. Seems like every day it's something else around this town."

I close my eyes and try not to tear up as Noni squeezes a little tighter. Just then, I hear a horn from Tommy's car, but Noni doesn't let go.

"I hear my granddaughter is helping you clean the store," she says, turning around to talk to Tommy as he rolls down the window of his SUV.

"She's been a tremendous help, especially with Bully," he says. "But we're running a little late, if you don't mind. I told Emerson we'd pick him up about ten minutes ago, but you know me."

Noni lets out a laugh. "I've never met anyone so reliable when it counts, but so late when he wants to run on his own time."

"And right now would be one of those times," Tommy fake laughs, darting his eyes at me then back at the SUV, signaling me to get in. I give Noni one last quick hug, then run around to passenger side and hop in, tossing my backpack into the back seat.

"Don't be too late, dear," Noni tells me as she backs away from the car. "Last thing I want to do is pick you up in the hospital again."

Tommy and I look at each other with a double nervous smile. "You don't have to worry about us," Tommy says. "I'll take good care of Sunshine, you can bet on that."

I look down at the clock on his dashboard—*1:35*. Emerson must've left at least ten or fifteen minutes ago by now. Tommy punches the gas and we're off to see if we can catch him. I reach in the back and grab the walking stick from the floor. Moonlight Rain is not leaving my sight.

CHAPTER 36:
SEARCH PARTY

Tommy is screeching around the mountain bends, hitting fifty in a thirty-mph zone, but he's driven these roads for so long, spinning out or losing control is pretty much the least of my worries right now. I look along the road and down toward the river as we drive, but there's no sign of Emerson anywhere.

"You see him?" Tommy keeps blurting, but the answer is always the same. "No."

One last corner, and we pull up to the Benz house. There's a police car in the driveway with its lights flashing. Oh my God, are we too late?

Just then I hear a dog barking. It's Candy. She comes running out of the house to jump all over Tommy's driver's side door as we pull up into the long dried-out brown weeds surrounding the house next to the driveway. A few seconds later, Deputy Davis comes looking for his dog, walking alongside our boy, Emerson. Tommy and I jump out of the SUV to see what's up.

"Where's Brenden?" Tommy asks, leaning against the hood of his red Nissan Rogue.

"He just called, told me to round up as many people as possible and head toward Cutthroat Canyon for a search," Deputy Davis says, bending down to pat Candy's midsection, while at the same time slipping a leash around its neck. "A body's been found in the river down by Goodyear's Bar. Brenden says it's pretty ugly."

My stomach flips into a sickening mess and I think I'm about to hurl, but I have to ask. "Is it Jessica?"

"Looks like it's Mr. Henderson, from what Brenden told me. Some guys went out fishing and found his chewed-up body instead. With Jessica missing at the same time and the mayor running around like a wreck, Brenden doesn't think it's a coincidence. Thinks whoever or whatever killed Mr. Henderson, might have taken Jessica as well, so we're starting our search near the rapids, near where Brenden got knocked out the other night, and we're going to walk southwest along the river until we reach Goodyear's Bar, about three miles away."

"I'm down to help anyway I can," Tommy says, scratching the stubble along his cheek.

"Aren't you going to tell him about Brenden?" I ask, walking around the hood of the Rogue to get in Tommy's direct line of sight.

"Tell me what?' Deputy Davis asks.

"Nothing," Tommy says, cutting him off. "Our first mission is to find Jessica and make sure everyone is safe. If Brenden is at Cutthroat Canyon, then that's where I need to be too."

"What do you want us to do?" Emerson asks.

"I want you kids to head back to the motel and wait for my call before you do anything," Tommy says. "That's the safest spot right now."

"With the best brownies," Deputy Davis laughs. "Tommy, you ride with me. We need to get there and help lead the search. Sounds like the whole town is heading down there now, thanks to the mayor."

I open the back door to Tommy's SUV and grab my backpack he stuffed with supplies, then reach to the floor to snatch the walking cane. "Just in case," I say, "you never know what's hanging around these woods."

"Emerson, you good?" Tommy asks as Deputy Davis puts Candy in the back of his K-9 unit.

"I don't know if I'll ever be good, but I'm hungry, so I guess that's a start."

Emerson turns and walks back inside his house. I give the boys a salute as they hop in the deputy's car, then follow Emerson back inside his house. I can hear glass shatter across the back door the second I walk in. Emerson is firing fastballs with Brenden's various beer mugs.

"Em, wait!" I plead. "Jessica is still out there and she's missing. If Brenden is the Dathanville Devil—"

"What do you mean, if? You know it, I know it, who else could it be?"

"Do you think Brenden took Jessica?" I ask, running up to Em and grabbing the San Francisco Giants glass out of his hand before he hurls it against the wall.

"Why would he take the mayor's daughter?" Emerson asks. "He always bought Jessica ice cream. You don't think he's some kind of sicko freak who snatches kids, do you? That would almost be worse than him being a freakin' werewolf."

I pull out the picture of the Gold Rush era men from my back pocket, showing it to Emerson. "Check this out," I tell him. "All of these men here have a connection to this town, and all of them have had loved ones murdered."

"But what does it have to do with Jessica and Brenden?"

"This guy right here, this is Jessica's great-great-great grandfather. Going off of the list Mr. Henderson left by the river, he's the only one in the photo who I couldn't find a murder connected to. I think Jessica is the next victim."

"But why? What the hell does Brenden have to do with an old picture from the Gold Rush?" Emerson picks up another mug and smashes it into the counter before I can grab it. "Sorry," he says with a laugh. "Last one."

"I don't know, but I do know that if Jessica is still alive, it's up to us to find her."

"Isn't that what the search party is for?"

"Why would Brenden tell Deputy Davis to lead a search down by the river if the evidence would just point back to him?" I ask. "I think he's actually telling them the obvious place to look now that Mr. Henderson's body washed up, but there's no way Jessica's body is down there with him."

"What are you thinking?"

"If I kidnapped someone, I'd need someplace to hide her," I say, putting my arm around Emerson, then grabbing him, pretending to kidnap him.

"You're such a bully," Emerson laughs, trying to push me off.

"So, if I lived in a mining town and I had to stash somebody, you know where I'd stick them?"

"Underground in a damn mine," Emerson says, punching me in the shoulder. "You're a freakin' genius. There's only one problem."

"What's that?"

Emerson pulls out his phone and starts typing before showing me his screen. At one point there were over 1,800 mines in Dathanville.

"Where do we even start?"

CHAPTER 37:
YOU DOWN WITH BCD?

"Think. Think. Think," I say aloud.

Mr. Henderson was already dumped in the river the night of our fight. I have his fingers in my pocket. We know Jessica isn't with him because we didn't see her that night. Sugar honey iced tea, where is that girl?

"Did anyone see her this morning?" I ask Emerson, who shrugs.

"Is there at least a map of Dathanville mines somewhere online?"

"I bet there's one at the museum," Emerson says. "But that map might be something from like the late 1800s."

"Has your brother ever talked about any open mines or caves or anything like that?" I ask. "Ever go with him hiking, or hear him go somewhere that seems out of place?"

"Not that I can think of."

"What about the Dathanville Brewery?"

"What about it?"

"That day when I first saw Mr. Henderson and he handed me the silver bullet, something's bugging me."

Emerson sits on the couch to tighten his shoelaces. "What's that?"

"If Brenden is the Dathanville Devil, that means he was down there the whole time, right?"

"What do you mean?"

"After Mr. Henderson gave me the bullet, something was chasing after me up the ladder before I escaped."

"Had to be Brenden."

"But then when we ran into the street, nothing else came up the manhole. Nothing followed me out, right?"

"Right."

"So then how did Brenden respond to the scene? Where did he come from?"

"He said he was on another call."

"I know, but how did he get out of the cave?"

"There has to be another way out."

"Exactly," I say, sitting next to him. "What if there's more down there than just storage for the Dathanville Brewery?"

"Deputy Davis was down there. We should ask him what he saw."

"He was so embarrassed by shooting at the Bigfoot statue, I bet he doesn't even know what he saw. It was so dark, I couldn't even see beyond Mr. Henderson, and next thing I knew, the Devil was attacking. I bet there's another entrance, another exit at the other end."

Emerson starts tapping on his cell phone to bring up a map of the Dathanville Brewery from their website. "Looks like the Brewery used to extend a lot farther down the street, but it's smaller now after they renovated it about forty years ago. Looks like there used to be a mine right near where you entered that cave."

It's starting to remind me of the story Noni told me about my great-grandfather and Al Capone. There has to be a back door somewhere down there for Brenden to make his escape. "We need to find out what's really under that brewery."

"You really think Jessica is down there?"

"It's worth a shot," I tell him. "Tommy packed my bag with

everything from bear spray to liquid silver. We'll split up the gear and head over there."

"What about Tommy and Deputy Davis? Should we give them a call?"

"As far as we know, they're with Brenden right now, and if they get a call and leave, it might set off alarms in your brother's head. I say we scout it out by ourselves first, see if there even is another entrance or exit before we start calling in for backup."

"You never know, Deputy Davis might be helping Brenden," Emerson says, shaking his head.

"What makes you say that?"

"They're like BFFs. Been like that for years."

"Friendship is one thing, asking for help in a series of murders is something else," I say, putting my hand on his shoulder. "Don't worry, we'll figure this out together, but our first priority right now should be helping to find Jessica before it's too late."

"I still can't believe my brother might be a werewolf," Emerson sighs. "I always thought he was a dick, but he's literally a freakin' monster."

"At least he doesn't need to dress up for Halloween."

Emerson just stares at me before finally breaking down in a courtesy giggle.

"Too soon?"

"If this is true, it will never be the right time."

Emerson grabs his baseball backpack and empties out his mitt and water bottles, trading them for a couple of cans of bear spray. "What the hell are we supposed to do with liquid silver?"

"From what I've read, the reason silver bullets kill werewolves is by getting the silver into their bloodstream. Maybe we can poison your brother with the liquid silver somehow, not sure, but you have to admit, the dude will eat anything."

"Never thought I'd be plotting on how to kill my brother," Emerson says, putting his bag down for a second and wiping a tear. "He might be the Devil, but he's still my brother, you know?"

I tell him I understand, but deep down, I can never truly know how he feels. All I know is the clock is tick-tick-ticking and we better hope we hit the right mine. Jessica's life depends on it.

Emerson runs to the back of the house for a few minutes as I wait by the door before we leave. "Let's go, kid," I yell, then regret it since I sound like my mom. I wonder if Brenden knew Jessica was into geocaching? That day I basically committed a felony at the Dathanville Brewery, we were following the clues to a cache. Is it just a coincidence that Mr. Henderson was down there? Was Brenden trying to lure Jessica down there all along? It's like I know the who and the what but don't understand the why or the how. I think I just made my English teachers so proud.

"Jesus, Emerson, would you hurry up," I scream. "It's not like there's a little girl's life hanging in the balance or anything. We have to *goooooo!*"

"I'm good, I'm good," he says as he runs around the corner from the hallway and back toward the front door. He tosses me a flashlight. "It's dark down there, remember," he says before swinging his backpack onto his shoulders. We're off.

CHAPTER 38:
ANOTHER WAY DOWN

The town is full of ghosts. Seriously. Em and I are running to downtown, and we don't see a single person on the street. Seems like everyone met down by the river to help find Jessica. We're the only two headed the opposite direction. As we hit Main Street, just like Tommy's, all we see are signs in the window. Some simply say, *Closed.* Others are begging anyone reading to head to the river to help in the search. It's like the entire town has banded together to find the mayor's daughter. When we reach the Dathanville Brewery, it's eerily quiet. Time to rip this stupid manhole cover up again and see what we find.

Emerson and I pull at the metal top until we finally get movement, then get it up to the point where we roll the metal lid to the side and look down. I grab my flashlight and shine it through the hole, but I don't see anything out of the ordinary.

"Let's do this," I say, sticking my foot on the ladder steps, then tucking my flashlight and cane under my armpit, slowly climbing down while Emerson shines his flashlight to lead the way from above. Once I hit the bottom, I shine my flashlight back up at Em. Within seconds, he scurries down the steps and we both look up at the hole at the same time to make sure nobody is following. "Jinx," I whisper to a giggled response.

I shine my light from wall to wall, and it's just like Brenden and Deputy Davis said, there's a lot of storage for the Dathanville Brewery down here—bottles, to boxes of dishes, silverware. I point to the spot where I first saw Mr. Henderson.

"This is where he handed me the silver bullet, but then something came from back there and next thing I knew, he got thrown the opposite direction."

"Then that's the direction we need to head," Emerson says, taking a deep breath, while scanning the scene.

Emerson trips over a dirty glass tipped over on the ground and ends up kicking it into the wall. I grab him as he stumbles forward, but jeez, that kid makes a lot of noise. *"Shhh!"*

"*Shhh* yourself!"

Emerson aims his flashlight to the end of the cave and jumps back scared, pushing my light toward the ground. "Look up ahead. What the hell is that?"

It looks about six or seven feet high and is reaching up into the ceiling. I turn off my flashlight, and we both hover without motion for what seems like twenty minutes, but it's really only twenty seconds. "It's not moving."

"What is it?" Emerson asks, flicking his light off with as little noise as possible.

That's when it hits me. The Bigfoot statue Deputy Davis shot. I turn my flashlight back on and slowly creep forward, just in case I'm wrong, but the closer I get, I can see that Bigfoot is holding both a Bud Light and a 49ers poster in its claws. It's also plugged with about six bullet holes up and down its chest.

"At least we know Deputy Davis has good aim."

Emerson flicks his flashlight back on and continues to look around. Behind Bigfoot is a dead end. The whole place looks like a dead end. "Maybe I was wrong," I say, feeling the walls for any kind of abnormality. There has to be another way out.

"The map showed the old mine extended way out into the street," Emerson says. "Maybe this cave just isn't connected." We look up into the rock ceiling, then continue to feel along the side of each wall. "Ouch!" Some of these rocks are sharp. "I just cut my finger, Em, be careful."

We walk back and forth along the cave three times looking for anything we can find. I start looking through some of the boxes, pushing old beer glasses and bar mirrors to the side, but everything is so dusty and dirty, nothing looks out of place or like it has been moved in ages.

"Wait, stop," Emerson tells me from across the cave. He's standing near the Bigfoot statue and he's pointing his flashlight toward the ground. "You hear that?"

"Hear what?"

"Sounds like running water."

I run over to where he's standing, and he's right. "Maybe it's the pipes from the brewery."

"Whatever it is, it sounds like it's coming from down below."

"That's it," I tell him. "The mine must be another level down."

"But how do we get down there?" Em asks.

I shine my flashlight back to Bigfoot, and when I actually look down at the statue's big ass feet, that's when I know. "Help me move this thing."

The Bigfoot statue is standing on top a crate. We push the statue to the side, then slide the crate to solve the puzzle. A storm drain. I shine my light near the drain, then bend to pick up something that looks like a strand of orange ribbon.

"It's one of my Misfits ribbons Jessica was wearing." I flash the light inside the drain and look down. It's so dark down there, it's tough to tell, but it looks like a five foot or so drop down below. "Do you really think this is plumbing water from the brewery's crapper?" I ask Emerson.

"Not sure, why?"

"Because we're about to go for a swim."

The drain isn't bolted down, so we quickly yank it up and toss it to the side. "Ladies first," Emerson says with a bow. I take a deep breath. No time for chivalry, kid.

"I'd say age before beauty, but since I'm both, I guess I'm dropping in first."

Emerson backs up, but as he takes a second step in reverse, he trips over one of Bigfoot's big feet, sending him falling backwards into the wall.

"I hereby revoke your Ninja certificate," I tell him before sitting down on the ledge, sticking both legs down the drain. The longer I watch my feet dangle, the more I second guess myself. This still doesn't seem right.

"You're telling me Brenden kidnapped Jessica and then threw her down into the water? If that's true, how does he get back up here to leave?"

"When he was down at the rapids, the werewolf had mad hops, remember?" Emerson says, standing back up and brushing himself off. "But there has to be another way in and out on the other side. We just don't have time to find it."

He's right. I take off my backpack and stick the flashlight inside. "I'm going to dive down, then throw both backpacks toward me before you jump." Nothing like leaping down into complete darkness not knowing where you'll land or who might be waiting for you. *FML.*

I hesitate for a second before jumping, reaching back into my backpack for my inhaler. "If I'm really doing this, I better steroid up." Two puffs later, I put the inhaler into the front pouch, hand the backpack to Emerson, grab the cane with my left hand, and on the count of three I push myself feet first down into the darkness. Falling straight down, I kick my legs and flail my arms like an idiot until I splash down in about ten feet of water. The speed of the fall pushed my body all the way down to the floor, where I kicked off the bottom rocks to swim back to the surface, clutching the cane with a GI Joe Kung Fu grip of death. Two quick splashes follow as Emerson drops the bags. I swim over to grab them, then make my way to the edge of the water where it begins to narrow, flowing down a small hill into a different section of the mine.

"C'mon, Em, you can do it!"

I climb out of the water and grab my flashlight out of the bag to help shine his way down. "It's not that far, just jump." Silence. "Emerson, stop playing. Jump!" No splash, no smart-ass response. Nothing.

Finally, I hear movement from up above, then a body falls toward the water. A few seconds go by, and I see a head bobbing up and down, struggling to stay afloat. I throw my flashlight to the ground and jump back in, racing to grab Emerson before his head dips back down and he starts to swallow water. Pulling him by his shirt and keeping his head above my shoulders, I drag him to shore where he starts violently coughing.

"I think you're going to need another cast," he laughs, finally able to catch his breath while pointing at my soaked right arm.

"Guess I forgot to pack my plastic bag." I walk over to where I tossed my flashlight, then swing my backpack over my left shoulder before grabbing the cane. I pick up Emerson's backpack and sling it his direction. "What took you so long up there?"

"This," he says, extending his arm and holding out a small camera. "Brenden knows we're here. Looks like he was watching the cave the whole time."

I flash my light up ahead, following the makeshift river that has formed. Red beams hold up the mine shaft through a hallway that opens up into a much bigger cave. From down the corridor I hear a girl scream. "Jessica," I whisper.

Emerson and I run through the hall, then stop dead in our tracks. Jessica is locked in a dog kennel, screaming and rocking the cage trying to escape while Brenden hangs upside down on one of the beams, tying what looks like a noose before flipping onto his feet and tossing the rope over the metal crossbar. Without even turning around, he begins creepily singing, *"You are my Sunshine, my only Sunshine. You make me happy, when skies are gray. You'll never know dear, how much I love you, so please don't take my Sunshine away . . ."*

Emerson slowly walks behind me, rustling around in his backpack before I hear his bag hit the ground. Brenden is standing about twenty yards away from me in a circular room lined with rock and lit by kerosene lanterns hanging on the walls.

"Welcome to my humble lair," he says, turning around with a wide, Joker-like psycho grin, dressed in his blue and gray sheriff's uniform, but thankfully, still in human form. "You like what I've done with the place?"

"Just let Jessica go and we promise, we won't say anything about this, about the other girls," I say, taking a sidestep to my right, clutching the cane handle so tight, I can feel the fingernails on my left hand slowly dig into my palm.

"You really think I've done all this just to let her go and forget about it?"

"Brenden, this isn't you," Emerson shouts. "C'mon, man, you're the freakin' sheriff. You always taught me to stand up for what's right in the world, stand up against the bullies."

"And that's exactly what I'm doing," Brenden yells back, echoing his voice throughout the cave. "I'm getting back at everyone who bullied our family, Em. It's our truth, our justice. This isn't just something I woke up wanting to do, it's in our damn blood, it's who I am, it's who we are."

I twirl the cane around with my wrist in a broad circle two times as I take a step closer, but all Brenden can do is laugh. "Haven't you ever heard not to poke the bear? It works the same way with werewolves."

"I'm not sure what your reasons are, but I'm just here to let you know, there's no way we're leaving without the girl," I say, grabbing the wooden end of the cane and yanking it clean off to reveal my sword.

Brenden stutter steps toward me, like he's about to attack, but then steps back and laughs.

"Let me go!" Jessica yells from inside the cage.

"*Let you go? Let you go?* I've been waiting for this moment my entire life. My family has been waiting for this moment for over a century. Sure, honey, I'll let you go . . . I'll let you go hang yourself, I'll let you go drown in a river, or I'll let you go run through the forest while the Dathanville Devil chases you, but those are the only ways you're ever getting out of that cage. And that's just if I don't decide to put a bullet in your pretty little forehead and blast off that stupid softball ribbon little miss Sunshine left for you first."

"Brenden, bro, what the hell are you talking about?" Emerson interrupts, wiping the sweat off his palms across the side of his shirt.

"This is our legacy, Emerson," Brenden says, walking toward the cage. "This is in our blood, and it has been for centuries."

"I'm not like you," Emerson yells. "Jessica is my friend."

"You're more like me than you even know, little man," Brenden says. "Hell, I didn't even know what I was until I was about thirteen. That's when dad took me aside and told me about our family, our history, and why it was up to me to seek revenge on the people of Dathanville for what they did to us."

"*Wha* . . . what are you talking about?" Emerson stutters, taking a step closer, then stopping in his tracks the moment Brenden makes eye contact.

"Everyone here knows the story of Isabella, the story of the witch who was hanged off the Dathanville bridge, but that's not just a story to me, that's not just a story to us, Em, that's family. Isabella was family and they killed her. The judge, the jury, the people of Dathanville conspired to kill Isabella, accusing her of being a witch, when the reality was, she was hiding an even bigger secret. Her husband was a werewolf."

"I must've missed this part at the museum," I say, shaking my head.

"When they found the miner dead in her house, Isabella told her husband, my great-great grandfather Theodore, to take their young son and hide. She thought they'd burn the house and kill all three of them," Brenden says, shaking his head in disgust. "Instead, Theodore escaped, Isabella swung from a rope, and my great-great grandfather vowed right then and there that he'd exact revenge on anyone and everyone who had anything to do with Isabella and their unborn child's death. He returned to the town to take out the judge first. Chased him into the forest and tore him to pieces. Theodore ate through three more people in town before attacking a stagecoach and killing everyone on board. He set fires, he attacked campers, he tried to frighten people from moving anywhere near Dathanville until he started to grow old and passed the job of vengeance to his son, Dominic. The family has kept a hit list of victims and targets for decades, passed down from one generation to the next when it's proven out that the next male in line is once again bestowed with the powers of the shapeshifter. The people of Dathanville made sure that Isabella never had her child, and now I'm here to help finish the job and see that their children have no future. Little Jessica just happens to be next on my list. Funny how a town called Dathanville now sees its doom from underneath the streets they once built, from a monster hiding under the dirt they now wish would swallow him whole like Dathan himself." Brenden smiles and looks at his brother. "What do you say, Em, want to come join the family tradition? Your powers might not come until you hit puberty, but I'll let you take care of her any way you want now that you know the truth. Help me take vengeance on this family for what they did. Come get your first taste of blood."

"Brenden, no!" Emerson cries out, falling back against the rock wall.

"All this time, and nobody started to put the pieces together until I caught Mr. Henderson snooping around the brewery. He had come to the police station with his list of names, blabbing on and on to me about how there was this century-long conspiracy, and how all these deaths had to be linked. He thought if he posted the names and his crazy conspiracy theories in his store window, in geocaches across town for people to find, someone might finally take notice. But nobody wanted to open these old wounds. He thought there might be some clues hidden around town in the mines. Thought if he came to me, I might help. Little did he know, he was talking to the Devil himself."

"This needs to end, Sheriff," I say, giving the sword one last twirl in my hand. "This needs to end right now!"

"You think a sword can stop me? Haven't you heard you can't bring a sword to a gun fight?" Brenden reaches for the gun in his holster, but before he can even unhook his pistol, I hear three loud bangs from behind, then the sound of bullets ricocheting off the rocks and metal beams behind the sheriff.

Emerson, runs up in front of me and continues to pull the trigger as Brenden ducks for cover behind a cave wall on the other side of Jessica's cage.

"Where the hell did you get that?" I yell in complete shock.

"Brenden's lock box in the house," he says. "I didn't want to tell you. I thought you might tell me to put it back."

I probably would have, to be honest, but at the same time, I'm definitely glad he has it, even if he has the aim of a Stormtrooper.

"Emerson, put that away!" Brenden screams at his brother. "You don't want to do this!"

"I'll keep Brenden pinned down, try to get Jessica out of that cage," Emerson says, walking in front of me and continuing to point the gun at his brother.

"Emerson, listen. We need to . . . *argh!* We need to talk about this before I . . . *raaaah!* You can talk to me, but once the adrenaline hits, once . . . once I start to transform, I don't have the same control. I . . . *arrrrgh!* I don't want to hurt you." Brenden stands hands up before slowly unbuttoning his shirt.

I can hear Brenden panting, his deep breaths echo in the cave as he lets out a series of screams. I make it to the cage, but there's a lock on the outside and no key in sight.

"Jessica, stay back!" I yell, swiping at the lock with my sword. Brenden lets out a loud roar, and as I turn to look I can see the transformation begin. He arches his back and shakes his head, muscles expanding, chest pulsating then expanding as hair darts out from every pore. His face begins bubbling, transforming, and huge teeth jet out from his mouth, his one front fang growing longer and longer as the second fang remains in my front pocket. Emerson stands still in disbelief looking at his brother slowly and painfully transform into the Dathanville Devil.

"Shoot it!" I scream, hoping Em could at least slow the beast down, but before he can even squeeze the trigger, the monster leaps at its brother, swiping at the gun with its claws and sending it sliding into the running water. Emerson tries to take a swing at the Devil's head, but misses, only for the creature to jump into the air and dropkick Em in the face, knocking him out cold. The beast hovers over him for a few seconds, saliva dripping down from its mouth, before it turns its attention toward me.

"Run, Sunshine! Run!" Jessica screams out from the cage, but there's nowhere to go, no exit in sight, so I guess there's nothing left to do but fight. I step toward the Devil and swing my sword, clanging the steel violently against its left claws. The beast takes a swipe with its right paw, but I duck, this time, swinging my sword low and catching it with my blade across its shin. The creature lets out a yelp and hops back, sizing me up. I can't breathe. Where's my inhaler? My hands start to shake and I begin to panic. I start to cough, trying to catch my breath, but the monster charges and it's like I'm stuck on pause, trembling. The beast shoulders me into the cave wall. My skull is sent crashing into the rocks and all I can think is how it sounds like a wood bat hitting a home run. It's the last thing I remember before everything goes dark.

CHAPTER 39:
PLEASE DON'T TAKE
MY SUNSHINE AWAY

I open my eyes to a blur. Blink hard two times and rub the blood out of my eyes before I can even focus on what's happening around me. Emerson is still down. Brenden is back to being Brenden, shirt off and flexing his muscles as he struggles to lift a fist-pumping Jessica up over his shoulder, before slowly climbing a ladder he placed in front of the swinging rope. She's kicking and screaming, scratching at his face, but it only makes him laugh. He grabs the noose from the rail and sticks her head through before tightening it to the point she begins choking and coughing. This can't be happening. Brenden pushes Jessica off of his shoulder then leaps off the ladder, causing her body to jolt, legs kicking, struggling for life.

I push myself upright with all of my strength, then stumble backwards. My balance is still a bit off, but I don't have time for anything but to try and full out sprint—all gas, no brakes—to Jessica. Brenden does a double take, like he can't believe I'm even upright as I race past him and stand under Jessica's flailing body, hoisting her legs onto my shoulders to carry the weight and ease the pressure from her neck.

"You're one tough chick, no doubt about it," Brenden chuckles. "You sure you don't have some kind of powers yourself?"

"If I did, you wouldn't be breathing."

"You know I can't let you live, right?"

I fall to one knee, and I can hear Jessica wince before I'm able to stand back up straight, rubbing her leg to let her know I've got her.

"I'm taking Emerson out of here, and when I come back and find the two of you dead, it will be an unfortunate accident. You're the hero who discovered Jessica's body, only to meet an unfortunate end by a bear returning to her cave. At least, that's how the police report will look. Funny thing about being the sheriff, people tend to believe you, especially in a small town like this. Tommy can sell his shirts, tourists will buy more bear spray, I'll take out some more hikers and campers around town just so everything continues to look like random attacks, and all the while, I'll keep moving down my list, until one day, maybe even in a couple of years, Emerson joins me in the fun."

"That's not happening!" Emerson yells out, grabbing a rock to help pull himself up. "That's not who I am."

"You don't even know who you are yet. You don't know the power flowing through those veins. The power passed down through generations."

"*What good did it do Dad?*" Emerson shouts. "He's been in a wheelchair for years."

"*You can thank the mayor himself for that!*" Brenden screams back. "Dad tried to take out Jessica and her father back when she was a baby. The Scott family went camping in the woods, but when Dad approached in creature form, Sebastian Scott must've seen him coming and shot him. Hit him four times and left him paralyzed from the waist down. Dad was able to crawl down the side of a hill and hide in an abandoned mine before Sebastian could find him and finish the job. But that's what I'm here to do. Finish the job."

"Sunshine . . . *wha* . . . what's happening?" Emerson yells out, hunching over and starting to go into convulsions. "I feel like I'm going to puke. My head is spinning." Emerson staggers back. I want to run over to him, but I can't let go of Jessica's legs. The noose is too tight around her neck, and the more she struggles, the harder it is for her to breathe.

Emerson drops to one knee and I can see his back spasming through his shirt. He struggles to stand back on both feet, then lets out a loud howl before his chest and arms begin growing to the point he rips his shirt in two while hair begins to cover his entire body and face, fangs slowly sliding out of his mouth until the top two fangs reach the bottom of his now hairy jaw. *Holy shit, my best friend is a werewolf!*

Brenden applauds the transformation. "I knew you could do it! It's your destiny!"

Emerson looks down at his new physique then beats on his heart with his balled up right paw. Before anyone can say another word, he leaps into the air toward Brenden and takes a swipe at his brother's face with his sharp new claws before jumping back toward me.

"You good?" I ask but feel stupid as soon as I say it.

Emerson looks into my eyes and twists his head, like he's trying to fight another battle inside his brain. He looks up at Jessica, then jumps right over me, cutting the rope with his claws and sending Jessica falling on top of me. By the time I scramble to my feet and loosen the rope around Jessica's neck, Brenden is in full on transformation mode himself, and within seconds, the Dathanville Devil is starting to circle his brother.

They're both roaring and spitting at each other, taking little fake jab steps while waiting for the other to make a move. I see the sword on the ground from earlier, and I scramble over to grab it without either of them noticing. They're locked in on one another to the point I run back over to Jessica and tell her to hide. "Is there another way out?" I ask, but as soon as the words leave my mouth, I feel a wind hit the top of my head. Brenden took to the air, jumping over me and kicking Jessica in the chest, sending her sliding backwards. I spin around and take a swing with my sword, slicing Brenden across his back before he's able to turn around toward me. Brenden staggers for a second, then leaps into the air backwards, spinning in mid-air before lunging at me with both sets of claws aimed at my face. Emerson leaps in front of me just in time, blocking the strike, then jumping on top of Brenden's shoulders, sliding around to the back of his neck with his legs, then pounding down on his head with both sets of fists and claws. Brenden reaches up to try and shake his brother off, leaving his mid-section exposed, so I lunge forward and stab him in the stomach with my sword. I push deep, sending the blade straight through his body to where I see the tip sticking out of his back. Brenden screams as Emerson claws at his brother's eyes, but the Devil is too strong, reaching up and grabbing his brother by his legs and flipping him backwards onto the rocks. I try to pull the sword out of his body, but it's stuck. I yank twice before he headbutts me to the ground.

The Dathanville Devil stands over me, sword stuck in its gut, and I can feel the blood from my forehead creep down my face. The creature reaches up to deliver a final blow before I hear barking in the distance, causing the monster to hesitate. That's when I see her. It's Candy leaping up from the darkness to bite viciously down on the Devil's thigh. Brenden spins around, and as I look up, Deputy Davis is there, gun drawn, delivering eight consecutive shots to the creature's body to drop it on the spot. Brenden wails, grabbing at his wounds as smoke starts pouring out from the bullet holes.

Emerson staggers to his feet and Deputy Davis immediately turns and aims his gun at the smaller monster, but I jump in front of Em and yell, *"No! No! No! It's Emerson!"*

Deputy Davis looks stunned, taking in the frightening picture surrounding him, and before I can say anything else, Emerson runs toward the new light in the distance, where Candy and Deputy Davis and now Tommy have entered the mine. I knew there had to be another way in!

Deputy Davis radios out a call for an ambulance. "And let the mayor know we found his daughter. She's safe."

Tommy stands over the Dathanville Devil, his fallen friend, and begins to cry. "I never wanted to believe any of this was true, but here it is."

"You're going to make a shit ton of cash on T-shirts, I'll tell you that," Deputy Davis smirks, before walking over to me and wiping some of the blood out of my face.

Tommy bends to grab the sword and pull it out of the Devil's fallen body. "Moonlight Rain," he says. "Looks like you kids put up one hell of a fight."

That's the understatement of the year.

"You got any of that liquid silver?" Tommy asks. "You can never be too safe."

I point to my backpack, but before Tommy can reach it, the Devil lurches forward, swiping at Tommy's legs and knocking him to the ground. Deputy Davis spins and shoots, emptying his clip into the creature, but the Devil continues to crawl toward us, coughing up blood, while whimpering in agony. Tommy wobbles to his feet, catches his balance, then holds the sword out with two hands, pointing the blade straight toward the Devil's neck. As the monster raises up one last time, it looks at its friend and finally stops, knowing what Tommy needs to do to end the pain. They both pause, and Tommy nods at Brenden before swinging with all his strength, cutting right through the Dathanville Devil's neck and sending its head bouncing into the rocks below.

I walk over to Jessica and she collapses in my arms. "It's okay," I tell her. "I got you. I got you." She squeezed to the point I never thought she'd let go, and I held on to her just as tight after the brutal, sickening scene that just played out in real life, and continues to play out in my head over and over and over again.

"How did you guys even find us?" I ask Tommy, then kissing Jessica on the forehead.

"Brenden called and said he was following a lead on the missing girl and couldn't meet us for the search, so the good deputy over there looked up the GPS on Brenden's patrol car. Up until then, I wasn't sure if Davis was in on it or not. And to be honest, until he emptied his clip into the sheriff, I still wasn't so sure, but I just knew I had to do whatever it took to save you kids."

"You thought I was part Devil?' Deputy Davis laughs.

His words strike me instantly. "Oh my God, Emerson," I cry.

We have to find him. But where did he go?

CHAPTER 40:
ROAR OF THE CROWD

Only thing better than summer softball is fall ball. It's not so freakin' hot, we play at night under the lights, and my parents take me out to the Pancake House after every game. Hell yeah, a triple stack of chocolate chip pancakes definitely hits the spot.

But first things first, we have a game to play.

"Bang, bang, choo-choo train, you wind me up, I'll do my thang!" My team shouts from the dugout. "I know karate, I know kung-fu, you mess with me, I'll mess with you!"

The Misfits are in the Fall Ball Championship, it's Friday night in October, and my arm is back to 100 percent, so I'm back in the lineup, baby.

"I see a hole out there, I see a hole out there, I see a H-O-L-E hole out there. So hit the ball out there, so hit the ball out there, hit the B-A-L-L ball out there."

I step up to the plate with my best intimidate-the-pitcher strut, wink at the catcher, kiss the wolf's tooth I now have chained around my neck for good luck (sorry, Brenden), then step out of the box and